BLV Bestimmungsbuch

Edelsteine und Schmucksteine

Alle Edel- und Schmucksteine der Welt
1500 Einzelstücke

Prof. Dr. Walter Schumann

Neunte Auflage

Die Deutsche Bibliothek – CIP-Einheitsaufnahme

Edelsteine und Schmucksteine: alle Edel- und Schmucksteine
der Welt; 1500 Einzelstücke / Walter Schumann.
[Aufnahme der Edelsteintableaus: Karl Hartmann]. –
9. Aufl. – München; Wien; Zürich: BLV, 1994
   (BLV Bestimmungsbuch)
   ISBN 3-405-12488-3
NE: Schumann, Walter; Hartmann, Karl

BLV Verlagsgesellschaft mbH
München Wien Zürich
80797 München

Das Werk einschließlich aller seiner Teile ist urheberrechtlich
geschützt. Jede Verwertung außerhalb der engen Grenzen
des Urheberrechtsgesetzes ist ohne Zustimmung des Verlags
unzulässig und strafbar. Das gilt insbesondere für Verviel-
fältigungen, Übersetzungen, Mikroverfilmungen und die
Einspeicherung und Verarbeitung in elektronischen Systemen

© 1994 BLV Verlagsgesellschaft mbH, München

Aufnahme der Edelsteintableaus: Karl Hartmann,
Sobernheim

Gedruckt auf chlorfrei gebleichtem Papier

Satz und Druck: Appl, Wemding
Bindung: Großbuchbinderei Monheim

Printed in Germany · ISBN 3-405-12488-3

Inhaltsverzeichnis

7   Vorwort

8   Einleitung
Edelsteine im Leben der Menschen   8
Begriffsbestimmungen   10
Die Namen der Edelsteine   11

14   Entstehung und Aufbau der Edelsteine
Kristallsysteme   16
Chemische Elemente   19

20   Eigenschaften der Edelsteine
Die Härte   20
Spaltbarkeit und Bruch   21
Das spezifische Gewicht   23
Die Gewichte des Edelsteinhandels   26
Optische Eigenschaften   27
    Die Farbe 27; Strichfarbe 28; Farbveränderung 28;
    Lichtbrechung 31; Doppelbrechung 34; Dispersion 34;
    Absorptionsspektren 36; Transparenz 40; Glanz 40;
    Pleochroismus 40; Lichtfiguren und Flächenschiller 44;
    Lumineszenz 45
Einschlüsse   48

49   Lagerstätten und Gewinnung der Edelsteine
Arten der Lagerstätten   49
Gewinnungsmethoden   51

54   Bearbeitung der Edelsteine
Die Steingravur   54
Bearbeitung von Achat   55
Bearbeitung von Farbsteinen   55
Bearbeitung von Diamant   58
Schlifarten und Schliformen   62

65   Nachahmungen der Edelsteine
Imitationen   65
Zusammengesetzte Steine   65
Synthetische Edelsteine   66

68   Klassifikation der Edelsteine

69 Beschreibung der Edelsteine

Bekannteste Edelsteine   70

Diamant 70	Spodumen 114
Rubin 82	Quarz-Gruppe 116
Saphir 86	Jade 154
Smaragd 90	Peridot 158
Aquamarin 94	Zoisit 160
Beryll 96	Hämatit, Pyrit 162
Chrysoberyll 98	Feldspat-Gruppe 164
Spinell 100	Rhodochrosit, Rhodonit 168
Topas 102	Türkis 170
Granat 104	Lapislazuli 172
Zirkon 108	Sodalith, Azurit 174
Turmalin 110	Malachit 176

Sammler-Edelsteine   178

Andalusit, Euklas 178; Hambergit, Cordierit, Phenakit 180;
Dumortierit, Danburit, Axinit 182; Benitoit, Cassiterit,
Epidot 184; Vesuvian, Sinhalit, Kornerupin 186;
Prehnit, Petalit, Skapolith 188; Diopsid, Beryllonit,
Brasilianit 190; Amblygonit, Enstatit, Lazulith 192;
Dioptas, Apatit, Titanit 194; Kyanit, Scheelit, Variscit 196;
Fluorit, Hemimorphit, Smithsonit 198; Sphalerit, Cerussit,
Chrysokoll 200; Serpentin, Ulexit, Tigereisen 202

Sammler-Edelstein-Raritäten   204

Gesteine als Schmuckmaterialien   210

Onyx-Marmor, Sprudelstein, Landschaftsmarmor 210;
Augendiorit, Obsidian, Moldavit 212;
Alabaster, Meerschaum, Fossilien 214

Organische Edelsteine   216

Koralle   216
Gagat, Kännelkohle, Elfenbein, Odontolith   218
Bernstein   220
Perlen   222
Zuchtperlen   225
Perlmutter   230

231 Diamantenproduktion

232 Symbolsteine

233 Literatur

234 Edelstein-Bestimmungstabellen

250 Sachwortverzeichnis

Vorwort

Edelsteine haben seit eh und je eine faszinierende Wirkung entfaltet. Während sie aber in früheren Jahrhunderten nur ganz wenigen der herrschenden Schicht vorbehalten waren, können sich heute alle Bevölkerungskreise schöne Steine als Schmuck und Zierde leisten. Das Angebot an edlen Steinen ist – besonders auch im Hinblick auf den sogenannten Modeschmuck – jedoch derart umfangreich, daß es für den Nichtfachmann kaum möglich ist, das ganze Gebiet zu übersehen oder gar zu beurteilen. Das vorliegende Bestimmungsbuch soll hier weiterhelfen. Es zeigt alle Edelsteine der Welt mit vielen Varietäten, unbearbeitet und geschliffen, in naturgetreuen Farbfotos. Der begleitende Text – immer neben den Farbtafeln – ist so gehalten, daß jeder daraus Nutzen ziehen kann, der Spezialist wie der Nichtfachmann. Einführende Kapitel über Entstehung, Eigenschaften, Lagerstätten, Bearbeitung, Synthesen und Imitationen ermöglichen eine Gesamtschau über die Welt der schönen Steine. Mit Hilfe von Bestimmungstabellen am Ende des Buches lassen sich unbekannte Edelsteine identifizieren. – Um möglichst viel Information zu vermitteln, wurde ein Kurzstil gewählt.

Preise werden nicht erwähnt, um keine Verwirrung zu stiften. Sie unterliegen großen Schwankungen, sind von Ort zu Ort und von Jahr zu Jahr verschieden. Die beste Beratung bietet hier der Fachhandel. Aber alles das, was den Wert eines Edelsteins ausmacht, wird im vorliegenden Buch behandelt. Als praktische Hilfe für den Edelsteinkäufer und Sammler werden Verwechslungsmöglichkeiten der einzelnen Edelsteine mit ähnlichen Steinen, mit Synthesen und Imitationen möglichst umfassend erwähnt.

Wertvolle Hilfe erhielt ich von Fachkollegen, Freunden und Bekannten. Institute, Firmen und Privatpersonen stellten Edelsteine für Abbildungen zur Verfügung. Ihnen allen sei herzlich gedankt. Besonderer Dank gilt Herrn Paul Ruppenthal, Idar-Oberstein. Ebenso danke ich Herrn Karl Hartmann, Sobernheim, für die Aufnahme der Edelsteintableaus.

Walter Schumann

Für die Farbaufnahmen stellten Edelsteine zur Verfügung:
Carl Friedrich Arnoldi, Idar-Oberstein – Friedrich August Becker, Idar-Oberstein – Ernst A. Bunzel, Idar-Oberstein – Karl A. Bunzel, Idar-Oberstein – Hein Gaertner, Idar-Oberstein – Hans Gordner, Hettenrodt – Karl Hartmann, Sobernheim – Industrie- und Handelskammer, Koblenz, Bezirksstelle Idar-Oberstein – Otto und Dieter Jerusalem GmbH, Herborn – Karl-Otto Kullmann, Hettenrodt – R. Litzenberger, Idar-Oberstein – Hans Walter Lorenz, Idar-Oberstein – Deutsches Edelsteinmuseum, Idar-Oberstein – Erwin Pauly, Veitsrodt – Ulrich Pauly, Veitsrodt – Julius Petsch jr., Idar-Oberstein – A. Ruppenthal KG, Idar-Oberstein – Dr. Walter Schumann, München – Curt Stolz, München – Christian Weise, München – Gebr. Wild, Idar-Oberstein.

Einleitung

Edelsteine im Leben der Menschen

Edelsteine sind dem Menschen seit mindestens 7000 Jahren bekannt. Die ersten waren Amethyst, Bergkristall, Bernstein, Granat, Jade, Jaspis, Korallen, Lapislazuli, Perlen, Serpentin, Smaragd und Türkis. Sie blieben den wohlhabenden Schichten vorbehalten und dienten gleichzeitig als Statussymbol. Die Fürsten dokumentierten mit den edelsteinbesetzten Insignien Reichtum und damit Macht. Großartige Schätze aus früheren Epochen kann man noch heute in Schatzkammern und Museen bewundern.

Gewiß wird auch heute der in Gold oder Platin gefaßte Edelstein von manchem gelegentlich zur Schau gestellt, um Reichtum zu demonstrieren. Aber in viel größerem Maße als früher dient der Schmuck in unseren Tagen zur eigenen Freude, aus Gefallen an Schönheit und Harmonie.

Sicherlich schwingt auch heute beim Erwerb eines Edelsteins häufig etwas mit, was eine gewisse Hinneigung zum Stein bedeuten kann und manchmal geheimnisvoll anmuten mag. In früheren Zeiten, als der Mensch viel weniger naturwissenschaftlich aufgeklärt war, trugen die Edelsteine immer den Schleier des Geheimnisvollen, des Überirdischen. Deshalb dienten sie als Amulett und Talisman. Sie boten, wie man glaubte, Schutz vor Geistern und stimmten Heilige freundlich. Sie konnten Böses abwehren und Gesundheit erhalten, sie wirkten giftentschärfend, verhinderten Pest und führten Seefahrer heim.

Teilweise bis zum Beginn des 19. Jh. dienten Edelsteine sogar als Heilmittel bei Krankheiten. Ihre Verwendung geschah auf dreierlei Art: Die Anwesenheit eines bestimmten Steines genügte zur Heilung, der Edelstein wurde dem kranken Körperteil aufgelegt, oder der Stein wurde pulverisiert eingenommen. In Büchern war nachzulesen, welcher Stein für die einzelnen Krankheiten helfen konnte. – Sicher gab es bei dieser Lithotherapie Erfolge, die aber nicht dem Edelstein unmittelbar zuzuschreiben sind, sondern der Suggestion, die auf den Kranken wirkte. Mißerfolge wurden damit entschuldigt, daß der betreffende Edelstein doch kein »echter« gewesen wäre. – In Japan werden Calciumtabletten aus zerstoßenen Perlen auch heutzutage für medizinische Zwecke verkauft.

Als natürliche Folge der Vorstellung von übernatürlichen Kräften, die dem Edelstein innewohnen, schlug man eine Brücke zur Astrologie und ordnete Edelsteine den Tierkreis-Sternbildern zu. Daraus ergaben sich die Geburtssteine, d. h. Edelsteine, die für den in einem bestimmten Tierkreis Geborenen zuständig sind, ihn begleiten und beschützen sollen. Durch Vereinfachung wurden daraus die Monatssteine. Ebenso gibt es Edelsteine, die der Sonne, dem Mond und den Planeten (Planetensteine) zugedacht sind. Im Laufe der Zeit hat die Zuordnung der Edelsteine wiederholt gewechselt. Neuerdings identifizieren sich einige Staaten symbolartig mit Edelsteinen, die innerhalb ihrer Grenzen gewonnen werden.

Auch in den modernen Religionen haben Edelsteine ihren festen Platz. Der Amtsschild des Hohenpriesters der Juden war mit vier Reihen Edelsteinen besetzt. Edelsteine schmücken auch Tiara und Mitra von Papst und Bischof sowie Monstranzen, Reliquien und Ikonen in christlichen Kirchen.

Oft wird der edle Stein aber aller Symbolik und Ästhetik entledigt und als reine Kapitalanlage betrachtet. Große Werte in solch kleiner Form haben sich tatsächlich über alle Stürme der letzten Jahrzehnte hinweg als wertbeständig erwiesen.

Die englische Staatskrone (»Imperial State Crown«) mit dem roten »Black Prince's Ruby« und dem funkelnden »Cullinan II.« (unten Mitte)

Begriffsbestimmungen

Edelstein   Allen Edelsteinen ist das Besondere, das Schöne gemeinsam. Früher bezeichnete man nur wenige Steine als edel. Heute ist die Zahl der Edelsteine kaum übersehbar, und immer neue werden entdeckt. Die meisten sind Mineralien, selten Mineralaggregate (Gesteine). Auch einige Materialien organischen Ursprungs (Bernstein, Korallen, Perlen) zählen zu den Edelsteinen. Selbst Fossilien werden als Steinschmuck verwendet. Es gibt keine klare Abgrenzung gegenüber Holz, Knochen, Glas und Metall. Einige Arten aus diesen Gruppen dienen durchaus als Edelsteine (z. B. Gagat, Elfenbein, Moldavit, Goldnugget). Durch Nachbildung natürlicher Edelsteine (Synthesen) und Züchtung von Steinen, die in der Natur kein Gegenstück haben (z. B. Fabulit), ist die Vielfalt der Edelsteine noch größer geworden.

Zum Tragen eignen sich vor allem härtere Steine, weiche Edelsteine wandern vorzugsweise in die Sammlungen von Spezialisten und Hobbyschleifern. – Abarten (meist hinsichtlich Farbe oder äußerer Struktur) werden als Edelsteinvarietäten bezeichnet.

Halbedelstein ist ein Begriff, der noch im Handel umgeht, aber wegen seiner abwertenden Bedeutung besser nicht verwendet werden sollte. Früher meinte man damit die weniger wertvollen und nicht sehr harten Steine, die man den »echten« Edelsteinen gegenüberstellte.

Edelsteinkunde oder Gemmologie ist die Wissenschaft von den Edelsteinen.

Farbedelstein   Handelsbezeichnung für alle Edelsteine außer Diamant, früher kurz Farbstein genannt.

Schmuckstein   Sammelbegriff für alle schmückenden Steine; nach anderer Meinung nur die weniger wertvollen oder undurchsichtigen Steine umfassend. Tatsächlich gibt es keine überzeugende Abgrenzung gegenüber den »anderen« Edelsteinen, daher oft als Synonym zu den Edelsteinen schlechthin verstanden.

Mineral (Mehrzahl Minerale oder Mineralien)   Ein Mineral ist ein in sich einheitlicher, natürlich entstandener, fester Bestandteil der Erdrinde oder der Mondschale. Die meisten Mineralien haben bestimmte Kristallformen. – Mineralogie ist die Wissenschaft von den Mineralien.

Kristall   Ein Kristall ist ein stofflich einheitlicher Körper, streng geometrisch mit gesetzmäßigem Innenbau (Kristallgitter). Die verschiedene Struktur des Gitters ist Ursache für die unterschiedlichen physikalischen Eigenschaften der Kristalle und damit auch der Mineralien und Edelsteine. – Kristallographie ist die Wissenschaft von den Kristallen.

Gestein   Ein Gestein ist ein Gemenge (Aggregat) von natürlich entstandenen Mineralien. Es hat meist eine größere Verbreitung. Auch Sand und Kies zählen zu den Gesteinen. – Petrographie ist die Wissenschaft von den Gesteinen.

Stein   Stein ist der im Volksmund gebräuchliche Sammelbegriff für alle festen Bestandteile der Erdkruste. Der Juwelier versteht darunter Edelsteine, der Baufachmann Material, mit dem er Straßen pflastern und Häuser errichten kann. In der Erdwissenschaft, der Geologie, spricht man nicht von Steinen, sondern von Gesteinen und Mineralien.

Juwel Jedes Schmuckstück ist ein Juwel. Im engeren Sinn versteht man darunter ein Schmuckstück, das einen oder mehrere in Edelmetall gefaßte Edelsteine enthält. Gelegentlich werden auch geschliffene Edelsteine ohne Fassung als Juwelen bezeichnet.

Die Namen der Edelsteine

Die ältesten Namen der Edelsteine gehen auf orientalische Sprachen, auf Griechisch und Latein zurück. Besonders die griechische Schreibweise hat auch der modernen Edelsteinnomenklatur ihren Stempel aufgedrückt. Die Bedeutung alter Namen ist nicht immer gewiß, besonders dann nicht, wenn sich die Schreibweise geändert hat und einen anderen Sinn erhält.

Die ursprünglichen Namen haben Bezug auf hervorstechende Eigenschaften der Steine, vor allem auf Farben (z.B. Prasem nach grüner Farbe), auf Fundorte (Achat nach einem Fluß in Sizilien) und schließlich auf geheimnisvolle Kräfte, die den Steinen angeblich innewohnten (Amethyst schützt vor Trunkenheit).

Alte deutsche Mineralnamen entstammen der Bergmannssprache (z. B. Quarz, Kies) oder geben Hinweis auf die technische Verwendung (Flußspat: Zugabe beim Schmelzfluß).

Eine wissenschaftliche Betrachtungweise der Nomenklatur setzt erst mit dem Beginn der Neuzeit ein. Durch Entdeckung vieler bisher unbekannter Mineralien müssen jetzt neue Namen geprägt werden. Es entsteht ein Prinzip, nach dem bis heute bei der Namengebung verfahren wird: reine Kunstschöpfung nach sinnfälligen Eigenschaften der Mineralien auf der Grundlage der griechischen oder lateinischen Sprache, Namen nach Fundorten oder nach Personen.

Mineralnamen, die nach Fundorten gebildet werden, sind umstritten. Schon die Schreibweise der Länder ist in einzelnen Sprachen verschieden. Auch dient es nicht gerade dem Verständnis, wenn die bedeutendsten Lagerstätten z. B. des Vesuvians (dessen Name sich offensichtlich vom Vesuv/Italien ableitet) heute in Kanada, den USA und der UdSSR zu finden sind. In Erkenntnis solchen Mangels wurde daher von anderer Seite für Vesuvian der Name Idokras (nach der Kristallgestalt) vorgeschlagen mit dem Ergebnis, daß es nun zwei Begriffe für das gleiche Mineral gibt. Weil zu guter Letzt auch noch eine Vesuvian-Varietät aus Sibirien nach einem dortigen Fluß als Wiluit bezeichnet wurde, existieren heute drei verschiedene Namen gleichberechtigt nebeneinander für ein und dasselbe Mineral. Solche Beispiele lassen sich beliebig ergänzen. Es gibt mittlerweile eine ganze Reihe von Synonymen.

Noch zweifelhafter scheint eine Namengebung nach Personen. Da werden nicht nur Fachleute geehrt, sondern auch Fürsten, Politiker, Wirtschaftler u. a., bei denen es oft schwerfällt, eine Beziehung zur Mineralogie oder Edelsteinkunde herzustellen.

Zu den wissenschaftlichen Mineralnamen hat der Edelsteinhandel noch eine Fülle weiterer Begriffe hinzugefügt. Als Kaufanreiz werden häufig fremdländisch klingende Namen verwendet und dadurch höherwertige Steine vorgetäuscht. Große Firmen kreieren sogar Edelsteinnamen, wie den Tansanit (blauer Zoisit) und den Tsavorit (grüner Grossular).

Um hier korrigierend und kommunizierend zu wirken, hat für die BRD der Deutsche Normenausschuß rechtsverbindliche Richtlinien in der als RAL 560 A 5 bezeichneten Schrift erlassen. In anderen Ländern gibt es ähnliche Bestimmungen oder Empfehlungen. Ob sich die hier verankerten Edelsteinnamen und sonstigen Bestimmungen in der Praxis tatsächlich durchsetzen, bleibt, nach den bisherigen Erfahrungen zu schließen, allerdings zweifelhaft. Zur Rechtfertigung des Handels sei aber betont, daß es durchaus nicht immer Profitgier oder Unbekümmertheit ist, mit irreführenden, auch falschen Namen die Kunden zu täuschen; in sehr vielen Fällen fehlt einfach die fachlich-wissenschaftliche Voraussetzung. Das vorliegende Bestimmungsbuch kann hier sowohl dem Käufer als auch dem Händler dienen.

Handelsübliche Bezeichnungen und richtige Mineralnamen

Handelsübliche Bezeichnung	Richtiger Mineralname
Adelaide-Rubin	Pyrop
Afrika-Smaragd	grüner Fluorit
Alabanda-Rubin	Almandin
Alaska-Diamant	Bergkristall
Almandin-Rubin	roter Spinell
Almandin-Spinell	Almandin
Amerika-Jade	grüner Vesuvian
Amerikanischer Rubin	Pyrop
Aquamarin-Chrysolith	olivfarbener Beryll
Arizona-Rubin	Pyrop
Arizona-Spinell	roter Granat
Arkansas-Diamant	Bergkristall
Bahia-Topas	Citrin
Balas-Rubin	rosa Spinell
Blauer Alexandrit	Saphir
Blauer Mondstein	Chalcedon
Böhmischer Chrysolith	Moldavit
Böhmischer Diamant	Bergkristall
Böhmischer Granat	Pyrop
Böhmischer Rubin	Pyrop oder Rosenquarz
Böhmischer Topas	Citrin oder gebrannter Amethyst
Brasil-Aquamarin	hellblauer Topas
Brasil-Chrysolith	Chrysoberyll oder Turmalin
Brasil-Rubin	rosa Topas
Brasil-Saphir	blauer Topas
Brasil-Smaragd	grüner Turmalin
Ceylon-Diamant	farbloser Zirkon
Ceylon-Katzenauge	Chrysoberyll-Katzenauge
Ceylon-Opal	Mondstein
Ceylon-Rubin	Almandin
Deutscher Diamant	Bergkristall
Deutscher Lapis	blau gefärbter Jaspis
Falscher Amethyst	violetter Fluorit
Falscher Chrysolith	Moldavit
Falscher Rubin	rosenroter Fluorit
Falscher Saphir	blauer Fluorit
Falscher Smaragd	grüner Fluorit
Gold-Topas	Citrin oder gebrannter Amethyst
Granat-Jade	grüner Grossular
Indien-Jade	Aventurin
Indischer Topas	Citrin oder gebrannter Amethyst
Kalifornischer Rubin	Grossular
Kandy-Spinell	Ceylon-Granat
Kap-Chrysolith	grüner Prehnit
Kap-Rubin	Pyrop
Kap-Smaragd	grüner Prehnit
Kieselkupfer-Smaragd	Dioptas

Handelsübliche Bezeichnung	Richtiger Mineralname
Königstopas	rötlichgelber Korund
Korea-Jade	Serpentin
Kupfer-Smaragd	Dioptas
Lithion-Amethyst	Kunzit
Lithion-Smaragd	Hiddenit
Madeira-Topas	Citrin oder gebrannter Amethyst
Marmarosch-Diamant	Bergkristall
Matura-Diamant	farbloser gebrannter Zirkon
Mexikanischer Diamant	Bergkristall
Mexikanischer Jade	grüner Kalkstein
Montana-Rubin	Grossular
Orientalischer Amethyst	violetter Spinell
Orientalischer Aquamarin	grünlichblauer Saphir
Orientalischer Hyazinth	rosa Saphir
Orientalischer Saphir	blauer Turmalin
Orientalischer Smaragd	grüner Saphir
Orientalischer Topas	gelber Saphir
Pakistan-Jade	Vesuvian
Palmira-Topas	Citrin oder gebrannter Amethyst
Quarz-Topas	Citrin
Rauchtopas	Rauchquarz
Rio-Grande-Topas	Citrin
Rubin-Spinell	roter Spinell
Sächsischer Chrysolith	Topas
Sächsischer Diamant	farbloser Topas
Salamanca-Topas	Citrin oder gebrannter Amethyst
Saphir-Spinell	blauer Spinell
Schottischer Topas	Citrin
Serra-Topas	Citrin oder gebrannter Amethyst
Siam-Aquamarin	blauer Zirkon
Sibirischer Chrysolith	Demantoid
Sibirischer Rubin	roter Turmalin
Sibirischer Smaragd	grüner Turmalin
Sibirischer Topas	blauer Topas
Simili-Diamant	Glasimitation
Sklaven-Diamant	farbloser Topas
Spanischer Topas	Citrin oder gebrannter Amethyst
Straß-Diamant	Bergkristall oder Glasimitation
Südpazifik-Jade	Chrysopras
Swiss Lapis	blau gefärbter Jaspis
Synthetischer Aquamarin	aquamarinfarbener synthet. Spinell
Syrischer Granat	Almandin
Topas-Quarz	Citrin
Topas-Saphir	gelber Saphir
Transvaal-Jade	grüner Grossular
Ural-Smaragd	Demantoid
Wiener Türkis	blau gefärbte Tonerde

Entstehung und Aufbau der Edelsteine

Da bis auf wenige Ausnahmen alle Edelsteine zu den Mineralien gehören, muß man sich notgedrungen mit Entstehung und Aufbau dieser Mineralien befassen. Über die Bildung der Nichtmineralien (z. B. Bernstein, Korallen und Perlen) wird bei der Beschreibung dieser Edelsteine näher eingegangen.

Mineralien können sich auf verschiedene Weise bilden. Einige entstehen aus glutflüssigen Schmelzen und Gasen im Erdinnern oder aus den vulkanisch aufgedrungenen Laven an der Erdoberfläche (magmatische Mineralien). Andere werden aus wäßrigen Lösungen ausgefällt oder wachsen unter Mithilfe von Organismen an oder nahe der Erdoberfläche (sedimentäre Mineralien). Schließlich bilden sich neue Mineralien durch Umkristallisation schon vorhandener Mineralien infolge großer Drucke und hoher Temperaturen in tieferen Lagen der Erdkruste (metamorphe Mineralien).

Die chemische Zusammensetzung der Mineralien wird durch eine Formel angezeigt. Verunreinigungen bleiben bei dieser Angabe unberücksichtigt, selbst wenn sie – wie die farbgebenden Substanzen – Verfärbungen oder auch völlige Farbänderung hervorrufen.

Fast alle Mineralien entwickeln bestimmte Kristallformen, d. h. stofflich einheitliche Körper mit regelmäßigem Gitterbau der Atome, Ionen oder Moleküle. Sie sind streng geometrisch gestaltet und haben als Begrenzung vorwiegend glatte Flächen. Die meisten Kristalle sind klein, teilweise sogar mikroskopisch klein; es gibt aber auch Riesenexemplare. Für Schmuckzwecke sind solche übergroßen Mineralien wegen zahlreicher Einschlüsse, Verunreinigungen und verschiedenartiger Wachstumserscheinungen im allgemeinen ungeeignet.

Die innere Struktur, das Raumgitter, bestimmt die physikalischen Eigenschaften der Kristalle, so die äußere Form, Härte und Spaltungsfähigkeit, Art des Bruchs, das spezifische Gewicht und die optischen Erscheinungen.

In der Kristallographie werden die Kristalle nach sieben Systemen (kubisch, tetragonal, hexagonal, trigonal, rhombisch, monoklin und triklin) geordnet. Die Unterscheidung erfolgt nach den Kristallachsen und den Winkeln, unter denen sich die Achsen schneiden (s. S. 16 u. 17).

Kubisches System (regulär oder würfelig): Alle drei Achsen sind gleich lang und stehen senkrecht aufeinander. Typische Kristallformen sind Würfel, Oktaeder (Achtflächner), Rhombendodekaeder (Zwölfflächner mit Vierecken), Pentagondodekaeder (Zwölfflächner mit Fünfecken), Ikositetraeder (Vierundzwanzigflächner), Hexakisoktaeder (Achtundvierzigflächner).

Tetragonales System (quadratisch oder vierseitig): Die drei Achsen stehen senkrecht zueinander; zwei sind gleich lang und liegen in einer Ebene, die dritte (Hauptachse) ist länger oder kürzer. Typische Kristallformen sind vierseitige Prismen und Pyramiden, Trapezoeder und achtseitige Pyramiden wie auch Doppelpyramiden.

Hexagonales System (sechsseitig): Drei von vier Achsen liegen in einer Ebene, sind gleich lang und schneiden sich in Winkeln von 120° (bzw. 60°), die vierte, ungleichwertige Achse steht senkrecht dazu. Typische Kristallformen sind sechsseitige Prismen und Pyramiden sowie zwölfseitige Pyramiden und Doppelpyramiden.

Trigonales System (rhomboedrisch oder dreiseitig): Achsen und Winkel entsprechen denen des vorgenannten Systems, daher faßt man die beiden Kristallsysteme auch als hexagonal zusammen. Der Unterschied liegt in den Symmetrieelementen. Beim hexagonalen System ist der Querschnitt der prismatischen Grundform sechseckig, beim trigonalen dreieckig. Durch Abschrägen der Dreiecks-Ecken entsteht die sechseckige hexagonale Form. Typische Kristallformen des trigonalen Systems sind dreiseitige Prismen und Pyramiden, Rhomboeder und Skalenoeder.

Rhombisches System (orthorhombisch oder rautenförmig): Drei verschieden lange Achsen stehen senkrecht zueinander. Typische Kristallformen sind Basispinakoide, rhombische Prismen und Pyramiden sowie rhombische Doppelpyramiden.

Monoklines System (einfach-geneigt): Von drei verschieden langen Achsen stehen zwei senkrecht zueinander, die dritte liegt schief dazu. Typische Kristallformen sind Basispinakoide und Prismen mit geneigten Endflächen.

Triklines System (dreifach-geneigt): Alle drei Achsen sind ungleich lang und gegeneinander geneigt. Typische Kristallformen sind Flächenpaare.

Die meisten Kristalle sind nicht ebenmäßig geformt, sondern vielmehr verzerrt, weil sich einige Kristallflächen auf Kosten der anderen besser entwickelt haben. Die Winkel zwischen den Flächen bleiben jedoch immer gleich. – Zahlreiche Kristallindividuen erscheinen in Kombination, d. h. sie werden durch verschiedene Kristallformen, z. B. von Hexaeder mit Oktaeder, begrenzt. Beim Calcit kennt man über 1000 solcher Kombinationen.

Die Flächenanordnung, in der ein Mineral vorwiegend auftritt, heißt Tracht. Pyrit, z. B. kommt in der Form des Pentagondodekaeders vor, der Granat dagegen als Rhombendodekaeder. Als Habitus bezeichnet man die Gestalt der Kristallausbildung. Sie kann taflig, nadlig, spießig, säulig oder gedrungen sein. – Aus Rücksicht auf die Nichtfachleute werden im folgenden die Begriffe Tracht und Habitus mit dem bekannteren Wort Struktur umfaßt.

Gelegentlich gibt es Mineralien, die in einer fremden, bei ihnen sonst nicht üblichen Kristallform auftreten. Man nennt sie Pseudomorphosen. Sie entstehen durch chemische Prozesse, bei denen Substanzen umgewandelt oder ausgetauscht werden.

Verwachsen zwei oder mehrere Kristalle nach bestimmten Gesetzmäßigkeiten miteinander, so spricht man von Zwillingen, Drillingen oder Viellingen. Je nachdem, ob die Einzelindividuen an- oder ineinander wachsen, unterscheiden wir Berührungs- (Kontakt-)zwillinge und Durchdringungs- (Penetrations-)zwillinge. Die triklinen Feldspäte treten oft als Berührungszwillinge in der Form sog. Lamellen auf, was uns dann als Streifung erscheint.

Neben der gesetzmäßigen Zwillingsbildung gibt es viel häufiger beliebige Verwachsungen verschieden begrenzter Kristalle, die Aggregate oder Mineralvergesellschaftungen. Je nach Wachstumsprozeß entstehen stenglige, fasrige, radialstrahlige, blättrige, schalige, schuppige oder körnige Gestalten. Nach der Bergmannssprache nennt man freistehende kristallisierte Mineralaggregate Stufen. Gut entwickelte und charakteristisch ausgeprägte Mineralien bilden sich an den Innenwänden von Drusen (Geoden). Das sind rundliche, meist durch Gasblasen geschaffene Hohlräume vorzugsweise in magmatischen Gesteinen. Das wohl bekannteste Drusenmineral ist die Quarzvarietät Amethyst.

Strukturlose Massen eines Minerals werden als derb bezeichnet. Auch sie haben durchaus einen kristallinen Aufbau, die Kristalle sind jedoch infolge Wachstumsbehinderungen unregelmäßig begrenzt.

Kristallsysteme und Kristallformen

kubisch

Würfel

Oktaeder

Rhombendodekaeder

tetragonal

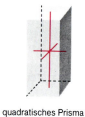
quadratisches Prisma

Doppelpyramide

Prisma mit Pyramiden

hexagonal

hexagonales Prisma

hexagonales Prisma

hexagonale Doppelpyramide

Kristallsysteme und Kristallformen

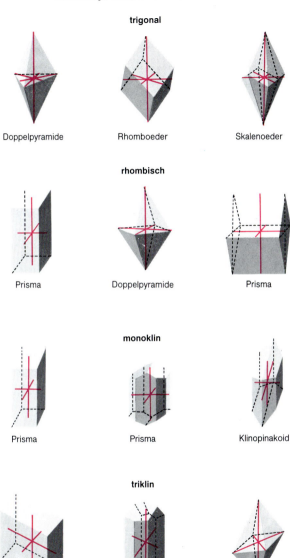

Den Kristallsystemen zugeordnete Edelsteine

kubisch

Almandin
Andradit
Ceylanit
Chromit
Cuprit
Demantoid
Diamant
Djevalith
Fluorit
Gahnit
Galliant
Granat
Grossular
Hauyn
Hessonit
Lapislazuli
Leuzit
Melanit
Periklas
Pyrit
Pyrop
Rhodizit
Sodalith
Spessartin
Sphalerit
Spinell
Topazolith
Uwarowit
YAG
Zirkonia

tetragonal

Anatas
Apophyllit
Cassiterit
Fabulit
Kupferkies
Phosgenit
Rutil
Scheelit
Skapolith
Tugtupit
Vesuvian
Wardit
Wulfenit
Zirkon

hexagonal

Apatit

Aquamarin
Benitoit
Beryll
Cancrinit
Eläolith
Painit
Smaragd
Sogdianit
Taaffeit
Zinkit

trigonal

Achat
Amethyst
Aventurin
Bergkristall
Calcit
Chalcedon
Chrysopras
Citrin
Dioptas
Dolomit
Hämatit
Holzstein
Ilmenit
Jaspis
Magnesit
Moosachat
Phenakit
Prasiolith
Proustit
Quarz
Rauchquarz
Rhodochrosit
Rosenquarz
Rubin
Saphir
Siderit
Smithsonit
Stichtit
Tigerauge
Turmalin
Willemit

rhombisch

Alexandrit
Andalusit
Anhydrit
Aragonit
Baryt
Cerussit

Chrysoberyll
Coelestin
Cordierit
Danburit
Dumortierit
Enstatit
Hambergit
Hemimorphit
Hypersthen
Kornerupin
Meerschaum
Natrolith
Peridot
Prehnit
Psilomelan
Purpurit
Schwefel
Sillimanit
Sinhalit
Staurolith
Tansanit
Tantalit
Thomsonit
Topas
Variscit
Witherit

monoklin

Aktinolith
Augelith
Azurit
Barytocalcit
Beryllonit
Brasilianit
Charoit
Colemanit
Datolith
Diopsid
Epidot
Euklas
Garnierit
Gaylussit
Hiddenit
Howlith
Jadeit
Klinozoisit
Krokoit
Kunzit
Lazulith
Malachit
Mondstein
Nephrit
Petalit

Pseudophit
Serpentin
Smaragd
Speckstein
Titanit
Tremolit
Vivianit

triklin

Amazonit
Amblygonit
Aventurin-Feldspat
Axinit
Bytownit
Kurnakovit
Kyanit
Labradorit
Mikroklin
Orthoklas
Rhodonit
Türkis
Ulexit

amorph

Bernstein
Ekanit
Elfenbein
Gagat
Glas
Moldavit
Obsidian
Opal

Tabelle der chemischen Elemente

Chem. Zeichen	Name	Ordnungs- zahl	Chem. Zeichen	Name	Ordnungs- zahl
Ac	Actinium	89	Mn	Mangan	25
Ag	Silber (Argentum)	47	Mo	Molybdän	42
Al	Aluminium	13	Mv	Mendelevium	101
Am	Americium	95	N	Stickstoff	7
Ar	Argon	18	Na	Natrium	11
As	Arsen	33	Nb	Niob	41
At	Astat	85	Nd	Neodym	60
Au	Gold (Aurum)	79	Ne	Neon	10
B	Bor	5	Ni	Nickel	28
Ba	Barium	56	No	Nobelium	102
Be	Beryllium	4	Np	Neptunium	93
Bi	Wismut (Bismut)	83	O	Sauerstoff	8
Bk	Berkelium	97	Os	Osmium	76
Br	Brom	35	P	Phosphor	15
C	Kohlenstoff	6	Pa	Protactinium	91
Ca	Calcium	20	Pb	Blei (Plumbum)	82
Cd	Cadmium	48	Pd	Palladium	46
Ce	Cer	58	Pm	Promethium	61
Cf	Californium	98	Po	Polonium	84
Cl	Chlor	17	Pr	Praseodym	59
Cm	Curium	96	Pt	Platin	78
Co	Kobalt	27	Pu	Plutonium	94
Cr	Chrom	24	Ra	Radium	88
Cs	Caesium	55	Rb	Rubidium	37
Cu	Kupfer (Cuprum)	29	Re	Rhenium	75
Dy	Dysprosium	66	Rh	Rhodium	45
Er	Erbium	68	Rn	Radon	86
Es	Einsteinium	99	Ru	Ruthenium	44
Eu	Europium	63	S	Schwefel	16
F	Fluor	9	Sb	Antimon (Stibium)	51
Fe	Eisen (Ferrum)	26	Sc	Scandium	21
Fm	Fermium	100	Se	Selen	34
Fr	Francium	87	Si	Silicium	14
Ga	Gallium	31	Sm	Samarium	62
Gd	Gadolinium	64	Sn	Zinn (Stannum)	50
Ge	Germanium	32	Sr	Strontium	38
H	Wasserstoff	1	Ta	Tantal	73
He	Helium	2	Tb	Terbium	65
Hf	Hafnium	72	Tc	Technetium	43
Hg	Quecksilber (Hydrargyrum)	80	Te	Tellur	52
			Th	Thorium	90
Ho	Holmium	67	Ti	Titan	22
In	Indium	49	Tl	Thallium	81
Ir	Iridium	77	Tm	Thulium	69
J	Jod	53	U	Uran	92
K	Kalium	19	V	Vanadium	23
Kr	Krypton	36	W	Wolfram	74
La	Lanthan	57	Xe	Xenon	54
Li	Lithium	3	Y	Yttrium	39
Lu	Lutetium	71	Yb	Ytterbium	70
Lw	Lawrencium	103	Zn	Zink	30
Mg	Magnesium	12	Zr	Zirkonium	40

Eigenschaften der Edelsteine

Die Härte

Unter Härte versteht man bei Mineralien und Edelsteinen einmal die Ritzhärte, dann die Schleifhärte. Zur Bestimmung von Edelsteinen spielte die Ritzhärte früher, als die optischen Untersuchungsmethoden noch nicht so entwickelt waren, eine große Rolle. Heute wird die Ritzhärteprüfung im allgemeinen nur bei weniger wertvollen Steinen und von Sammlern durchgeführt. Für eine fachkundige Prüfung ist sie zu ungenau. Außerdem ist die Gefahr einer Verletzung der Edelsteine sehr groß. Der besondere Vorteil der Ritzhärteprüfung liegt darin, daß man mit einfachen Mitteln Edelsteine grob bestimmen kann. In der Mineralogie wird sie viel angewendet.

Die Ritzhärteprüfung geht auf den Wiener Mineralogen Friedrich Mohs (1773–1839) zurück. Er definiert die Ritzhärte als den Widerstand, den ein Mineral beim Ritzen mit einem spitzen Probiergegenstand entgegensetzt. Mohs wählte 10 verschieden harte Mineralien als Vergleichsstücke und gab ihnen die Grade 1 bis 10. Jedes in diese Reihenfolge eingestufte Mineral ritzt das vorhergehende und wird selbst vom nachfolgenden geritzt. Gleich harte Mineralien ritzen sich nicht. Durch vergleichende Anwendung dieser Mohsschen Härteskala läßt sich die Härte (Mohshärte) eines jeden Edelsteins bestimmen. Steine der Ritzhärte 1 und 2 gelten als weich, jene der Grade 3 bis 6 als mittelhart und die über 6 als hart. Bei den Mineralien mit der Mohshärte 8 bis 10 spricht man auch von Edelsteinhärten. Diese Bezeichnung ist nicht glücklich, denn Edelsteine werden nicht nur durch Härte charakterisiert, wenn auch diese eine sehr geschätzte Eigenschaft darstellt. Die Edelsteine der Härtegrade unter 7 sind durch den allgegenwärtigen Staub, der stets kleine Quarzkörner (von Mohshärte 7) enthält, in ihrem Glanz und der Politur gefährdet. Sie werden im Laufe der Zeit matt und bedürfen beim Tragen und Aufbewahren besonderer Vorsicht gegenüber harten, d. h. ritzenden Gegenständen.

Bei der Ritzprobe muß darauf geachtet werden, daß die Untersuchung nur mit scharfkantigen Stücken auf frischen, unzersetzten Mineralflächen erfolgt. Geriffelte Ausbildung, blättrige Kristalle oder angewitterte Stufen täuschen geringere Härte vor.

Einige Edelsteine besitzen auf verschiedenen Flächen so wie nach verschiedenen Richtungen ganz unterschiedliche Härten. Beim Kyanit (S. 196) z. B. beträgt die Mohshärte auf den Flächen der Längsrichtung des Kristalls $4^{1}/_{2}$, in der Querrichtung 6 und 7. Er wird daher auch als Disthen (der »zweifach Widerstand Leistende«) bezeichnet. Große Härteunterschiede gibt es auch beim Diamant. Das ermöglicht überhaupt erst ein Schleifen dieses härtesten Materials (weitere Ausführungen dazu S. 58 und 59). Die Kenntnis von der verschiedenen Härte (Ritz- wie Schleifhärte) ist für den Edelsteinschleifer unentbehrlich, denn sie ist eine wesentliche Voraussetzung für erfolgreiche Arbeit.

Die Mohssche Ritzhärteskala ist eine relative Skala. Mit ihr kann nur festgestellt werden, welches Mineral ein anderes ritzt. Über das Maß der Härtezunahme innerhalb der Skala wird keine Aussage gemacht. Und diese ist tatsächlich extrem verschieden, wie aus den in der beigefügten Tabelle angeführten absoluten Härtewerten (Schleifhärte in Wasser nach A. Rosiwal) zu erkennen ist.

Tabelle der Mohshärten S. 22.

Relative und absolute Härteskala

Ritzhärte (Mohs)	Vergleichs- mineral	Einfache Härteprüfmittel	Schleifhärte (Rosiwal)
1	Talk	mit Fingernagel schabbar	0,03
2	Gips	mit Fingernagel ritzbar	1,25
3	Calcit	mit Kupfermünze ritzbar	4,5
4	Fluorit	mit Messer leicht ritzbar	5,0
5	Apatit	mit Messer noch ritzbar	6,5
6	Orthoklas	mit Stahlfeile ritzbar	37
7	Quarz	ritzt Fensterglas	120
8	Topas		175
9	Korund		1 000
10	Diamant		140 000

Im Fachhandel gibt es Probierstücke zur Mohsschen Härteskala, in praktischen Kästchen sortiert. Besonders empfehlenswert sind Ritzbestecke. Sie enthalten mehrere handliche Metallstifte, in deren Spitze jeweils Splitter eines anderen Minerals gefaßt sind. Der Härtewert dieser Mineralien ist in das Metall geschlagen und dadurch unverwechselbar.

Spaltbarkeit und Bruch

Viele Edelsteine lassen sich nach ebenen Flächen spalten. Der Fachmann spricht dann von einer Spaltbarkeit. Sie ist vom Gitterbau der Kristalle, von den Kohäsionskräften zwischen den Atomen, abhängig. Je nachdem, wie leicht sich ein Mineral spalten läßt, unterscheidet man eine sehr vollkommene (Euklas), eine vollkommene (Topas) und eine unvollkommene (Granat) Spaltbarkeit. Es gibt aber auch Edelsteine, die sich überhaupt nicht spalten lassen (Quarz). Eine Abgliederung von zusammengewachsenen Berührungszwillingen gilt nicht als Spaltbarkeit, sondern heißt Absonderung.
Edelsteinschleifer und -fasser müssen auf die Spaltbarkeit Rücksicht nehmen. Eine starke Beanspruchung kann die Spaltbarkeit auslösen. Oftmals genügt ein kleiner Schlag oder übermäßiger Druck bei der Prüfung der Mohshärte. Beim Löten können sich auf Grund der Temperaturspannungen im Stein entlang von Spaltflächen Risse bilden, die nicht nur eine Wertminderung darstellen, sondern auch die Gefahr in sich bergen, daß der Edelstein entlang dieser Linien eines Tages auseinanderbricht. Facettierte Edelsteine mit sehr vollkommener Spaltbarkeit, wie z. B. Euklas (S. 179, Nr. 4 und 5), gelten als kleine Kunstschöpfungen.
Mit Hilfe der Spaltbarkeit wurden früher große Edelsteinkristalle geteilt oder fehlerhafte Stellen abgegliedert. Der größte, je gefundene Diamant in Schmucksteinqualität, der Cullinan mit 3 106 ct, wurde 1908 zunächst in drei große Stücke und dann in zahlreiche weitere kleine Teile gespalten. Heute werden solche Rohsteine vorzugsweise gesägt, um die Steinform besser auszunutzen und um ungewollte Spaltungen zu vermeiden. (Weitere Ausführungen darüber S. 58 und 59)
Das Auseinanderfallen eines Minerals mit unregelmäßigen Flächen nach Schlagbeanspruchung nennt man Bruch. Er kann muschelig (wie der Abdruck einer Muschel), uneben, splittrig, faserig, glatt oder erdig sein. Manchmal dient er als Erkennungshilfe bei ähnlich aussehenden Mineralien. Der muschelige Bruch ist z. B. für alle Quarze und glasartigen Edelsteine typisch.

Tabelle der Mohshärten

Diamant	10	Saussurit	$6^1/_2$	Thomsonit	$5-5^1/_2$
Rubin	9	Sinhalit	$6^1/_2$	Titanit	$5-5^1/_2$
Saphir	9	Smaragdit	$6^1/_2$	Apatit	5
Alexandrit	$8^1/_2$	Vesuvian	$6^1/_2$	Augelith	5
Chrysoberyll	$8^1/_2$	Sillimanit	$6-7^1/_2$	Dioptas	5
Djevalith	$8-8^1/_2$	Cassiterit	$6-7$	Hemimorphit	5
Ceylanit	8	Epidot	$6-7$	Smithsonit	5
Rhodizit	8	Amazonit	$6-6^1/_2$	Straß	5
Spinell	8	Aventurin-F.	$6-6^1/_2$	Wardit	5
Taaffeit	8	Benitoit	$6-6^1/_2$	Kyanit	$4^1/_2$ und 7
Topas	8	Ekanit	$6-6^1/_2$	Apophyllit	$4^1/_2-5$
YAG	8	Fabulit	$6-6^1/_2$	Scheelit	$4^1/_2-5$
Aquamarin	$7^1/_2-8$	Labradorit	$6-6^1/_2$	Zinkit	$4^1/_2-5$
Beryll	$7^1/_2-8$	Mondstein	$6-6^1/_2$	Colemanit	$4^1/_2$
Gahnit	$7^1/_2-8$	Nephrit	$6-6^1/_2$	Variscit	$4-5$
Painit	$7^1/_2-8$	Orthoklas	$6-6^1/_2$	Purpurit	$4^1/_2$
Phenakit	$7^1/_2-8$	Petalit	$6-6^1/_2$	Barytocalcit	4
Smaragd	$7^1/_2-8$	Prehnit	$6-6^1/_2$	Fluorit	$4-4^1/_2$
Almandin	$7^1/_2$	Pyrit	$6-6^1/_2$	Magnesit	4
Andalusit	$7^1/_2$	Rutil	$6-6^1/_2$	Rhodochrosit	4
Euklas	$7^1/_2$	Amblygonit	6	Dolomit	$3^1/_2-4^1/_2$
Hambergit	$7^1/_2$	Bytownit	6	Siderit	$3^1/_2-4^1/_2$
Uwarowit	$7^1/_2$	Sanidin	6	Aragonit	$3^1/_2-4$
Cordierit	$7-7^1/_2$	Thulit	6	Azurit	$3^1/_2-4$
Danburit	$7-7^1/_2$	Tugtupit	6	Cuprit	$3^1/_2-4$
Grossular	$7-7^1/_2$	Hämatit	$5^1/_2-6^1/_2$	Kupferkies	$3^1/_2-4$
Pyrop	$7-7^1/_2$	Opal	$5^1/_2-6^1/_2$	Malachit	$3^1/_2-4$
Spessartin	$7-7^1/_2$	Rhodonit	$5^1/_2-6^1/_2$	Sphalerit	$3^1/_2-4$
Staurolith	$7-7^1/_2$	Tremolit	$5^1/_2-6^1/_2$	Cerussit	$3^1/_2$
Turmalin	$7-7^1/_2$	Aktinolith	$5^1/_2-6$	Howlith	$3^1/_2$
Amethyst	7	Anatas	$5^1/_2-6$	Witherit	$3^1/_2$
Aventurin	7	Beryllonit	$5^1/_2-6$	Koralle	$3-4$
Bergkristall	7	Charoit	$5^1/_2-6$	Perle	$3-4$
Citrin	7	Eläolith	$5^1/_2-6$	Anhydrit	$3-3^1/_2$
Dumortierit	7	Hauyn	$5^1/_2-6$	Coelestin	$3-3^1/_2$
Prasiolith	7	Periklas	$5^1/_2-6$	Baryt	3
Rauchquarz	7	Psilomelan	$5^1/_2-6$	Calcit	3
Rosenquarz	7	Sodalith	$5^1/_2-6$	Kurnakovit	3
Tigerauge	7	Brasilianit	$5^1/_2$	Verdit	3
Zirkon	$6^1/_2-7^1/_2$	Chromit	$5^1/_2$	Wulfenit	3
Achat	$6^1/_2-7$	Enstatit	$5^1/_2$	Gagat	$2^1/_2-4$
Axinit	$6^1/_2-7$	Leuzit	$5^1/_2$	Krokoit	$2^1/_2-3$
Chalcedon	$6^1/_2-7$	Moldavit	$5^1/_2$	Phosgenit	$2^1/_2-3$
Chloromelanit	$6^1/_2-7$	Natrolith	$5^1/_2$	Garnierit	$2^1/_2-3$
Chrysopras	$6^1/_2-7$	Willemit	$5^1/_2$	Gaylussit	$2^1/_2$
Demantoid	$6^1/_2-7$	Skapolith	$5-6^1/_2$	Proustit	$2^1/_2$
Hiddenit	$6^1/_2-7$	Cancrinit	$5-6$	Pseudophit	$2^1/_2$
Holzstein	$6^1/_2-7$	Diopsid	$5-6$	Serpentin	$2^1/_2$
Jadeit	$6^1/_2-7$	Hypersthen	$5-6$	Chrysokoll	$2-5^1/_2$
Jaspis	$6^1/_2-7$	Ilmenit	$5-6$	Elfenbein	$2-4$
Kornerupin	$6^1/_2-7$	Lapislazuli	$5-6$	Bernstein	$2-3$
Kunzit	$6^1/_2-7$	Lazulith	$5-6$	Meerschaum	$2-2^1/_2$
Peridot	$6^1/_2-7$	Tantalit	$5-6$	Ulexit	2
Tansanit	$6^1/_2-7$	Türkis	$5-6$	Vivianit	$1^1/_2-3$
Galliant	$6^1/_2$	Datolith	$5-5^1/_2$	Stichtit	$1^1/_2-2^1/_2$
Peristerit	$6^1/_2$	Obsidian	$5-5^1/_2$	Schwefel	$1^1/_2-2$

Das spezifische Gewicht

Unter dem spezifischen Gewicht (in Fachkreisen heutzutage richtiger Dichte genannt) versteht man das Gewicht eines Stoffes in bezug auf das Gewicht des gleichen Volumens Wasser. Ein Edelstein mit dem spezifischen Gewicht 2,6 ist also 2,6 mal so schwer wie das gleiche Volumen Wasser.

Das spezifische Gewicht der Edelsteine schwankt zwischen 1 und 7. Werte unter 2 werden als leicht empfunden (z. B. Bernstein 1,1), solche von 2 bis 4 als normal (z. B. Quarz 2,6), und jene über 4 erscheinen uns als schwer (z. B. Cassiterit 7,0). Die wertvolleren Edelsteine (z. B. Diamant, Rubin, Saphir) haben ein spezifisches Gewicht, das über dem der gesteinsbildenden Mineralien, insbesondere von Quarz und Feldspat, liegt. Daher werden sie in Fließgewässern vor den quarzreichen Sanden abgelagert und bilden durch Anhäufung die sog. Seifenlagerstätten. (Weiteres dazu S. 50)

Um die Identität von Edelsteinen festzustellen, kann ein Bestimmen des spezifischen Gewichts (besonders für den Sammler) sehr nützlich sein. In Fachkreisen setzen sich allerdings optische Bestimmungsmethoden, die den Einsatz teurer Geräte erfordern, zunehmend mehr durch.

In der Edelsteinkunde, wo meist nur mit kleinen Mengen gearbeitet wird, haben sich zum Bestimmen des spezifischen Gewichts zwei Methoden bewährt: die Auftriebsmethode mit Hilfe der hydrostatischen Waage und dann die Schwebemethode. Die erstere ist zwar zeitraubend, aber ohne große Kosten durchführbar. Die zweite Methode ist umständlich, teilweise auch teuer, ermöglicht aber gute Vergleiche in kurzer Zeit bei größeren Partien unbekannter Edelsteine.

Das Meßverfahren mit einer hydrostatischen Waage beruht auf dem Archimedischen Prinzip des Auftriebs; dadurch wird das Volumen des unbekannten Edelsteins ermittelt. Das spezifische Gewicht ist dann einfach zu errechnen:

$$\text{Spezifisches Gewicht} = \frac{\text{Gewicht des Edelsteins}}{\text{Volumen des Edelsteins}}$$

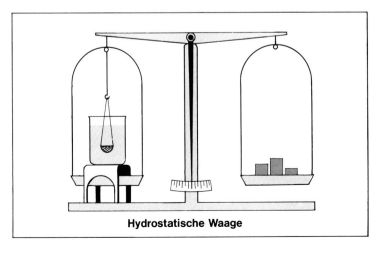

Hydrostatische Waage

Eine hydrostatische Waage kann sich jeder selbst basteln (s. Abbildung S. 23). Für den Anfänger genügt eine umgebaute Briefwaage. Der Fortgeschrittene sollte eine Präzisionswaage verwenden, wie sie bei einem Chemiker oder in der Apotheke zu sehen ist. Das Prüfobjekt wird zunächst an der Luft (auf der Schale unter dem Bänkchen), dann in Wasser (im Körbchen des Bechers) gewogen. Der Wiegeunterschied entspricht dem Gewicht des verdrängten Wassers und damit ziffernmäßig dem Volumen des Edelsteins. Auch dem Laien ist es möglich, das spezifische Gewicht auf diese Weise mit einer, bei Übung mit zwei Dezimalen genau zu bestimmen. Allerdings ist es wichtig zu beachten, daß die Edelsteine nicht von Fremdsubstanz umgeben sind, nicht gefaßt sein dürfen und bei der Wiegung in Luft selbstverständlich auch trocken sein müssen.

Beispiel:

Gewicht in Luft	5,2 g	
Gewicht in Wasser	3,3 g	$\text{Spez. Gewicht} = \dfrac{\text{Gewicht}}{\text{Volumen}} = \dfrac{5,2}{1,9} = 2,7$
Unterschied = Volumen	1,9	

Grundgedanke der Schwebemethode ist die bekannte Tatsache, daß Gegenstände in einer Flüssigkeit mit gleichem spezifischem Gewicht schweben, also weder auf den Boden sinken noch an der Oberfläche schwimmen. Bei der Untersuchung bringt man den unbekannten Edelstein in eine Flüssigkeit, die zunächst ein hohes spezifisches Gewicht hat (sog. schwere Flüssigkeit), durch Verdünnen aber immer leichter wird und schließlich das gleiche spezifische Gewicht annimmt wie das Untersuchungsobjekt, was am Schwebezustand des Gegenstandes dann zu erkennen ist.

Es gibt verschiedene schwere Flüssigkeiten. Besonders geeignet für den Nichtfachmann sind jene, die sich mit destilliertem Wasser verdünnen lassen. Dazu gehört die Thouletsche Flüssigkeit (eine Kalium-Quecksilber-Jodid-Lösung) mit dem spezifischen Gewicht von 3,2. Mit ihr kann man die meisten Edelsteine identifizieren. Für noch schwerere Steine bietet sich die Clericische Flüssigkeit (eine Thalliumformiat-Thalliummalonat-Lösung) an, die ein spezifisches Gewicht von 4,2 besitzt. Diese letztere schließt zwar den ganzen Bereich der spezifischen Gewichte aller Edelsteine ein, ist allerdings teuer und außerdem giftig. Laien sollten sie nicht verwenden. Für ein spezifisches Gewicht bis 3,5 kann man auf die Rohrbachsche Flüssigkeit (eine Barium-Quecksilber-Jodid-Lösung) zurückgreifen, die jedoch wegen Quecksilberjodidausscheidungen unter Umständen etwas schwierig zu handhaben ist. – Die verdünnten Flüssigkeiten braucht man nicht wegzuschütten. Sie können durch Eindampfen im Wasserbad ihr ursprünglich schweres spezifisches Gewicht zurückgewinnen.

Die Ermittlung des spezifischen Gewichts der zwischenzeitlich verdünnten schweren Lösung erfolgt in Fachkreisen mit einer eigens zu diesem Zweck konstruierten Waage (Westphalsche Waage), bei Laien besser mit Indikatoren. Das sind Glasstückchen (im Fachhandel zu erwerben) oder Mineralien von verschiedenem aber bekanntem spezifischem Gewicht. Wenn nun ein solcher Indikator in der Flüssigkeit schwebt, ist dessen spezifisches Gewicht gleich der Flüssigkeit und damit gleich dem Untersuchungsobjekt.

Die Schwebemethode ist zwar umständlich, sie empfiehlt sich aber vor allem dann, wenn bestimmte Edelsteine aus einer ganzen Partie unbekannter Steine aussortiert werden sollen oder wenn es gilt, Synthesen und Imitationen gegenüber echten Edelsteinen zu identifizieren.

Tabelle der spezifischen Gewichte

Tantalit	5,18–8,20	Titanit	3,52–3,54	Skapolith	2,57–2,74
Cassiterit	6,8 –7,1	Uwarowit	3,41–3,52	Calcit	2,71
Galliant	7,05	Hemimorphit	3,4 –3,5	Aquamarin	2,67–2,71
Wulfenit	6,7 –7,0	Hypersthen	3,4 –3,5	Tigerauge	2,64–2,71
Cerussit	6,46–6,57	Sinhalit	3,47–3,49	Augelith	2,7
Cuprit	5,85–6,15	Vesuvian	3,32–3,42	Onyx-Marmor	2,7
Phosgenit	6,13	Dumortierit	3,26–3,41	Labradorit	2,69–2,70
Krokoit	5,9 –6,1	Epidot	3,4	Koralle	2,6 –2,7
Scheelit	5,1 –6,1	Rhodizit	3,4	Vivianit	2,6 –2,7
Djevalith	5,60–5,71	Purpurit	3,2 –3,4	Cordierit	2,58–2,66
Zinkit	5,66	Peridot	3,27–3,37	Aventurin	2,65
Proustit	5,57–5,64	Jadeit	3,30–3,36	Bergkristall	2,65
Pyrit	5,0 –5,2	Tansanit	3,35	Citrin	2,65
Hämatit	4,95–5,16	Dioptas	3,28–3,35	Prasiolith	2,65
Fabulit	5,13	Kornerupin	3,28–3,35	Rauchquarz	2,65
Chromit	4,1 –4,9	Diopsid	3,27–3,31	Rosenquarz	2,65
Ilmenit	4,72	Axinit	3,27–3;29	Amethyst	2,63–2,65
Zirkon	3,90–4,71	Ekanit	3,28	Aventurin-F.	2,62–2,65
YAG	4,6	Enstatit	3,26–3,28	Achat	2,60–2,65
Baryt	4,5	Turmalin	3,02–3,26	Eläolith	2,55–2,65
Smithsonit	4,3 –4,5	Sillimanit	3,25	Chalcedon	2,58–2,64
Psilomelan	etwa 4,35	Smaragdit	3,25	Chrysopras	2,58–2,64
Witherit	4,27–4,35	Apatit	3,17–3,23	Peristerit	2,61–2,63
Almandin	3,95–4,32	Hiddenit	3,16–3,20	Moosachat	2,58–2,62
Rutil	4,20–4,30	Kunzit	3,16–3,20	Mondstein	2,56–2,62
Kupferkies	4,1 –4,3	Lazulith	3,1 –3,2	Orthoklas	2,56–2,60
Spessartin	4,12–4,20	Fluorit	3,18	Pseudophit	2,5 –2,6
Straß	3,15–4,20	Andalusit	3,12–3,18	Variscit	2,4 –2,6
Willemit	3,89–4,18	Magnesit	3,00–3,12	Obsidian	2,3 –2,6
Painit	4,1	Euklas	3,10	Howlith	2,53–2,59
Sphalerit	4,08–4,10	Tremolit	2,9 –3,1	Sanidin	2,57–2,58
Rubin	3,97–4,05	Aktinolith	3,03–3,07	Amazonit	2,56–2,58
Saphir	3,99–4,00	Amblygonit	3,01–3,03	Tugtupit	2,36–2,57
Coelestin	3,97–4,00	Nephrit	2,90–3,02	Leuzit	2,45–2,50
Gahnit	3,58–3,98	Danburit	3,0	Cancrinit	2,4 –2,5
Anatas	3,82–3,95	Saussurit	3,0	Apophyllit	2,30–2,50
Malachit	3,75–3,95	Datolith	2,90–3,00	Colemanit	2,42
Azurit	3,7 –3,9	Brasilianit	2,98–2,99	Hauyn	2,4
Periklas	3,7 –3,9	Anhydrit	2,90–2,99	Petalit	2,40
Ceylanit	3,63–3,90	Phenakit	2,95–2,97	Thomsonit	2,3 –2,4
Siderit	3,85	Sprudelstein	2,95	Chrysokoll	2,00–2,40
Demantoid	3,82–3,85	Dolomit	2,85–2,95	Moldavit	2,32–2,38
Staurolith	3,7 –3,8	Aragonit	2,94	Hambergit	2,35
Pyrop	3,58–3,80	Prehnit	2,87–2,93	Alabaster	2,30–2,33
Alexandrit	3,70–3,73	Jaspis	2,58–2,91	Sodalith	2,13–2,29
Chrysoberyll	3,70–3,72	Lapislazuli	2,4 –2,9	Natrolith	2,20–2,25
Rhodonit	3,40–3,70	Beryllonit	2,80–2,85	Stichtit	etwa 2,2
Rhodochrosit	3,30–3,70	Wardit	2,81	Opal	1,98–2,20
Kyanit	3,65–3,69	Speckstein	2,7 –2,8	Schwefel	2,05–2,08
Benitoit	3,65–3,68	Türkis	2,60–2,80	Meerschaum	2,0
Grossular	3,59–3,68	Serpentin	2,4 –2,8	Ulexit	1,9 –2,0
Barytocalcit	3,66	Garnierit	2,3 –2,8	Elfenbein	1,7 –2,0
Spinell	3,58–3,61	Smaragd	2,67–2,78	Gaylussit	1,99
Taaffeit	3,6	Perle	2,60–2,78	Kurnakovit	1,86
Topas	3,53–3,56	Beryll	2,65–2,75	Gagat	1,30–1,35
Diamant	3,47–3,55	Bytownit	2,71–2,74	Bernstein	1,05–1,30

Die Gewichte des Edelsteinhandels

Karat (auch Carat) Gewichtseinheit im Edelsteinhandel, seit der Antike im Gebrauch. Der Name geht vielleicht auf ein Samenkorn (»Kuara«) des afrikanischen Korallenbaumes oder auf einen Fruchtkern (gr. »keration«) des Johannisbrotbaumes zurück. Ab 1907 wird sowohl in Europa als auch in Amerika das metrische Karat (mct) von 200 mg oder 0,2 g eingeführt. Davor waren die Karatgewichte an den großen Handelsplätzen etwas verschieden. Deshalb liest man bei den Gewichtsangaben altbekannter Diamanten auch ungleiche Werte. Die Unterteilung des Karats erfolgt in Bruchzahlen (z. B. $\frac{1}{10}$ ct) oder in Dezimalen (z. B. 1,25 ct) mit zwei Stellen. Kleinst-Diamanten werden nach »Punkt« (engl. »Point«) gewogen, das ist $\frac{1}{100}$ Karat (= 0,01 ct). – In der unteren Abbildung sind die Durchmesser und die damit korrespondierenden Karatgewichte für Diamant-Brillanten mit Modernem Schliff (s. S. 81) dargestellt. Für Edelsteine mit anderem spezifischem Gewicht und anderen Schliffformen ergeben sich naturgemäß auch andere Steindurchmesser.

Das Karatgewicht der Edelsteine nicht mit der Karatzahl der Goldschmiedezunft verwechseln! Beim Gold ist Karat keine Gewichtseinheit, sondern eine Qualitätsbezeichnung. Je höher die Karatzahl, desto mehr Feingold ist in dem Schmuckstück vorhanden; das Gewicht kann dabei jedesmal verschieden sein.

Gramm Gewichtseinheit im Edelsteinhandel für weniger wertvolle Steine und besonders für deren Rohware (z. B. Quarze).

Grain (lat. granum) Edelsteingewicht für Perlen. Entspricht 0,05 Gramm = 0,25 oder $\frac{1}{4}$ Karat; wird zunehmend durch Karat ersetzt. Das früher für den Perlenhandel übliche japanische Maß »Momme« (= 3,75 Gramm = 18,75 Karat) ist im europäischen Handel kaum noch zu finden.

Preise Im internen Edelsteinhandel wird der Preis stets »per Karat« angegeben. Durch Umrechnung auf das tatsächliche Gewicht erhält man den Stückpreis. Im Handel mit dem Letztverbraucher wird häufig der Totalpreis genannt. – Der Karatpreis nimmt mit der Größe der Edelsteine progressiv zu: Wenn ein Einkaräter z. B. DM 750.– kostet, dann ist ein Zweikaräter (gleiche Qualität vorausgesetzt) nicht etwa DM 1500.– wert, sondern vielleicht 2000.– oder gar mehr.

Durchmesser und Gewichte von Diamant-Brillanten

Durchmesser in mm	2,2	3,0	4,1	5,2	6,5
Gewicht in ct	1/25	.10	.25	.50	1.00

7,4	8,2	9,0	9,3	11,0
1.50	2.00	2.50	3.00	5.00

Optische Eigenschaften

Unter den verschiedenen Eigenschaften der Edelsteine nehmen die optischen eine überragende Stellung ein. Sie bewirken Farbe und Glanz, Feuer und Lumineszenz, Lichtfiguren und Flächenschiller. Auch bei der Edelsteinuntersuchung konzentriert man sich immer mehr auf die optischen Erscheinungen.

Die Farbe

Die Farbe steht bei der Betrachtung der Edelsteine zunächst im Vordergrund. Bei den meisten Steinen ist sie allerdings kein Erkennungsmerkmal, denn viele haben die gleiche Farbe, und zahlreiche Steine treten sogar in mehreren Farben auf.
Farben entstehen durch das Licht; dieses Licht sind elektromagnetische Schwingungen von bestimmten Wellenlängen. Das menschliche Auge nimmt nur den Wellenbereich von etwa 4000 Å bis 7000 Å (s. S. 36) wahr. Dieser Bereich des sichtbaren Lichts gliedert sich in sechs Hauptteile, wovon jeder zu einer bestimmten Farbe gehört (Spektralfarben: Rot, Orange, Gelb, Grün, Blau, Violett). Die Mischung aller macht das weiße Licht aus. Wird dagegen ein Wellenbereich absorbiert (»verschluckt«), ergibt sich aus dem übrigbleibenden Gemisch eine bestimmte Farbe, aber nicht mehr Weiß. Werden alle Wellenlängen durchgelassen, ist der Stein farblos; wird dagegen alles Licht absorbiert, erscheint der Edelstein im dunkelsten Helligkeitswert, das ist schwarz. Wird von allen Wellenlängen gleich viel absorbiert, ist der Stein trübweiß oder grau. Wenn dagegen nur ganz bestimmte Wellenlängen absorbiert werden, erhält der Edelstein die sich als Rest aus dem Spektralgemisch des weißen Lichts ergebende Farbe.
Bei den Edelsteinen sind es vor allem die Metalle Chrom, Eisen, Kobalt, Kupfer, Mangan, Nickel und Vanadium, die bestimmte Wellenlängen des weißen Lichts absorbieren und damit farbgebend wirken. Die Anteile dieser Substanzen erscheinen oft in so kleinen Mengen, daß sie in der chemischen Formel nicht erwähnt werden.
Bei Zirkon und Rauchquarz ist keine Substanz für die Farbe verantwortlich, sondern eine Deformation des inneren Aufbaus (des Raumgitters) infolge kurzwelliger Strahlen der Atmosphäre (der sog. Höhenstrahlung), wodurch es zu einer selektiven (auswählenden) Absorption kommt.
Auch die Länge des Lichtweges durch den Kristall beeinflußt die Absorption und damit die Farbe. Deshalb muß man beim Schleifen versuchen, diese Tatsache möglichst vorteilhaft zu nutzen. Hellfarbige Steine erhalten dickere Körper und/ oder eine solche Facettenanordnung, daß sich die Farbe mit Hilfe des längeren Absorptionsweges vertieft, während zu dunklen Farben muß der Stein dünn gehalten werden. Der dunkelrote Almandin-Granat (S. 104) z. B. wird daher vielfach an der Unterseite ausgehöhlt (ausgeschlägelt).
Das Kunstlicht hat ebenso auf die Farbe der Edelsteine Einfluß, weil es anders als das Tageslicht zusammengesetzt ist. Es gibt Edelsteine, deren Farbe bei Kunstlicht ungünstig beeinflußt wird (z. B. Saphir), und solche, die bei künstlichem Licht besonders strahlend wirken (z. B. Rubin, Smaragd). Am auffälligsten ist ein derartiger Farbwechsel (Changieren genannt) bei Alexandrit (S. 98). Am Tage ist er grün, abends bei Kunstlicht rot.
Obwohl die Farbe bei den Edelsteinen eine so große Rolle spielt, kennt man – außer bei Diamanten (Vergl. S. 76) – keine praktische Methode einer objektiven Farbbeurteilung. Farbvergleichstafeln sind nur spärlicher Ersatz, der subjektive Spielraum ist sehr groß. Die in der Wissenschaft angewendeten Meßmethoden zur Farbbestimmung sind für den Handel zu kompliziert und aufwendig.

Strichfarbe

Das farbliche Aussehen der Edelsteine kann selbst bei der gleichen Gruppe sehr vielfältig sein. So erscheint z. B. der Beryll in allen Farben des Spektrums, aber auch farblos. Und diese Farblosigkeit ist die eigentliche Ursprungsfarbe, sie wird Eigenfarbe genannt. Alle anderen Farben sind Fremdfarben, entstanden durch farbgebende Substanzen. Die Eigenfarben können, weil sie konstant sind, als Bestimmungshilfe für Edelsteine dienen. Mit einem kräftigen Strich auf einer rauhen Porzellantafel, der Strichplatte, tut sich die Eigenfarbe kund, denn das fein zerriebene Pulver wirkt wie dünnste durchschimmernde Plättchen. Der stahlfarbige Hämatit z. B. hat die Strichfarbe (kurz Strich genannt) Rot, der messingfarbene Pyrit Schwarz, der blaue Sodalith Weiß. Bei härteren Mineralien empfiehlt es sich, erst mit einer Stahlfeile etwas Pulver abzuschaben und dann auf der Strichtafel zu verreiben. – Diese Bestimmungsmethode ist besonders für Sammler von Interesse. Geschliffene Edelsteine sollte man wegen der Verletzungsgefahr nicht nach der Strichfarbe untersuchen.

Tabelle der Strichfarben S. 30.

Farbveränderung

Es gibt Edelsteine, die sich im Laufe der Zeit farblich verändern. Amethyst, Rosenquarz und Kunzit können unter dem Einfluß des Sonnenlichts bis zur Farblosigkeit ausbleichen. Im allgemeinen sind solche von der Natur bewirkten Farbveränderungen jedoch Ausnahmen. Viel häufiger ist der Eingriff des Menschen zur Farbveredelung.

Am bekanntesten ist wohl das »Brennen« von Amethyst. Bei einigen hundert Grad nimmt der ursprünglich violette Stein hellgelbe, rotbraune, grüne oder milchigweiße Farben an. Die meisten Citrine des Handels und alle Prasiolithe sind solche umgewandelten Amethyste.

Weniger ansehnliche Farben können durch Erhitzen zu begehrteren Tönen hingeführt werden. Grünstichige Aquamarine erhalten durch Brennen eine meerblaue Farbe, zu dunkle Turmaline werden aufgehellt, blaue Turmaline grün. Diamantähnliche wie auch aquamarinfarbige Zirkone gewinnt man durch Brennen der rötlichbraunen Hyazinth-Varietät.

Eine Farbveredelung wird auch durch Radium- und Röntgenstrahlen, neuerdings ebenso durch Beschuß mit Elementarteilchen im Atomreaktor erzielt. Die Farbveränderungen sind so naturgetreu, daß man sie mit dem Auge nicht erkennen kann. Nur mit Hilfe komplizierter Untersuchungen lassen sie sich nachweisen. Einige dieserart erwirkten Farben sind allerdings nicht dauerhaft. Die Steine können wieder verblassen, andere Farben annehmen oder fleckig werden.

Bei porösen Edelsteinen, wie Lapislazuli, Türkis, Perlen und Achat, wird eine Farbverbesserung durch Zuführen von Farbstoff erreicht. Solche Art der Farbbeeinflussung war schon in der Antike bekannt.

Über Achatfärben siehe S. 136.

Im Handel müssen alle künstlich bewirkten Farbveränderungen der Edelsteine – mit Ausnahme der gebrannten Steine wie auch der gefärbten Achate – kenntlich gemacht werden; das verlangt die für die BRD zuständige RAL-Vereinbarung 560 A 5 von 1963.

Innig verwachsener Azurit und Malachit von Arizona/USA. – Zwei der wenigen Edelsteinmineralien, deren Strich dem farblichen Aussehen entspricht.

Tabelle der Strichfarben

Strichfarbe
weiß + farblos + grau
Achat
Aktinolith
Alabaster
Alexandrit
Almandin
Amazonit
Amblygonit
Amethyst
Amethystquarz
Anatas
Andalusit
Anhydrit
Apatit
Apophyllit
Aquamarin
Aragonit
Augelith
Aventurin
Aventurin-Feldspat
Axinit
Baryt
Barytocalcit
Benitoit
Bergkristall
Bernstein
Beryll
Beryllonit
Brasilianit
Bytownit
Calcit
Cancrinit
Cassiterit
Cerussit
Ceylanit
Chalcedon
Chloromelanit
Chrysoberyll
Chrysokoll
Chrysopras
Citrin
Coelestin
Colemanit
Cordierit
Danburit
Datolith
Demantoid
Diopsid
Djevalith
Dolomit
Eläolith
Elfenbein
Enstatit
Epidot

Euklas
Fabulit
Fluorit
Gahnit
Galliant
Gaylussit
Glas
Grossular
Hambergit
Hauyn
Hemimorphit
Hessonit
Hiddenit
Howlith
Hypersthen
Jadealbit
Jadeit
Jaspis
Koralle
Kornerupin
Kunzit
Kyanit
Labradorit
Lazulith
Leuzit
Magnesit
Meerschaum
Moldavit
Mondstein
Moosachat
Natrolith
Nephrit
Obsidian
Opal
Orthoklas
Peridot
Periklas
Peristerit
Perle
Petalit
Phenakit
Phosgenit
Prasiolith
Prehnit
Pyrop
Rauchquarz
Rhodochrosit
Rhodolith
Rhodonit
Rosenquarz
Rubin
Sanidin
Saphir
Scheelit
Serpentin

Siderit
Silber
Sillimanit
Sinhalit
Skapolith
Smaragd
Smithsonit
Sodalith
Sogdianit
Speckstein
Spessartin
Spinell
Staurolith
Straß
Tansanit
Thomsonit
Titanit
Topas
Tremolit
Türkis
Turmalin
Ulexit
Uwaworit
Variscit
Vesuvian
Willemit
Witherit
YAG
Zirkon
Zirkonia

Strichfarbe
rot + rosa + orange
Cuprit
Hämatit
Jaspis
Krokoit
Proustit
Rutil
Tantalit
Zinkit

Strichfarbe
gelb + orange + braun
Apatit
Cassiterit
Chromit
Cuprit
Gagat
Gold
Hypersthen
Ilmenit
Jaspis

Krokoit
Proustit
Psilomelan
Rutil
Schwefel
Sphalerit
Tantalit
Tigerauge
Vivianit
Wulfenit
Zinkit

Strichfarbe
grün + gelbgrün
+ blaugrün
Chrysokoll
Dioptas
Garnierit
Kupferkies
Malachit
Pyrit

Strichfarbe
blau + blaugrün
+ blaurot
Azurit
Dioptas
Dumortierit
Lapislazuli

Strichfarbe
schwarz + grau
Apatit
Cerussit
Epidot
Gagat
Gahnit
Hypersthen
Ilmenit
Kupferkies
Psilomelan
Pyrit
Tantalit

Lichtbrechung

Als Kinder haben wir beobachtet, daß ein Stock, den wir zur Hälfte schräg ins Wasser steckten, an der Wasserlinie »gebrochen« wurde. Der untere Teil des Stockes hatte eine andere Richtung als die obere Hälfte. Was wir hier erfahren haben, entsteht durch die Lichtbrechung. Sie tritt immer dann auf, wenn ein Lichtstrahl von einem Medium (z.B. Luft) schräge in ein anderes (z.B. Edelsteinkristall) übertritt, also an der Grenze zweier Stoffe.

Das Maß der Lichtbrechung ist bei den Kristallen der einzelnen Edelsteinarten (teilweise mit geringem Spielraum) konstant. Es wird daher zur Bestimmung der Edelsteine verwendet. Die ziffernmäßige Größe der Lichtbrechung heißt Brechungsindex (in der Literatur vereinfachend meist »Lichtbrechung« genannt). Er wird definiert als das Verhältnis von der Lichtgeschwindigkeit in Luft zu der im Edelstein. Die Ablenkung des Lichtstrahls im Edelstein geht nämlich mit einer Verringerung der Durchgangsgeschwindigkeit dieses Lichtstrahles einher.

Beispiel:
Lichtgeschwindigkeit in Luft (V_1)   300 000 km/sek
Lichtgeschwindigkeit im Diamant (V_2)   125 000 km/sek

$$\text{Brechungsindex} = \frac{V_1 \text{ (Luft)}}{V_2 \text{ (Diamant)}} = \frac{300\,000}{125\,000} = 2,4$$

Im Diamant ist die Lichtgeschwindigkeit (= Brechungsindex) also der 2,4te Teil der Lichtgeschwindigkeit in Luft. – Die Brechungsindices der Edelsteine liegen zwischen 1,2 und 3,2. Sie sind je nach Farbe und Vorkommen etwas verschieden. Bei doppelbrechenden Edelsteinen (siehe dazu Ausführungen S. 34) gibt es zwei Brechungsindices. – Tabelle der Lichtbrechung S. 32.

Die Messung der Lichtbrechung erfolgt in der Praxis mit dem Refraktometer. An einer Skala können die Werte unmittelbar abgelesen werden. Eine Untersuchung ist aber nur bis zu einem Index von etwa 1,80 möglich und auch nur bei Steinen, die eine ebene Fläche oder Facetten besitzen. Bei Cabochons kann der Fachmann mit einigen Kunstkniffen angenäherte Werte erreichen.

Ohne größeren technischen Aufwand ist eine Messung der Lichtbrechung durch die sog. Immersionsmethode möglich. Der Edelstein wird hierbei in einer Flüssigkeit mit bekanntem Brechungsindex betrachtet. Je nach Helligkeit, Schärfe und Breite der Kontur wie der Facettenkanten kann man Näheres über den Brechungsindex des Edelsteins aussagen.

Immersionsmethode

Die folgenden Angaben stets auf die Flüssigkeit bezogen:

Weiße Kontur + schwarze Facettkanten:
Lichtbrechung des Edelsteins geringer.

Schwarze Kontur + weiße Facettkanten:
Lichtbrechung des Edelsteins höher.

Breite Kontur:
Lichtbrechung weicht stark ab.

Verwischte Kontur:
Gleiche Lichtbrechung des Edelsteins.

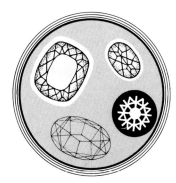

Tabelle der Licht- und Doppelbrechung

	Licht-brechung	Doppel-brechung		Licht-brechung	Doppel-brechung
Hämatit	2,94 −3,22	− 0,28	Hessonit	1,742−1,748	keine
Proustit	2,792−3,088	− 0,296	Grossular	1,734−1,745	keine
			Rhodonit	1,733−1,744	+ 0,011
Rutil	2,62 −2,90	+ 0,28	Periklas	1,74	keine
Cuprit	2,849	keine	Spinell	1,712−1,736	keine
Krokoit	2,31 −2,66	+ 0,35	Klinozoisit	1,724−1,734	+ 0,010
Anatas	2,49 −2,55	− 0,06	Kyanit	1,715−1,732	− 0,017
Fabulit	2,40 −2,42	keine	Hypersthen	1,67 −1,73	− 0m014
Diamant	2,417−2,419	keine	Diopsid	1,671−1,726	+ 0,028
Tantalit	2,24 −2,41	+ 0,17	Dumortierit	1,686−1,723	− 0,037
Wulfenit	2,30 −2,40	− 0,10	Taaffeit	1,718−1,722	− 0,004
Sphalerit	2,368−2,371	keine	Vesuvian	1,700−1,721	± 0,005
Schwefel	1,960−2,248	+ 0,288	Willemit	1,691−1,719	+ 0,028
Djevalith	2,15 −2,20	keine	Magnesit	1,515−1,717	− 0,202
Zirkonia	2,088−2,176	keine	Dioptas	1,644−1,709	+ 0,053
Phosgenit	2,117−2,145	+ 0,026	Sinhalit	1,699−1,707	− 0,038
Chromit	2,1	keine	Tansanit	1,691−1,700	+ 0,009
Cassiterit	1,997−2,093	+ 0,096	Saussurit	1,50 −1,70	keine
Cerussit	1,804−2,078	− 0,274			
Titanit	1,885−2,050	+ 0,105	Rhodizit	1,69	keine
		bis + 0,135	Peridot	1,654−1,690	+ 0,036
Galliant	2,03	keine	Perle	1,52 −1,69	0,156
Zinkit	2,013−2,029	+ 0,016	Axinit	1,675−1,685	− 0,010
			Aragonit	1,530−1,685	− 0,155
Zirkon	1,777−1,987	+ 0,059	Barytocalcit	1,684	keine
Scheelit	1,918−1,934	+ 0,016	Kornerupin	1,665−1,682	− 0,013
Purpurit	1,84 −1,92	+ 0,08	Dolomit	1,503−1,682	− 0,179
Malachit	1,655−1,909	− 0,254	Hiddenit	1,655−1,680	+ 0,015
			Kunzit	1,655−1,680	+ 0,015
Demantoid	1,888−1,889	keine	Gagat	1,64 −1,68	keine
Uwarowit	etwa 1,870	keine	Witherit	1,532−1,680	− 0,148
Siderit	1,63 −1,87	− 0,24	Ammolith	1,52 − 1,68	+ 0,155
Smithsonit	1,621−1,849	− 0,228	Sillimanit	1,658−1,678	+ 0,02
Azurit	1,730−1,838	+ 0,108	Enstatit	1,663−1,673	+ 0,010
YAG	1,83	keine	Euklas	1,652−1,672	+ 0,020
Almandin	1,78 −1,830	keine	Phenakit	1,654−1,670	+ 0,016
Rhodo-chrosit	1,600−1,820	− 0,22	Datolith	1,625−1,669	− 0,044
Painit	1,787−1,816	− 0,029	Jadeit	1,654−1,667	+ 0,013
Spessartin	1,795−1,815	keine			oft keine
Pyrit	über 1,81	keine	Calcit	1,486−1,658	− 0,172
Benitoit	1,757−1,804	+ 0,047	Koralle	1,486−1,658	− 0,172
Ceylanit	1,77 −1,80	keine	Onyx-Marmor	1,486−1,658	− 0,172
			Turmalin	1,616−1,652	− 0,014
Rubin	1,766−1,774	− 0,008			bis − 0,044
Saphir	1,766−1,774	− 0,008			
Epidot	1,733−1,768	+ 0,035	Türkis	1,61 −1,65	+ 0,04
Staurolith	1,739−1,762	+ 0,015	Andalusit	1,641−1,648	− 0,007
Rhodolith	etwa 1,76	keine	Baryt	1,636−1,648	+ 0,012
Pyrop	1,714−1,760	keine	Apatit	1,632−1,648	− 0,002
Alexandrit	1,745−1,759	+ 0,010			bis − 0,004
Chrysoberyll	1,744−1,755	+ 0,011	Lazulith	1,615−1,645	− 0,030
Gahnit	1,715−1,752	keine	Aktinolith	1,618−1,641	− 0,023

Tabelle der Licht- und Doppelbrechung

	Lichtbrechung	Doppelbrechung		Lichtbrechung	Doppelbrechung
Prehnit	1,61 –1,64	+ 0,030	Rosenquarz	1,544–1,553	+ 0,009
Topas	1,610–1,638	+ 0,008 bis + 0,010	Tigerauge	1,544–1,553	+ 0,009
			Agalmatolith	etwa 1,55	keine
Amblygonit	1,611–1,637	+ 0,026	Moosachat	1,54 –1.55	bis zu + 0,006
Danburit	1,630–1,636	– 0,006			
Hemimorphit	1,614–1,636	+ 0,022	Cordierit	1,53 –1,55	bis – 0,012
Coelestin	1,622–1,631	+ 0,009	Stichtit	1,52 –1,55	– 0,027
Hambergit	1,559–1,631	+ 0,072	Eläolith	1,532–1,549	– 0,004
Smaragdit	1,608–1,630	– 0,022	Aventurin-		
Nephrit	1,600–1,627	– 0,027 teilw. keine	Feldspat	1,532–1,542	+ 0,010
			Jadealbit	1,525–1,540	+ 0,015
Vivianit	1,580–1,627	+ 0,047	Elfenbein	1,54	keine
Brasilianit	1,603–1,623	+ 0,020	Holzstein	etwa 1,54	schwach oder keine
Tremolit	1,60 –1,62	– 0,02			
Colemanit	1,586–1,614	+ 0,028	Jaspis	etwa 1,54	keine
Anhydrit	1,571–1,614	+ 0,043	Thomsonit	1,52 –1,54	+ 0,028
Howlith	1,586–1,609	– 0,019	Chalcedon	1,530–1,539	bis zu + 0,006
Sogdianit	1,606–1,608	– 0,002			
Ekanit	1,60	keine	Chrysopras	1,530–1,539	bis zu + 0,004
Beryll	1,570–1,600	– 0,006 bis – 0,009	Apophyllit	1,535–1,537	± 0,002
			Peristerit	1,525–1,536	+ 0,011
Wardit	1,590–1,599	+ 0,099	Meerschaum	1,53	keine
Variscit	1,55 –1,59	– 0,010	Amazonit	1,522–1,530	– 0,008
Speckstein	1,539–1,589	– 0,050	Alabaster	1,520–1,530	+ 0,010
Augelith	1,574–1,588	+ 0,014	Mondstein	1,520–1,525	– 0,005
Aquamarin	1,577–1,583	– 0,006	Orthoklas	1,519–1,525	– 0,006
Smaragd	1,576–1,582	– 0,006	Kurnakovit	1,488–1,525	– 0,027 bis –0,036
Verdit	1,580	keine			
Bytownit	1,567–1,576	– 0,009	Sanidin	1,518–1,524	– 0,006
Serpentin	1,560–1,571	keine	Cancrinit	1,491–1,524	– 0,023
Chrysokoll	1,460–1,570	+ 0,010	Ulexit	1,491–1,520	+ 0,029
Labradorit	1,560–1,568	+ 0,008	Petalit	1,502–1,518	+ 0,016
Beryllonit	1,553–1,562	– 0,009	Gaylussit	1,445–1,522	+ 0,077
Skapolith	1,540–1,560	– 0,009 bis – 0,020	Obsidian	1,48 –1,51	keine
			Leuzit	1,508–1,509	+ 0,001
Achat	1,544–1,553	+ 0,009	Hauyn	1,502	keine
Amethyst	1,544–1,553	+ 0,009	Tugtupit	1,496–1,502	+ 0,006
Amethyst-			Lapislazuli	um 1,50	keine
quarz	1,544–1,553	+ 0,009	Moldavit	1,48 –1,50	keine
Aventurin	1,544–1,553	+ 0,009			
Bergkristall	1,544–1,553	+ 0,009	Natrolith	1,480–1,493	+ 0,013
Citrin	1,544–1,553	+ 0,009	Sodalith	1,48	keine
Prasiolith	1,544–1,553	+ 0,009	Opal	1,44 –1,46	keine
Quarz	1,544–1,553	+ 0,009	Fluorit	1,434	keine
Rauchquarz	1,544–1,553	+ 0,009			

Doppelbrechung

Bei allen Edelsteinen, außer Opal, den Gläsern und jenen, die dem kubischen System angehören, wird der Lichtstrahl beim Eintritt in den Kristall gebrochen, und gleichzeitig in zwei Strahlen zerlegt. Diese Erscheinung bezeichnen wir als Doppelbrechung. Am deutlichsten ist sie beim isländischen Calcit zu sehen, der deshalb auch Doppelspat genannt wird. Ebenso tritt sie bei Zirkon, Titanit und Peridot deutlich zutage; mit bloßem Auge kann man hier eine Verdoppelung der unteren Facettenkanten erkennen. Beim synthetischen Rutil ist die Doppelbrechung so stark, daß der Stein unter Umständen einen verschwommenen Eindruck macht. Hier liegt die Aufgabe beim Schleifer, den Edelstein so zu bearbeiten, daß die Doppelbrechung nicht als störend empfunden wird. Bei den meisten Edelsteinen ist die Bildverdoppelung nur gering und ohne Instrument kaum zu erkennen.
Die Doppelbrechung ist eine Bestimmungshilfe für Edelsteine. Ziffernmäßig wird sie als Differenz des größten zum kleinsten Brechungsindex erfaßt. Der Fachmann unterscheidet bei den doppelbrechenden Edelsteinen auch noch positiven und negativen »optischen Charakter«. – Die Daten der Doppelbrechung sind in der Tabelle S. 32 wiedergegeben.

Dispersion

Das weiße Licht wird beim Durchgang durch einen Kristall nicht nur gebrochen, sondern auch in seine Spektralfarben aufgefächert; denn das Brechungsvermögen hängt in besonderem Maße von der Wellenlänge des Lichts ab. Da die einzelnen Spektralfarben des Lichts aber verschiedene Wellenlängen haben, werden sie auch unterschiedlich gebrochen (siehe Skizze S. 36). Beim Diamant z.B. beträgt der Brechungsindex des Rot (bei einer Wellenlänge von 6870 Å) 2,407, des Gelb (5890 Å) 2,417, des Grün (5270 Å) 2,427 und des Violett (3970 Å) 2,465. Diese Zerlegung des weißen Lichts in die Regenbogenfarben heißt Dispersion.
Beim Diamant, wo die Farbzerstreuung besonders groß ist, entsteht auf diese Weise ein prächtiges Farbenspiel, das so begehrte »Feuer«. Nur bei farblosen Edelsteinen gibt es eine gute Dispersion. Natürliche wie synthetische Edelsteine mit hoher Dispersion (z.B. Fabulit, Rutil, Sphalerit, Titanit, Zirkon) werden als Diamantersatz verwendet.
Weitere Ausführungen S. 36.

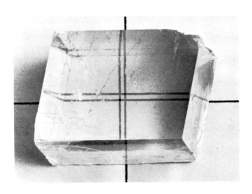

Der isländische Calcit zeigt die Doppelbrechung besonders deutlich. Er wird daher auch Doppelspat genannt.

Tabelle der Dispersionen (B-G-Bereich)

Rutil	0,280	Danburit		0,017
Anatas	0,213 u. 0,259	Hiddenit		0,017
Fabulit	0,190	Kunzit		0,017
Sphalerit	0,156	Skapolith		0,017
Cassiterit	0,071	Turmalin		0,017
Djevalith	0,063	Andalusit		0,016
Demantoid	0,057	Apatit		0,016
Melanit	0,057	Datolith		0,016
Cerussit	0,051	Euklas		0,016
Titanit	0,051	Alexandrit		0,015
Benitoit	0,039 u. 0,046	Chrysoberyll		0,015
Diamant	0,044	Hambergit		0,015
Zirkon	0,039	Phenakit		0,015
Benitoit	0,046 u. 0,039	Sillimanit		0,015
Galliant	0,038	Aquamarin		0,014
Smithsonit	0,014 u. 0,031	Beryll		0,014
Epidot	0,030	Brasilianit		0,014
Tansanit	0,030	Smaragd		0,014
Grossular	0,027	Smithsonit	0,031 u. 0,014	
Hessonit	0,027	Topas		0,014
Spessartin	0,027	Amethyst		0,013
Willemit	0,027	Amethystquarz		0,013
Scheelit	0,026	Aventurin		0,013
Spinell	0,026	Bergkristall		0.013
Almandin	0,024	Citrin		0.013
Rhodolith	0,024	Prasiolith	0,013	
Staurolith	0,023	Rauchquarz		0,013
Dioptas	0,022	Rosenquarz		0,013
Pyrop	0,022	Tigerauge		0,013
Kyanit	0,020	Amazonit		0,012
Peridot	0,020	Mondstein		0,012
Taaffeit	0,019	Orthoklas		0,012
Vesuvian	0,019	Beryllonit		0,010
Kornerupin	0,018	Cancrinit		0,010
Rubin	0,018	Leuzit		0,010
Saphir	0,018	Obsidian		0,010
Sinhalit	0,018	Silica-Glas		0,010
Calcit	0,008 u. 0,017	Calcit	0,017 u. 0,008	
Cordierit	0,017	Fluorit		0,007

Die Dispersion eines Edelsteins wird in Zahlen ausgedrückt, im allgemeinen als die Differenz der Brechungsindices von Rot und Violett. Da diese Farben aber jeweils ein breites Band umfassen, ist es üblich, für Rot die Fraunhofersche B-Linie und für Violett die G-Linie beim Messen zugrunde zu legen. – Tabelle S. 35.

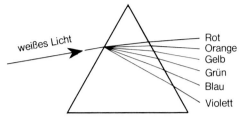

Lichtbrechung und Dispersion von weißem Licht beim Gang durch ein Prisma

Absorptionsspektren

Zu den wichtigsten Bestimmungshilfen für Edelsteine gehören Absorptionsspektren. Das sind in Spektralfarben auseinandergezogene Bänder des Lichts, das aus den farbigen Edelsteinen austritt (Abbildung S. 39). Wie wir wissen, werden bestimmte Wellenlängen (d.h. Farbanteile) des Lichts absorbiert (vgl. S. 27). Dadurch entsteht aus der jeweiligen Restmischung des ursprünglich weißen Lichts die Farbe der Edelsteine. Das menschliche Auge vermag aber nicht all die feinen Farbunterschiede wahrzunehmen. Uns kann der rote Turmalin, der rote Granat oder auch ein rotgefärbtes Glas täuschend ähnlich erscheinen wie der begehrte Rubin. Die Absorptionsspektren jedoch entlarven ganz eindeutig die eben genannten, vielleicht als Unterschiebung zum Rubin benutzten Steine oder Gläser. Denn die meisten Edelsteinarten zeigen ein für sie allein gültiges und ganz charakteristisches Verhalten gegenüber der Absorption. Das äußert sich bei den Absorptionsspektren in schwarzen senkrechten Linien oder breiten Bändern.

Der besondere Vorzug dieser Untersuchungsmethode liegt darin, daß Edelsteine mit gleichem spezifischen Gewicht und ähnlicher Lichtbrechung eindeutig unterschieden werden können. Auch Rohsteine, Cabochons und sogar gefaßte Edelsteine lassen sich gleichermaßen untersuchen. Ein großes Anwendungsgebiet hat die Absorptionsspektroskopie zunehmend bei der Diagnostik von natürlichen und synthetischen Edelsteinen wie von Imitationen.

Die besten Ergebnisse zeigen kräftig getönte durchsichtige Farbsteine. Bei undurchsichtigen Edelsteinen ist eine Beobachtung der Absorptionsverhältnisse nur in ganz dünnen, dann allerdings vielfach lichtdurchlässigen Blättchen (wie bei Hämatit), an durchscheinenden Kanten oder mit Hilfe des an der Oberfläche reflektierten Lichts möglich.

Beobachtungsinstrument ist das Spektroskop. Mit ihm kann man die Wellenlänge des ausgelöschten, d.h. absorbierten Lichts bestimmen. Maßeinheit für die Wellenlänge ist das Ångström (Å; 1 Å = 1 zehnmillionstel Millimeter), neuerdings das (noch nicht allgemein bekannte) Nanometer (nm; 1 nm = 1 millionstel Millimeter). – Da die Absorptionslinien und -bänder nicht immer gleich deutlich hervortreten, ist es üblich, bei den Meßziffern solche Unterschiede durch die Schriftart zu kennzeichnen. Kräftige Absorptionslinien werden im vorliegenden Buch unterstrichen, z. B. 6535, schwache Linien eingeklammert, z. B. (4327).

Tabelle der Absorptionsspektren

Alle Angaben in Ångström-Einheiten (Å).
Kräftige Absorptionslinien sind unterstrichen, schwache eingeklammert.

Achat, künstlich gelb gefärbt: 7000, (6650), (6340)
Aktinolith: 5030, 4315
Alexandrit, grüne Richtung: 6805, 6785, 6650, 6550, 6490, 6450, 6400–5550
Alexandrit, rote Richtung: 6805, 6785, 6550, 6450, 6050–5400, (4720)
Almandin: 6170, 5760, 5260, 5050, 4760, 4620, 4380, 4280, 4040, 3930
Amethyst: (5500–5200)
Andalusit: 5535, 5505, 5475, (5250), (5180), (5060), (4950), 4550, 4475, 4360
Apatit, gelbgrün: 6053, 6025, 5975, 5855, 5772, 5742, 5335, 5295, 5270, 5250, 5210, 5140, 4690, 4425
Apatit, blau: 6310, 6220, 5250, 5120, 5070, 4910, 4640
Aquamarin: 5370, 4560, 4270
  Maxix-Aquamarin: 6540, 6280, 6150, 5810, 5500
Aventurin: 6820, 6490
Axinit: 5320, 5120, 4920, 4660, 4400, 4150
Azurit: 5000
Beryll, künstlich blau gefärbt: 7050–6850, 6450, 6250, 6050, (5870)
Calcit: 5820
Chalcedon, künstlich blau gefärbt: 6900–6600, 6270
Chalcedon, künstlich grün gefärbt: 7050, 6700, 6450
Chrysoberyll: 5040, 4950, 4850, 4450
Chrysopras, natürlich: 4439
Chrysopras, künstlich gefärbt: 6320, 4439
Cordierit: 6450, 5930, 5850, 5350, 4920, 4560, 4360, 4260
Danburit: 5900, 5860, 5845, 5840, 5830, 5820, 5805, 5780, 5760, 5730, 5710, 5680, 5665, 5645
Demantoid: 7010, 6930, 6400, 6220, 4850, 4640, 4430
Diamant, natürlich farblos bis gelb (»Cape«): 4780, 4650, 4510, 4350, 4230, 4155, 4015, 3900
Diamant, natürlich braungrünlich: (5370), 5040, (4980)
Diamant, natürlich gelblichbraun: 5760, 5690, 5640, 5580, 5500, 5480, 5230, 4935, 4800, 4600
Diamant, künstlich gelb gefärbt: 5940, 5040, 4980, 4780, 4650, 4510, 4350, 4230, 4155
Diamant, künstlich grün gefärbt: 7410, 5040, 4980, 4650, 4510, 4350, 4230, 4155
Diamant, künstlich braun gefärbt: (7410), 5940, 5040, 4980, 4780, 4650, 4510, 4350, 4230, 4155
Diopsid: 5470, 5080, 5050, 4930, 4560
  Chrom-Diopsid: (6700), (6550), (6350), 5080, 5050, 4900
Dioptas: 5700, 5600, 4650–4000
Ekanit: 6651, (6375)
Enstatit: 5475, 5090, 5058, 5025, 4830, 4720, 4590, 4490, 4250
  Chrom-Enstatit: 6880, 6690, 5060
Epidot: 4750, 4550, 4350
Euklas: 7065, 7040, 6950, 6880, 6600, 6500, 6390, 4680, 4550
Fluorit, grün: 6400, 6006, 5850, 5700, 5530, 5500, 4520, 4350
Fluorit, gelb: 5450, 5150, 4900, 4700, 4520
Gahnit: 6320, 5920, 5770, 5520, 5080, 4800, 4590, 4430, 4330
Grossular: 6300
Hämatit: (7000), (6400), (5950), (5700), (4800), (4500), (4250), (4000)
Hessonit: 5470, 4900, 4545, 4350
Hiddenit: 6905, 6860, 6690, 6460, 6200, 4375, 4330
Hypersthen: 5510, 5475, 5058, 4820, 4485

Tabelle der Absorptionsspektren Fortsetzung

Jadeit, natürlich grün: 6915, 6550, 6300, (4950), 4500, 4375, 4330
Jadeit, künstlich grün gefärbt: 6650, 6550, 6450
Kornerupin: 5400, 5030, 4630, 4460, 4300
Kyanit: (7060), (6890), (6710), (6520), 4460, 4330
Nephrit: (6890), 5090, 4900, 4600
Obsidian, grün: 6800, 6700, 6600, 6500, 6350, 5950, 5550, 5000
Opal, Feuer-Opal: 7000–6400, 5900–4000
Orthoklas: 4480, 4200
Peridot: (6530), (5530), 5290, 4970, 4950, 4930, 4730, 4530
Petalit: (4540)
Pyrop: 6870, 6850, 6710, 6500, 6200–5200, 5050
Quarz, synthetisch blau: 6450, 5850, 5400, 5000–4900
Rhodochrosit: 5510, 4545, 4100, 3910, 3830, 3780, 3630
Rhodonit: 5480, 5030, 4550, 4120, 4080
Rubin: 6942, 6928, 6680, 6592, 6100–5000, 4765, 4650, 4685
Saphir, blau: 4710, 4600, 4550, 4500, 3790
Saphir, gelb: 4710, 4600, 4500
Saphir, grün: 4710, 4600–4500
Scheelit: 5840
Serpentin: 4970, 4640
Sillimanit: 4620, 4410, 4100
Sinhalit: 5260, 4925, 4760, 4630, 4520, 4355
Skapolith, rosa: 6630, 6520
Smaragd, natürlich: 6835, 6806, 6620, 6460, 6370, (6060), (5940), 6300–5800, 4774, 4725
Smaragd, synthetisch: 6830, 6805, 6620, 6460, 6375, 6300–5800, 6060, 5940, 4774, 4725, 4300
Spessartin: 4950, 4845, 4810, 4750, 4620, 4570, 4550, 4400, 4350, 4320, 4240, 4120, 4060, 3940
Sphalerit: 6900, 6650, 6510
Spinell, natürlich rot: 6855, 6840, 6750, 6650, 6560, 6500, 6420, 6320, 5950–4900, 4650, 4550
Spinell, natürlich blau: 6350, 5850, 5550, 5080, 4780, 4580, 4430, 4330
Spinell, synthetisch blau: 6340, 5800, 5440, 4850, 4490
Spinell, synthetisch grün: 6200, 5800, 5700, 5500, 5400
Taaffeit: 5580, 5530, 4780
Tansanit: 7100, 6910, 5950, 5280, 4550
Titanit: 5900, 5860, 5820, 5800, 5750, 5340, 5300, 5280
Topas, rosa: 6828
Tremolit: 6840, 6500, 6280
Türkis: (4600), 4320, 4220
Turmalin, rot: 5550, 5370, 5250–4610, 4560, 4510, 4280
Turmalin, grün: 4970, 4610, 4150
Variscit: 6880, (6500)
Verdit: 7000, 6995, 6990, 455
Vesuvian, grün: 5300, 4870, 4610
Vesuvian, braun: 5910, 5880, 5845, 5820, 5775, 5745
Vesuvian, gelbgrün: 4650
Willemit: 5830, 5400, 4900, 4425, 4315, 4210
Zirkon, Normal-Zirkon: 6910, 6890, 6625, 6605, 6535, 6210, 6150, 5895, 5620, 5375, 5160, 4840, 4600, 4327
    Tief-Zirkon: 6530, (5200)
Zirkonia, orange: 6400, 6300, (5400), (5360), (5330), (5300), 5200, 5170, 5150, 5120, 5100, (5030), 4820, 4800, 4770, 4750, (4490), (4475), (4460)

Absorptionsspektren

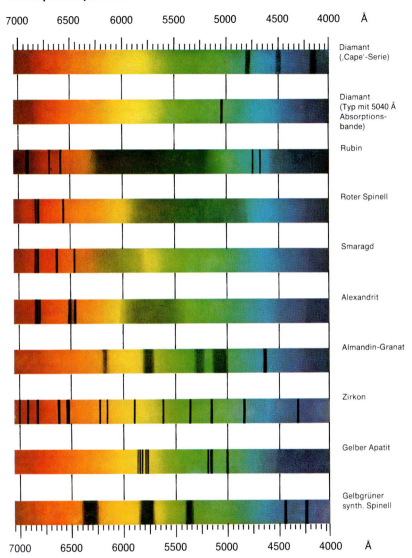

Aus »Gemmologist's Compendium« von R. Webster, Verlag Butterworths & Co. Ltd., London. Entnommen: »Edelsteinkundliches Handbuch« von Prof. Dr. Chudoba und Dr. Gübelin, Stollfuß Verlag, Bonn.

Transparenz

Für die meisten Edelsteine ist die Transparenz (Durchsichtigkeit) ein Wertfaktor. Einschlüsse von Fremdstoffen oder Luftblasen wie auch Risse im Kristallinnern beeinträchtigen die Transparenz. Die Lichtdurchlässigkeit kann auch durch starke Absorption im Kristall behindert werden. – Körnige, stenglige oder faserige Aggregate (wie Chalcedon, Lapislazuli, Türkis) sind undurchsichtig, weil sich das Licht hier an all den vielen kleinen Grenzflächen immer wieder bricht, bis es schließlich vollends reflektiert oder absorbiert wird. Wenn das Licht einen Edelstein stark geschwächt verläßt, spricht man von durchscheinend.

Prinzip der Reflexion **Strahlengang im Diamant-Brillant**

Glanz

Der Glanz eines Edelsteines entsteht durch Reflexion, d. h. durch Spiegelung eines Teiles des einfallenden Lichts an der Oberfläche. Er ist vom Brechungsindex des Steins und von der Beschaffenheit der Steinoberfläche abhängig, nicht aber von der Farbe. Je höher die Lichtbrechung, desto stärker der Glanz. Am meisten geschätzt ist Diamantglanz, am weitesten verbreitet ist Glasglanz. Fett-, Metall-, Perlmutter-, Seiden- und Wachsglanz sind verhältnismäßig selten. Nichtglänzende Steine bezeichnet man als matt.

Im allgemeinen Sprachgebrauch werden jene Lichteffekte, die auf Grund der Totalreflexion entstehen, auch zum Glanz gezählt: Die unteren Facetten der Edelsteine wirken nämlich wie Spiegel und werfen das von oben eingefallene Licht mehr oder weniger vollständig wieder nach oben zurück, wodurch die Erscheinungen des Glanzes verstärkt werden. Diese Gesamtlichtwirkung an der Steinoberfläche nennt der Fachmann Brillanz. Beim Diamantschliff ist der ideale Zustand einer vollständigen Totalreflexion und damit höchste Brillanz erreicht.

Pleochroismus

Es gibt durchsichtige Edelsteine, die in verschiedenen Richtungen unterschiedliche Farben oder Farbtiefen aufweisen. Ursache dafür ist eine ungleiche Absorption des Lichts doppelbrechender Kristalle. Wenn zwei Hauptfarben erscheinen (nur beim tetragonalen, hexagonalen und trigonalen Kristallsystem) spricht man von Dichroismus, bei drei Farben (nur im rhombischen, monoklinen und triklinen Kristallsystem) von Trichroismus oder Pleochroismus. Dieser letztere Begriff wird auch als Sammelbezeichnung für beide Arten der Mehrfarbigkeit verwendet. Amorphe Edelsteine und jene des kubischen Kristallsystems haben keinen Pleochroismus.

Die Erscheinungen des Pleochroismus können schwach, deutlich oder stark sein. Sie müssen beim Schleifen der Edelsteine berücksichtigt werden, um Fehlfarben, zu dunkle oder sehr helle Töne zu vermeiden.

Tabelle des Pleochroismus

Aktinolith	gelbgrün, hellgrün, bläulichgrün
Alexandrit	grüner Alexandrit bei Tageslicht deutlich: taubenblutrot, orangegelb, smaragdgrün
Amblygonit	schwach
Amethyst	sehr schwach: violett, grauviolett
Anatas	deutlich: gelblich, orange
Andalusit	stark: gelb, oliv, rotbraun bis dunkelrot
Apatit	gelber Apatit schwach: goldgelb, grünlichgelb; grüner Apatit schwach: gelb, grün; blauer Apatit sehr stark: blau, farblos;
Aquamarin	blauer Aquamarin deutlich: fast farblos bis hellblau, blau bis himmelblau; grünblauer Aquam. deutlich: gelbgrün bis farblos, blaugrün
Aventurin-Feldspat	schwach oder fehlt
Axinit	stark: olivgrün, rotbraun, gelbbraun
Azurit	deutlich: hellblau, dunkelblau
Baryt	blauer Baryt schwach
Benitoit	sehr stark: farblos, grünlich bis blau
Beryll	Goldberyll schwach: zitronengelb, gelb; grüner Beryll deutlich: gelbgrün, blaugrün; Heliodor schwach: goldgelb, grünlichgelb; Morganit deutlich: blaßrosa, bläulichrosa; violetter Beryll deutlich: violett, farblos
Brasilianit	sehr schwach
Cassiterit	unterschiedlich
Chrysoberylll	sehr schwach: rot bis gelb, gelb bis hellgrün, grün
Citrin	natürlicher Citrin schwach: gelb, hellgelb
Chrysokoll	schwach
Cordierit	sehr stark: gelb, dunkelblauviolett, blaßblau
Danburit	schwach: schwach hellgelb, hellgelb
Diopsid	schwach: gelbgrün, grasgrün, olivgrün
Dioptas	schwach: dunkelsmaragdgrün, hellsmaragdgrün
Dumortierit	stark: schwarz, rotbraun, braun
Enstatit	deutlich: grün, gelbgrün
Euklas	sehr schwach: weißgrün, gelbgrün, blaugrün
Epidot	stark: grün, braun, gelb
Heliodor	schwach: goldgelb, grünlichgelb
Hiddenit	deutlich: bläulichgrün, smaragdgrün, gelbgrün
Hypersthen	stark: hyazinthrot, strohgelb, himmelblau
Kornerupin	stark: grün, gelb, braun
Korund	synthetischer Korund deutlich: blaugrün,gelbgrün
Kunzit	deutlich: amethystfarbig, blaßrot, farblos
Kyanit	stark: hellblau bis farblos, hellblau, dunkelblau
Lazulith	stark: farblos, tiefblau
Malachit	sehr stark: farblos, grün
Morganit	deutlich: blaßrosa, bläulichrosa
Nephrit	schwach: gelb bis braun, grün
Orthoklas	gelber Orthoklas schwach
Painit	stark: rubinrot, bräunlichorange
Peridot	sehr schwach: farblos bis blaßgrün, lebhaft grün, ölgrün
Phenakit	deutlich: farblos, orangegelb
Prasem (Jaspis)	sehr schwach
Prasiolith	sehr schwach: hellgrün, blaßgrün
Pseudophit	grün, gelb
Purpurit	deutlich: braungrau, blutrot, blutrot

Tabelle des Pleochroismus Fortsetzung

Rauchquarz	dunkler Rauchquarz deutlich: braun, rötlichbraun
Rhodonit	deutlich: rotgelb, rosenrot, rotgelb
Rosenquarz	schwach: rosa, blaßrosa
Rubin	stark: gelblichrot, tief karminrot
Sanidin	schwach
Saphir	orangefarbiger Saphir stark: gelbbraun bis orange, fast farblos;
	gelber Saphir schwach: gelb, hellgelb;
	grüner Saphir schwach: grüngelb, grünlichgelb;
	blauer Saphir deutlich: tiefblau, grünlichblau;
	violetter Saphir deutlich: violett, hellrot;
	synthetischer Saphir: dunkelblau, gelb bis blau
Scheelit	unterschiedlich
Sillimanit	stark: hellgrün, dunkelgrün, blau
Sinhalit	deutlich: grün, hellbraun, dunkelbraun
Skapolith	rosa Skapolith: farblos, rosa;
	gelber Skapolith deutlich: farblos, gelb
Smaragd	natürlicher Smaragd deutlich: grün, blaugrün bis gelbgrün;
	synthetischer Smaragd: gelbgrün, blaugrün
Staurolith	stark: gelblich, gelblichrot, rot
Tansanit	sehr stark: purpur, blau, braun
Thulit	stark: gelb, rosa
Titanit	grüner Titanit: farblos, grün;
	gelber Titanit stark: farblos, gelb, rötlich
Topas	roter Topas stark: dunkelrot, gelb, rosenrot;
	rosa Topas deutlich: farblos, blaßrosa, rosa;
	gelber Topas deutlich: zitronengelb, honiggelb, strohgelb;
	brauner Topas deutlich: gelbbraun, gelbbraun, matt gelbbraun;
	grüner Topas deutlich: blaßgrün, lichtblaugrün, grünlichweiß;
	blauer Topas schwach: hellblau, rosa, farblos;
	gebrannter Topas deutlich: rosa, rosa, farblos
Tremolit	deutlich
Türkis	schwach
Turmalin	roter Turmalin deutlich: dunkelrot, hellrot;
	rosa Turmalin deutlich: hellrot, rötlichgelb;
	gelber Turmalin deutlich: dunkelgelb, hellgelb;
	brauner Turmalin deutlich: dunkelbraun, hellbraun;
	grüner Turmalin stark: dunkelgrün, gelbgrün;
	blauer Turmalin stark: dunkelblau, hellblau;
	violetter Turmalin stark: violett, hellviolett
Vesuvian	grüner Vesuvian schwach: gelbgrün, gelbbraun;
	gelber Vesuvian schwach: gelb, fast farblos;
	brauner Vesuvian schwach: gelbbraun, hellbraun
Willemit	unterschiedlich
Zirkon	roter Zirkon sehr schwach: rot, hellbraun;
	rotbrauner Zirkon sehr schwach: rötlichbraun, gelblichbraun;
	gelber Zirkon sehr schwach: honiggelb, braungelb;
	brauner Zirkon sehr schwach: rotbraun, gelbbraun;
	braungrüner Zirkon sehr schwach: rosagelb, zitronengelb;
	grüner Zirkon sehr schwach: grün, braungrün;
	blauer Zirkon deutlich: blau, gelbgrau bis farblos

Oben: Lichtsterne bei Saphir und Rubin; unten: Flächenschiller beim Edelopal

Lichtfiguren und Flächenschiller

Bei vielen Edelsteinen gibt es streifenartige Lichtfiguren und flächenhaften Schiller, die weder mit der Eigenfarbe oder Verunreinigungen noch mit der chemischen Zusammensetzung des Steines zusammenhängen. Die Ursache beruht vielmehr auf Reflexions-, Interferenz- und Beugungserscheinungen.

Chatoyieren (Katzenaugeneffekt)   Eine Lichterscheinung, die an das schlitzartige Auge einer Katze erinnert (frz. chat = Katze, oeil = Auge). Sie entsteht durch Reflexion des Lichts an parallel gelagerten Fasern, Nadeln oder Hohlkanälen. Am wirkungsvollsten ist dieses Phänomen, wenn der Stein als Cabochon geschliffen wird, und zwar so, daß die Grundfläche parallel zu den Fasern liegt. Beim Drehen des Edelsteins gleitet das Katzenauge über die Oberfläche des Steins hinweg. – Das edelste Katzenauge hat der Chysoberyll (S. 98). Sonst ist dieser Effekt bei fast allen Edelsteinen zu finden; besonders bekannt sind Quarzkatzenauge, Falken- und Tigerauge (S. 124). Wenn einfach von Katzenauge gesprochen wird, ist immer das Chysoberyll-Katzenauge gemeint. Alle anderen Katzenaugen müssen durch Zusatz genauer definiert werden.

Asterismus   Erscheinung mit sternförmigen Lichtstreifen (lat. astrum = Sternbild), die sich in einem Punkt schneiden und bestimmte Winkelgrade (je nach Symmetrie der Kristalle) einschließen. Entsteht wie Katzenauge, nur daß die reflektierenden Fasern in verschiedenen Richtungen angehäuft liegen. Eindrucksvolle sechsstrahlige Sterne treten bei Rubin- (S. 82) und Saphir- (S. 86) Cabochons auf. Es gibt auch vier- und vereinzelt sogar zwölfzackige Sterne. Bei einem als Kugel geschliffenen Rosenquarz laufen die Strahlen kreisförmig über die ganze Oberfläche. Ist die Anordnung der eingelagerten Nadeln teilweise gestört, entstehen verkümmerte Sterne, nämlich Teilkreise oder Lichtknoten. – Asterismus auch bei synthetischen Edelsteinen bekannt.

Adularisieren   Mondstein, eine Adular-Varietät (daher Name, S. 164), zeigt als Cabochon einen flächenhaft bläulich-weißen Schimmer, der beim Bewegen des Steines über die Oberfläche gleitet. Ursache für diesen Effekt sind Interferenzerscheinungen auf Grund der Lamellenstruktur des Mondsteins.

Aventurisieren   Buntes Farbenspiel glänzender Reflexe an eingelagerten Blättchen auf meist undurchsichtigem Untergrund. Beim Aventurin-Feldspat (daher Name, S. 166) sind es Hämatit oder Goethit, beim Aventurin-Quarz (S. 122) Chromglimmer (Fuchsit) oder Hämatit und beim künstlichen Aventurin-Glas Kupferschüppchen.

Irisieren   Farbenspiel einiger Edelsteine auf Grund der Zerlegung des Lichts an Sprüngen und Rissen in die Regenbogenfarben (lat. iris = Regenbogen). Im Handel wird dieser Effekt durch künstlich erzeugte Risse beim Bergkristall wirtschaftlich genutzt.

Labradorisieren   Farbenspiel in metallisch glänzenden Tönen, insbesondere beim Labradorit (daher Name) und Spektrolith (S. 166). Häufig blaue und grüne Effekte, am begehrtesten das ganze Spektrum. Ursache des Schillerns wahrscheinlich Interferenzerscheinungen an Zwillingslamellen.

Opaleszieren   Milchig bläuliches oder perlglanzartiges Aussehen der Gemeinen Opale (daher Name, S. 152) infolge von Reflexionserscheinungen, bei denen vor allem kurzwelliges, d. h. blaues Licht zurückgeworfen wird. – Nicht zu verwechseln mit Opalisieren (S. 45).

Opalisieren Buntfleckiges Farbenspiel des Opal (daher Name, S. 150), das sich je nach Blickwinkel verändert. Noch in den 60er Jahren erklärte man dies mit einer Lichtbrechung an feinsten Lamellen. Das Elektronenmikroskop zeigt bei 20 000 facher Vergrößerung die wirkliche Ursache: Kleine Kugeln des Minerals Cristobalit, in einer Kieselgelmasse eingelagert, bewirken Reflexions- bzw. Interferenzerscheinungen. Der Durchmesser der Kügelchen liegt bei zehntausendstel Millimetern. – Nicht zu verwechseln mit Opaleszieren (S. 44).

Seide Durch Reflexion an gleichgerichteten, feinfaserigen Einlagerungen bzw. Hohlkanälen bewirkter seidenartiger Glanz. Bei facettierten Rubinen und Saphiren sehr begehrt. Sind die eingelagerten Nadeln sehr zahlreich, wird der Stein undurchsichtig und kann bei entsprechendem Schliff Katzenaugeneffekt zeigen (S. 44).

Lumineszenz

Lumineszenz (lat.: Licht) ist ein Sammelbegriff für das Aufleuchten einer Substanz unter der Einwirkung irgendwelcher Strahlen sowie physikalischer oder chemischer Reaktionen, mit Ausnahme der reinen Wärmestrahlung. Für eine Untersuchung der Edelsteine ist vornehmlich die Lumineszenz im ultravioletten Licht, die sog. Fluoreszenz, von Bedeutung. Der Begriff Fluoreszenz stammt von dem Mineral Fluorit, weil hier das Leuchtphänomen erstmals erkannt wurde. Wenn die Substanz über das Ende der Bestrahlung nachleuchtet, sprechen wir von Phosphoreszenz (nach dem bekannten Leuchten bei Phosphor benannt).

Ursache für das Fluoreszieren von Edelsteinen sind geringe Beimengungen von Metallen, die vielfach auch die Farbe der Edelsteine bewirken, wie Chrom, Mangan, Kobalt und Nickel, außerdem Molybdate und Wolframate sowie einige Uranverbindungen. Da in den einzelnen Edelsteinarten verschiedene Spurenelemente enthalten sein können, gibt es naturgemäß auch nicht immer die gleiche Fluoreszenzfarbe bei allen Steinen einer solchen Familie. Für einige Lagerstätten dagegen ist die Fluoreszenzfarbe sehr charakteristisch. Eisen verhindert, selbst in kleinsten Mengen, eine Fluoreszenz.

Die Untersuchungen der Edelsteine im ultravioletten Licht werden sowohl mit langwelligen (4000–3150 Å) als auch mit kurzwelligen Strahlen (2800–2000 Å) durchgeführt. Es gibt nämlich Edelsteine, die nur in einem dieser beiden Strahlungsbereiche ansprechen. Die Wellenlängen aus dem Zwischengebiet (3150 bis 2800 Å) sind für die Edelsteinuntersuchung bedeutungslos. In der Praxis wird der Bereich der langen Wellen vereinfacht mit 3650 Å, jener der kurzen Wellen mit 2537 Å gekennzeichnet.

Die Fluoreszenz kann wesentlich zur Diagnostik der Edelsteine beitragen. Besonders bei der Identifizierung von synthetischen Steinen hat sie sich bewährt.

Die Stärke der Fluoreszenz ist verschieden, das sichtbare Licht der angestrahlten Steine weiß oder farbig.

Lumineszenzerscheinungen von Röntgenstrahlen (X-Strahlen) ermöglichen, echte Perlen und Zuchtperlen zu unterscheiden. Das Perlmutter von Meerwasserperlen luminesziert nämlich nicht, während jenes von Süßwasserperlen stark aufleuchtet. Da der künstliche Kern der Zuchtperle jedoch aus Süßwasserperlmutter besteht, zeigen Zuchtperlen im Gegensatz zu echten Perlen dementsprechend eine Lumineszenz.

Tabelle der fluoreszierenden Edelsteine S. 46.

Tabelle der Fluoreszenzerscheinungen

Achat: innerhalb der Bänderung verschieden, z. T. stark, gelb, blauweiß
Amazonit: schwach, olivgrün
Amblygonit: sehr schwach, grün
Amethyst: schwach, grünlich
Ammolith: senfgelb
Andalusit: schwach, grün, gelbgrün
Apatit: sehr unterschiedlich
Aventurin: rötlich
Aventurin-Feldspat: dunkelrotbraun
Axinit: meist keine
Benitoit: stark, blau
Bernstein: bläulich bis gelbgrün;
Birmit: blau
Beryll, rosa B.: schwach, lila
Calcit: rot, rosa, orange, weiß, gelbweiß
Cerussit: meist gelb, selten rosa, weißlich, grün oder keine
Chalcedon: bläulichweiß
Colemanit: weiß, gelblichweiß
Chrysoberyll, grüner Ch.: schwach, dunkelrot; sonst keine
Danburit: himmelblau
Diamant: sehr unterschiedlich;
farbloser u. gelber D.: meist blau;
brauner u. grünlicher D.: häufig grün;
synthetischer D.: stark, gelb
Diopsid: stark, dunkelviolett
Dolomit: rosa, orangerot
Dumortierit: schwach und verschieden
Elfenbein: verschieden blau
Fluorit: meist stark, blau bis violett
Hemimorphit: schwach
Hiddenit: sehr schwach, rotgelb
Jadeit, grünlicher J.: sehr schwach, graublau
Koralle: schwach
Kunzit: stark, gelbrot, orange
Kyanit: blaugrüner K.: stark, rot
Labradorit: gelbliche Streifen
Lapispazuli: stark, weiß
Mondstein: schwach, bläulich, orange
Moosachat: unterschiedlich

Opal, weißer O.: bläulich, bräunlich, grünlich;
schwarzer O.: meist keine;
Feuer-O.: grünlich bis braun
Perle: schwach, nicht auswertbar;
natürliche schwarze P.: rot bis rötlich
Petalit: schwach, orange
Phosgenit: gelb, orangegelb
Prehnit: schwach, orange
Rauchquarz: im allgemeinen keine;
selten schwach, braungelb
Rosenquarz: schwach, dunkelviolett
Rhodochrosit: schwach, rot
Rubin: stark, karminrot
Saphir, blauer S.: violett oder keine;
gelber S.: schwach, orange;
farbloser S.: orangegelb oder violettblau
Scheelit: blau, weißlich oder gelb
Serpentin: teilweise gelb
Skapolith: rosa S.: orange, rosa;
gelber S.: lila, blaurot
Smaragd: meist keine
Sodalith: stark, orange
Sphalerit: meist gelb bis orange;
gelegentlich auch rot
Spinell, roter Sp.: stark, rot;
blauer Sp.: schwach, rötlich oder grün;
grüner Sp.: schwach, rötlich
Topas, rosa T.: schwach, bräunlich;
roter T.: schwach, braungelb;
gelber T.: schwach, orangegelb
Türkis: schwach, grünlichgelb, hellblau
Turmalin; farbloser T.: schwach, grünblau;
blaßgelber T.: schwach, dunkelgrün;
roter T.: schwach, rotviolett;
rosa, brauner, grüner, blauer T.: keine
Ulexit: grün bis gelb, blau
Willemit: grün
Witherit: blau, gelbweiß, weiß
Zirkon, blauer Z.: schwach, hellorange;
roter u. brauner Z.: schwach, dunkelgelb

Oben: Rauchquarz mit Rutilstern, Minas Gerais/Brasilien
Unten: Bernstein mit kohliger Substanz und Insekteneinschluß, Samland/Ostpreußen

Einschlüsse

Nur die wenigsten Edelsteine haben keine optisch erkennbaren Merkmale in ihrem Innern. Sie gelten als rein. Bei den Diamanten spielt die Reinheit eine besonders große Rolle. Beste Qualitäten müssen sogar lupenrein sein, d. h., bei 10facher Vergrößerung mit einer Speziallupe dürfen keinerlei Mängel zu erkennen sein (S. 77).

Noch vor wenigen Jahren bezeichnete man die Unregelmäßigkeiten im Kristall als Fehler. Weil dies aber einer durchaus nicht immer gerechtfertigten Abwertung gleichkommt, spricht man jetzt in Fachkreisen von Einschlüssen.

Relativ häufig sind Einschlüsse von Mineralien, arteigene (z. B. Diamant in Diamant) oder fremde (z. B. Zirkon in Saphir). Wenn auch klein, geben sie doch ein anschauliches Bild über das Werden des umschließenden Kristalls (Wirtkristall genannt). Die eingeschlossenen Mineralien können älter als der Wirtkristall sein. Sie wurden einfach umwachsen. Sie können sich aber auch aus einer Schmelze gleichzeitig mit dem Wirtkristall gebildet haben, von dem sie dann infolge schnelleren Wachstums umschlossen wurden. Darüber hinaus gibt es Mineraleinschlüsse, die jünger als der Wirtkristall sind. Diese entstanden aus Flüssigkeiten, die entlang von Spalten in das Innere des Kristalls eingedrungen waren.

Organische Einschlüsse treten nur im Bernstein auf (S. 220 und 47). Konservierte Pflanzenreste und Insekten vermitteln hier ein direktes Zeugnis vom Leben vor 50 Millionen Jahren.

Auch Störungen der Kristallstruktur, Kennzeichen von Kristallisationsphasen und Farbstreifen gehören zu den Einschlüssen. Sie entstehen durch ungleiches Wachstum infolge sich ändernder Kristallisationslösungen. – Ebenso werden Hohlräume, von Flüssigkeiten (Wasser, flüssige Kohlensäure) oder Gasen (Kohlenstoffdioxid und -monoxid) erfüllt, zu den Einschlüssen gezählt. Wenn Flüssigkeiten mit Gasen gemeinsam auftreten, spricht man von Zweiphaseneinschluß, beim Erscheinen von Flüssigkeit, Gas und kleinen Kriställchen von Dreiphaseneinschluß. Völlig leere Hohlräume sind bisher nicht bekannt. Im Obsidian, bei Glasimitationen und synthetischen Edelsteinen gibt es im Unterschied zu den mineralischen Edelsteinen häufig luftgefüllte Blasen.

Selbst Sprünge und Spaltrisse (sog. Fahnen), gleich, ob durch innere Spannungen oder äußeren Stoß entstanden, werden in Fachkreisen zu den Einschlüssen gerechnet. Man findet sie im Inneren wie auch bis zur Steinoberfläche reichend. Entlang solcher Risse können Luft und Lösungen in den Stein eindringen und farbverändernd wirken. Bei »Heilungsrissen« sind die Fremdsubstanzen zwar wieder verdrängt, deutliche Narben verraten aber die alte Fuge.

Die meisten Einschlüsse gelten beim Laien und im Handel als wertmindernd, weil sie die Farben, die optischen Erscheinungen und die mechanische Beanspruchung der Edelsteine beeinflussen. Einige Mineraleinlagerungen sowie parallel angeordnete Hohlkanäle jedoch bewirken Lichterscheinungen, die zu den wertvollsten Eigenschaften der Edelsteine gehören: Katzenaugeneffekt, Lichtsterne und Seide (S. 44) sowie Dendriten (S. 130). Sehr eindrucksvoll sind die goldfarbigen Einlagerungen von Rutil in Bergkristall oder Rauchquarz, vor allem dann, wenn sie sich zu sternförmigen Gebilden ordnen (S. 47).

Für eine Diagnostik der Edelsteine sind Einschlüsse neben den optischen Merkmalen in letzter Zeit immer bedeutender geworden. Viele Arten von Einschlüssen sind nämlich derart charakteristisch, daß man mit ihrer Hilfe Unterschiebungen und synthetische Edelsteine erkennen, ja teilweise sogar Lagerstätten ermitteln kann.

Lagerstätten und Gewinnung der Edelsteine

Edelsteine gibt es in vielen Teilen der Welt, einzeln verstreut oder in größeren Mengen angehäuft. Abbauwürdige Anreicherungen von Edelsteinen bezeichnet der Fachmann als Lagerstätte. Örtlichkeiten mit Einzelfunden werden Fundorte oder Fundpunkte genannt. Die Bezeichnung Vorkommen umfaßt alle drei.

Arten der Lagerstätten

Nach der Entstehung der edelsteinführenden Gesteine unterscheiden wir magmatische (aus dem Magma hervorgegangene), sedimentäre (als Folge von Ablagerungen gebildete) und metamorphe (durch Umwandlung anderer Gesteine zustande gekommene) Lagerstätten.
Oft ist es zweckmäßiger, von primären und sekundären Lagerstätten zu sprechen, also von Vorkommen, wo sich die Edelsteine entweder noch am »ersten« Ort – nämlich dem der Entstehung – oder durch Umlagerung an einer »zweiten« Stelle befinden.
Bei den Primärlagerstätten haben die Edelsteine den ursprünglichen Verbund mit dem Muttergestein. Die Kristalle sind gut erhalten. Die Ergiebigkeit ist im allgemeinen jedoch nicht sehr groß. Es muß viel taubes (nicht edelsteinhaltiges) Gestein beseitigt werden.

Diamant-Waschen mit der Pfanne, Prospektion in Angola

Alte Diamant-Waschanlage

Bei sekundären Lagerstätten sind die Edelsteine vom Ort ihrer Entstehung abtransportiert und irgendwo anders wieder sedimentiert worden. Härtere Kristalle werden dabei abgerundet, weniger harte zerkleinert oder gar vernichtet. Je nach dem Transportmittel unterscheiden wir Fluß- (fluviatile), Meeres- (marine) oder Wind- (äolische) Ablagerungen. Flüsse können edelsteinführendes Gestein über Hunderte von Kilometern verschleppen. Beim Nachlassen der Wasserströmung – und damit der Transportkraft – werden die spezifisch schweren Edelsteine vor dem leichteren Quarzsand abgelagert und dadurch an bestimmten Stellen angereichert. Das macht die Ausbeute vielfach leichter und produktiver als bei primären Lagerstätten.

Durch das Wasser zusammengeschwemmte Edelsteinvorkommen heißen Seifen (sief = fließendes Wasser), Edelseifen, Edelsteinseifen oder alluviale Lagerstätten. – Ähnlich wie in Flüssen können sich in der Brandungszone des Meeres Edelsteinseifen bilden. In Südwestafrika werden solche Vorkommen mit großem Erfolg nach Diamanten ausgebeutet. – Selbst der Wind kann kleine Edelsteinkörner befördern und infolge sortierter Ablagerung an irgendwelchen bevorzugten Orten anreichern.

Zwischen den primären und sekundären Vorkommen liegen – genetisch betrachtet – die Verwitterungslagerstätten, auch eluviale Lagerstätten genannt. Sie finden sich in der Fußregion steiler Felsen und hoher Berge. Edelsteine haben sich hier im Verwitterungsschutt angereichert, weil das aufbereitete, spezifisch leichtere Muttergestein durch Niederschlagswasser und Wind abtransportiert wird, während die Edelsteine liegen bleiben.

Die Verteilung der Lagerstätten über die Erde ist nicht gleichmäßig. Einige Regionen sind stark bevorzugt: südliches Afrika, Süd- und Südostasien, Brasilien, Ural, Australien und die Gebirgszonen der USA.

Gewinnungsmethoden

Die meisten Edelsteinvorkommen sind zufällig entdeckt worden. Auch heutzutage ist eine systematische Suche (Prospektion) fast nur auf Diamantlagerstätten beschränkt (S. 72). Das hat zum Teil seinen Grund auch darin, daß Preise und Produktion des Diamanten weltweit kontrolliert werden und ein großer Kapitaleinsatz möglich ist. Ob sich bei den anderen Edelsteinen ein größerer Aufwand ohne gleichzeitige Marktkontrolle lohnen würde, ist sehr zweifelhaft.

Die Prospektion nichtdiamanthaltiger Lagerstätten wird im allgemeinen mit einfachen Mitteln, ohne moderne Technik und ohne wissenschaftliche Grundlage durchgeführt. Dennoch bleibt erstaunenswert, mit welchem Erfolg einheimische Prospektoren neue Lagerstätten erkunden. – Ein Edelsteinvorkommen, das ausgebeutet wird, nennt man Mine.

Die Gewinnungsmethoden sind – mit Ausnahme beim Diamanten – in den meisten Ländern sehr primitiv, in einigen Gegenden wie vor 2000 Jahren. Die einfachste Art ist es, Edelsteine an der Oberfläche zu sammeln. Das kann in einem trockenen Flußtal oder in Felsspalten geschehen. Eingewachsene Kristalle werden mit Brechwerkzeugen, mit Preßlufthämmern oder durch Sprengung freigelegt.

Relativ einfach ist die Gewinnung von Edelsteinen aus jungen Seifen. Etwa überlagernde Deckschichten werden abgegraben. Bei tief unter der Oberfläche gelegenen Seifen werden Gruben ausgehoben oder Schächte – teilweise bis 10 m – niedergebracht. Einfache Überdachungen schützen den Schachteingang vor Regen, Schöpfeimer und Motorpumpen beseitigen eindringendes Grundwasser. Von der Schachtsohle begleiten Querstollen die edelsteinhaltige Schicht. Nur die größten Förderschächte sind behelfsmäßig abgestützt.

Selbst in Flüssen wird nach Edelsteinen geschürft. Zu diesem Zweck werden die Gewässer durch künstlichen Stau an einzelnen Stellen zu schnellerem Fließen angeregt, während Arbeiter, bis zu den Lenden im Wasser stehend, mit langen Stangen und Rechen den Untergrund aufwühlen. Die spezifisch leichteren tonigsandigen Bestandteile schwimmen davon, während die schwereren Edelsteine liegenbleiben.

Eine weitere Edelstein-Anreicherung der aus Schächten oder im Fluß gewonnenen Sande erfolgt durch Schlämmen. Arbeiter schwenken in Waschgruben Körbe, die mit edelsteinhaltiger Erde gefüllt sind. Tone und Sande werden weggeführt, und die spezifisch schwereren Edelsteine bleiben in einem Konzentrat zurück. Leichtere Edelsteine, wie Berylle, Feldspäte, Quarze und Turmaline gehen allerdings durch diese Methode verloren.

In einigen Ländern werden hydraulische Abbaumethoden praktiziert, indem man lockeren Hangschutt durch starke Wasserstrahlen absprüht.

Den größten Aufwand erfordert ein Untertagebau, wenn Stollen in den festen Fels vorgetrieben werden. Das macht man nur dort, wo eine sicher nachgewiesene Ader (in Fachkreisen »Gang« genannt) vorhanden ist.

Über Schürfrechte, Entlohnung der Arbeiter und gegebenenfalls Gewinnbeteiligung herrschen in den einzelnen Ländern ganz verschiedene Vorstellungen. Im allgemeinen kann man sagen, daß die Arbeit des Edelsteinschürfens eine Tätigkeit des armen Mannes ist.

Ein besonderes Problem bei der Edelsteingewinnung sind die Diebstähle. Sie gefährden den jeweiligen Abbau durch Unterbieten des wirtschaftlich vertretbaren Preises. Der Ideenreichtum, Edelsteine aus den Minen zu schmuggeln, scheint unerschöpflich. Aber auch die Abwehrmaßnahmen werden immer spitzfindiger. Am sichersten sind die Diamantminen.

Oben: Edelsteinschürfen in Ostafrika, rechts daneben Turmalinmine in Brasilien
Unten: Schachtanlage in einem Reisfeld, Ceylon

Oben: Finsch-Diamantmine mit Terrassenabbau und Aufbereitungsanlagen, Südafrika
Unten: Diamantschürfen an der Küste Namibias mit großem Aufwand

Bearbeitung der Edelsteine

Die älteste Art, Edelsteine zu bearbeiten, ist das Einritzen von Figuren, Symbolen und Schriften. Daraus entwickelt sich die Steinschneidekunst.

Die Anfänge des Edelsteinschleifens sind wohl in Indien zu suchen. Bis etwa 1400 werden bei durchsichtigen Steinen fast nur natürliche Kristall- oder Spaltflächen bearbeitet. Durch Polieren erhalten sie stärkeren Glanz und bessere Transparenz. Undurchsichtige Edelsteine – vornehmlich Achate – werden schon lange davor auf hartem Sandstein glatt oder gewölbt (mugelig) geschliffen.

Ein Höhepunkt in der Steinbearbeitung ist der Facettenschliff. Angeblich wird um 800 n. Chr. erstmals von einem facettierten Diamant in Venedig berichtet. Nach anderer Meinung entsteht der Facettenschliff erst im 15. Jahrhundert. Über lange Zeit wird die Technik des Facettenschleifens als Geheimnis streng gehütet. Heute gibt es dagegen Lehrbücher, die nicht nur dem Fachmann, sondern auch dem Hobbyschleifer ausführlich Rat und Unterweisung vermitteln. Siehe auch die Ausführungen über den Brillantschliff S. 80.

Amsterdam und Antwerpen entwickeln sich zu Anfang der Neuzeit zu Zentren der Diamantschleiferei, Idar-Oberstein ist seit dem 16. Jahrhundert Mittelpunkt der Achat- und Farbsteinschleiferei. Gegenwärtig sind in der ganzen Welt zahlreiche Schleifbetriebe im Aufbau. Mehrere Länder haben die Ausfuhr von Rohmaterial verboten.

Heutzutage unterscheiden wir bei der Edelsteinbearbeitung folgende Bereiche: Steingravur, Bearbeitung von Achat (S. 55), von Farbsteinen (S. 55) und von Diamant (S. 58). Eine strenge Trennung dieser Arbeitsbereiche existiert in der Praxis allerdings nicht.

Die Steingravur

Die Steingravur, auch Glyptik (gr. »Steinschneidekunst«) genannt, umfaßt das Schneiden von Gemmen (das sind vertieft als auch mit erhabenem Relief gravierte Steine) sowie die Fertigung von Kleinplastiken und Ziergegenständen.

Die ältesten Steingravuren sind von Symbolen und Figuren bedeckte Hohlzylinder, die als Siegel oder Amulett verwendet wurden. Sie stammen aus den alten Reichen von Sumer, Babylon und Assyrien. Die erste figürliche Steinarbeit sind Skarabäen (Blatthornkäfer) bei den alten Ägyptern.

Im antiken Griechenland wird die Steingravur sehr gepflegt. Auch zur Römerzeit erreicht sie ein hohes Niveau. Im Mittelalter dagegen stagniert die Entwicklung. Erst durch die Renaissance wird die Steingravur in Italien neu belebt. Heute hat sie durch Künstler von internationalem Ruf und durch moderne Gestaltungsweisen wieder ein hohes Ansehen. Zentrum der Steinschneidekunst ist Idar-Oberstein. Über 90% aller in Europa gravierten Edelsteine stammen von hier. Während in der Antike zunächst Achat, Amethyst, Jaspis, Karneol und Onyx für die Steingravur verwendet wurden, fanden nach und nach auch andere Edelsteine Eingang in die Glyptik. Heute gibt es Gravuren in allen edlen Steinen, einschließlich des Diamanten. – Über moderne Steinschneidekunst siehe S. 142, über Technik der Steingravur S. 144.

Bearbeitung von Achat

Große, zentnerschwere Steine werden kaum noch mit Hammer und Keil entlang von Rissen oder sonst im Stein vorgezeichneten Linien zerteilt, wie früher üblich, sondern heute fast ausnahmslos auf einer mit Diamantsplittern besetzten Kreissäge gesägt. Die Kühlung der Trennscheibe erfolgt mit Petroleum oder mit einem speziellen Schneidöl.

An einem Carborundum-Schleifrad erhält der Achat seine grobe Form. Der Fachmann nennt diesen Arbeitsgang Vorschleifen oder Ebauchieren. Um dem Stein eine ruhige Führung zu geben, hält ihn der Schleifer zwischen den Knien. Die Kühlung des Schleifrades geschieht mit Wasser.

Der Feinschliff erfolgt nach wie vor am Sandsteinrad. Der Schleifer sitzt auf einem Stuhl mit einer Stütze für Bauch und Brust. In die Lauffläche des Rades eingearbeitete Rillen und Wülste ermöglichen auch mugligen Schliff.

Der letzte Arbeitsgang ist das Polieren. Damit erhalten die Steine den hohen Glanz wie auch eine sichtbare Feinzeichnung ihrer Struktur. Poliert wird auf langsam sich drehenden Walzen oder Rädern aus Buchenholz, Blei, Filz, Leder oder Zinn, unterstützt durch ein Poliermittel aus Chromoxid, Tripel und sonstigen Pasten. Da bei diesem Arbeitsgang wenig oder gar keine Kühlflüssigkeit verwendet wird, gilt besondere Vorsicht, damit der Stein wegen der Hitzeentwicklung nicht zu guter Letzt Schaden nimmt.

Für ebenen Schliff gibt es neuerdings Maschinen, die die Arbeit selbsttätig besorgen. Auch gerundete Formen (Cabochons) lassen sich nach einer Schablone maschinell fertigen. – Für Modeschmuck sind unregelmäßig geformte »Barocksteine«, die in einer Schleiftrommel entstehen, sehr beliebt.

Über Färben der Achate S. 136, über Schleifen in früherer Zeit S. 138.

Bearbeitung von Farbsteinen

Zu den Farbsteinen zählen bei der Steinverarbeitung alle Edelsteine außer Achat und Diamant. Das Farbsteinschleifen wird in der Fachwelt als Lapidärie, der Schleifer als Lapidär bezeichnet. Meist haben sich die Schleifer auf bestimmte Edelsteine spezialisiert, weil damit die verschiedenen Eigenheiten der Steine (wie Farbtiefe, Pleochroismus) am besten berücksichtigt werden können.

Auf einer Kreissäge, die anstelle von Sägezähnen mit Diamantsplittern besetzt ist, wird zunächst die vorbedachte Größe des Steins zurechtgeschnitten. Als Kühlflüssigkeit dient Seifenwasser, Öl oder Petroleum.

Auf vertikal laufenden, von Wasser berieselten, grobkörnigen Carborundumrädern erhalten die Steine ihre rohe, aber endgültige Form. Der Fachmann nennt diese Tätigkeit Ebauchieren. Undurchsichtige Steine oder solche mit Einschlüssen werden auf Carborundumrädern, die mit Rillen und Wülsten versehen sind, muglig als Cabochon geschliffen.

Durchsichtige Steine erhalten nach dem Ebauchieren auf horizontal laufenden Schleifscheiben einen Facettenschliff. Zu diesem Zweck werden sie mit Steinkitt oder Schellack auf kleine, 10–15 cm lange Stäbe, die Kittstöcke, aufgeleimt. Zur Führung des Kittstabes dient ein seitlich der Schleifscheibe montiertes Brett mit zahlreichen Löchern. Je nach Winkellage der Facetten wird das hintere Ende des Kittstabes in ein bestimmtes dieser Löcher gehalten. Für Amateurschleifer gibt es anstelle des Lochbrettes eine Halterung mit Facettierkopf, an dem die Facettenla-

Oben: Schneiden von Achat und Schleifen am Sandsteinrad
Unten: Polieren von Achat

Oben: Farbsteinschleifen in einem modernen Betrieb
Unten links: Ebauchieren; rechts: Farbsteinschleifen in Ceylon

ge winkelgerecht eingestellt werden kann. Das Material der Schleifscheibe (Blei, Bronze, Kupfer, Zinn u. a.), die Art des Schleifmittels (Carborundum, Diamant, Titancarbid) und die Geschwindigkeit sind je nach Steinart verschieden. Als Kühlflüssigkeit und zum Anfeuchten dient meist Wasser.

Im letzten Arbeitsgang wird der Stein auf horizontal rotierenden Scheiben, auf Holzwalzen oder Lederriemen poliert, um die noch vorhandenen Kratzer zu beseitigen und um einen hohen Glanz zu erzielen. Als Poliermittel dienen feinkörnige Materialien, z. B. Chromoxid, Diamant, Diamantine und Tripel. Zum Anfeuchten verwendet man im allgemeinen Wasser, für einzelne Edelsteine aber auch Schwefel- oder Essigsäure.

Durch Spezialisierung bei der Steinverarbeitung haben sich im Laufe der Zeit mehrere eigenständige Berufe herausgebildet, so schon vor Jahrhunderten die Zunft der Bohrer und neuerdings Schleifer, die nur Steine für technische Zwecke schleifen, wie Fadenführer, Instrumentteile und Lagersteine.

Bearbeitung von Diamant

Bei der Bearbeitung des Diamanten sind folgende Vorgänge zu unterscheiden: Spalten oder Sägen, Reiben, Schleifen und Polieren.

Früher wurden große Diamanten durch Spalten mit einem Messer und leichtem Schlag geteilt. Die Spaltebenen sind ausschließlich nur Oktaederflächen. Obwohl die Technik des Spaltens geläufig ist, gab es dennoch oft Zertrümmerung, weil innere Spannungen und verdeckte Risse nicht erkannt wurden. Daher ist man seit der Jahrhundertwende dazu übergegangen, Diamanten zu sägen.

Der faustgroße Cullinan, der größte je gefundene Diamant, wurde 1908 bei der Fa. Asscher in Amsterdam gespalten, zunächst in drei Stücke, dann weiter geteilt, so daß schließlich 9 große und 96 kleinere Brillanten daraus geschliffen werden konnten.

Ein besonderer Vorzug, Diamanten zu sägen, liegt auch darin, daß das Fundstück gewichtsmäßig besser ausgenutzt werden kann. Oktaeder werden z. B. in der Mittelebene oder kurz darüber gesägt, wodurch man eine günstige Rohform für den Brillantschliff erhält. Die Sägefläche ist die zukünftige Tafel des Edelsteins.

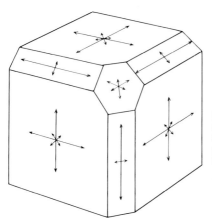

Darstellung der Härteunterschiede am Diamant auf verschiedenen Kristallflächen. Je kürzer der Pfeil, desto größer die Schleifhärte in dieser Richtung (nach E. M. und J. Wilks).

Spalten von Diamant   Schleifen von Diamant

Das Blatt der Diamantsäge (5–7 cm Durchmesser) besteht aus Kupfer, Bronze oder anderen Legierungen, ist mit Diamantsplittern besetzt, nur etwa $^1/_{20}$ Millimeter stark und rotiert mit 5000 Umdrehungen in der Minute. Der Diamant wird dabei in einer zangenähnlichen Vorrichtung gehalten. Der Sägevorgang dauert lange, bei einem Einkaräter (6 bis 7 mm Durchmesser) 5 bis 8 Stunden.

Beim nächsten Arbeitsgang, dem Reiben oder Grauen, erhält der Diamant seine Rohform mit Ober- und Unterteil. Dabei werden zwei Diamanten – einer in eine kleine Drehbank eingespannt, der andere auf einem Kittstock von Hand geführt – so gegeneinander gerieben, daß sich die Steinkanten entsprechend der doppelkonischen Brillantform runden. Diamanten, die nicht den Brillantschliff bekommen sollen, werden auf einer von Diamantsplittern besetzten Scheibe gerieben.

Ein Schleifen oder Sägen des Diamanten ist nur mit Diamant möglich – und auch nur deshalb, weil der Diamant auf verschiedenen Kristallflächen und nach verschiedenen Richtungen unterschiedlich hart ist (vgl. nebenstehende Skizze).

Es bedarf vorweg genauer Untersuchungen, um die Härteunterschiede später beim Schleifen auszunutzen. Diamantpulver, das nach statistischer Wahrscheinlichkeit auch immer ganz harte Splitter enthält, kann somit die weniger harten Flächen eines Diamantkristalls abschleifen. Gleich harte Materialien ritzen und schleifen einander nicht.

Die Technik des Schleifens erfordert sehr viel Erfahrung. Auf einer horizontal laufenden, mit Diamantpulver und Öl bestrichenen Stahlscheibe werden die Facetten des Diamanten, der in einer Greifzange (Doppe genannt) eingespannt ist, bei 2000 bis 3000 Umdrehungen in der Minute geschliffen. Die Anlage aller Flächen und die Stellung eines jeden Winkels wird ohne jedes Instrument, nur mit Auge und Lupe kontrolliert. Die kleinsten so geschliffenen Vollbrillanten mit 56 Facetten und der Tafel sind 2,5 mm groß. 15 Stück gehen auf 1 Karat. Der Schleifverlust liegt um 50 bis 60%. Beim Cullinan betrug er sogar 65%.

Auf der gleichen Scheibe, nur auf einer anderen Bahn, wo noch lockerer Diamantstaub liegt, wird der Brillant schließlich poliert.

Über die historische Entwicklung des Brillantschliffs s. S. 80.

Sägen von Diamant

Reiben von Diamant

Batterie von Diamant-Sägen

Bohren von Perlen

Bohren von Farbsteinen

Schliffarten der Edelsteine

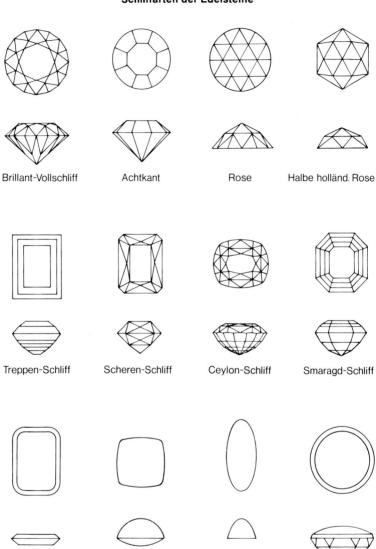

Brillant-Vollschliff Achtkant Rose Halbe holländ. Rose

Treppen-Schliff Scheren-Schliff Ceylon-Schliff Smaragd-Schliff

Tafel-Schliff Cabochon Cabochon Gemischter Schliff

Schliffformen der Edelsteine

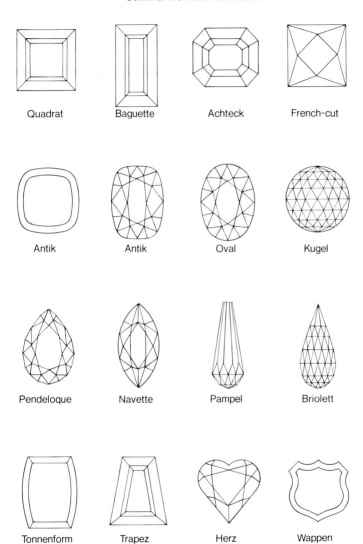

Schliffarten und Schliffformen Abbildungen S. 62 und 63

Eine allgemein gültige Systematik der verschiedenen Schliffe gibt es nicht. Es lassen sich jedoch drei Gruppen, Schliffarten genannt, unterscheiden: Facettenschliff, Glattschliff und Gemischter Schliff.
Der Facettenschliff wird fast nur bei durchsichtigen Edelsteinen angewendet. Durch die Vielzahl der kleinen glatten Flächen erhält der Stein einen höheren Glanz und oft auch ein Farbenspiel. Die meisten Facettenschliffe lassen sich auf zwei Grundformen zurückführen, auf den Brillantschliff oder den Treppenschliff.
Der Glattschliff kann plan (d. h. eben) oder mugelig (d. h. gewölbt) ausgeführt werden. Für Achat und andere undurchsichtige Edelsteine geeignet. Beim Gemischten Schliff erkennt man zwei Schliffarten: Oberteil glatt, Unterteil facettiert oder umgekehrt.

Brillant-Vollschliff Besitzt mindestens 32 Facetten und die Tafel im Oberteil und mindestens 24 Facetten im Unterteil (s. S. 80). Da speziell für den Diamant entwickelt, auch Diamant-Schliff genannt. Die Kurzbezeichnung Brillant ist nur für den Diamant zulässig, alle anderen brillantgeschliffenen Edelsteine müssen stets den Mineralnamen führen (z. B. Zirkon-Brillant).

Achtkant Trägt außer der Tafel im Ober- und Unterteil je 8 Facetten. Er wird für kleinste Diamanten, bei denen ein Vollschliff nicht möglich ist oder nicht lohnt, verwendet. Bis zu 300 Stück, ausnahmsweise sogar bis 500 Stück pro Karat geschliffen.

Rose Facettenschliff ohne Tafel und ohne Unterteil. Je nach Anzahl und Anordnung der Facetten mehrere Variationen. Wegen geringer Brillanz heutzutage kaum noch geschliffen.

Treppen-Schliff Einfache Art des Facettenschliffs, besonders für farbige Edelsteine verwendet. Mehrere Facetten liegen kantenparallel, die Steilheit der Facetten nimmt gegen die Rundiste zu. Im Unterteil Anzahl der Facetten meist größer.

Scheren-Schliff Abart des Treppenschliffs. Facetten werden durch die »Schere« in vier Teilfacetten untergliedert.

Ceylon-Schliff Trägt Vielzahl von Facetten; will möglichst großes Steingewicht erhalten. Da nicht immer symmetrisch, oft umgeschliffen.

Smaragd-Schliff Treppenschliff mit achteckiger Form, bevorzugt für Smaragd.

Tafelschliff Einfachste Art des Treppenschliffs. Zugunsten einer großen Tafel ist der Oberteil sehr flach. Als Siegel- und Herrenring verwendet.

Cabochon Hauptvertreter des Glattschliffs. Oberteil rundlich geschliffen, Unterteil eben oder flachgewölbt. Bei dunklen Steinen wird der Unterteil nach innen gewölbt (ausgeschlägelt), um den Farbton aufzuhellen. Name (frz. »Nagel«) wegen der rundlichen Form.

Schliffformen Bei den einzelnen Schliffarten gibt es eine Fülle verschiedener Formen: Rund, Kugel, Oval, Kegel, Antik (quadratisch oder rechteckig mit gerundeten Ecken), Dreieck oder Triangel, Karree (quadratisch), Sechseck, Baguette (lang rechteckig), Trapez, French-cut (Grundriß und Tafel quadratisch, Facetten dreieckig), Pendeloque oder Birnkern oder Tropfen (birnenförmig), Navette oder Marquise (spitzelliptisch), Pampel (länglich tropfenförmig), Briolett (birnenförmig mit sich kreuzenden Facettbändern), Olive (schmal tonnenförmig). Außerdem viele Phantasieformen (Herz, Wappen, Tonne).

Nachahmungen der Edelsteine

Imitationen

Die Ägypter waren wohl die ersten, die mit Glas und Glasur wertvolle Steine vortäuschten. 1758 entwickelte ein Wiener, Joseph Strasser, eine Glassorte, die sich schleifen ließ und dem Diamanten äußerlich ähnlich war. Obwohl Herstellung und Vertrieb von der Kaiserin Maria Theresia verboten wurden, gelangte diese Diamantimitation, Straß genannt, über Paris in den Edelsteinhandel.
Bis 1945 waren Gablonz und Turnau in der CSFR bedeutende Zentren einer Industrie für Glasschmuck. Danach übernahm Neugablonz im Allgäu/Bayern einen Teil dieser Tradition. Für Modeschmuck wird billiges Flächenglas verwendet, für Edelsteinimitationen stark lichtbrechendes Blei- oder Flintglas. Auch Porzellan sowie Kunstharze und Plastika dienen der Edelsteinnachahmung.
All diese Imitationen haben meist nur das farbliche Aussehen mit den Edelsteinen gemeinsam, die anderen physikalischen Eigenschaften, insbesondere die Härte und das Feuer, konnten nie zufriedenstellend nachgemacht werden. Deshalb war es der Traum der Menschen seit Jahrhunderten, Steine zu produzieren, die den echten Edelsteinen völlig gleichen. Am Ende des vorigen Jahrhunderts hat sich diese Hoffnung erfüllt, als es dem französischen Chemiker A. V. Verneuil gelang, synthetische Rubine – wirtschaftlich nutzbar – zu züchten.
Die synthetisch hergestellten Kristalle (Synthesen) werden im Handel nicht zu den Imitationen gezählt, sondern gelten als eigenständige Gruppe neben den natürlichen Edelsteinen. – Über künstlich erzeugte Farbveränderungen S. 28.

Zusammengesetzte Steine

Hierzu gehören die aus zwei Teilen bestehenden Dubletten und die aus drei Teilen zusammengefügten Tripletten. Es gibt viele Kombinationen: z. B. Ober- und Unterteil aus natürlichen Edelsteinen mit farbiger Klebeschicht dazwischen oder Oberteil aus farblosem Edelstein und Unterteil aus gefärbtem Glas. Wenn bei Dubletten eine dünne Auflage aus hartem Edelstein den Schutz der Oberfläche übernimmt, entsteht eine Triplette. Sorgfältig zusammengesetzte Steine sind schwer zu erkennen, besonders wenn die Nähte in der Fassung liegen.

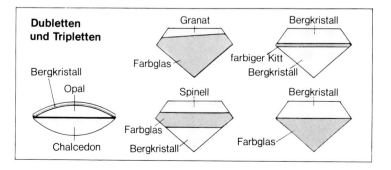

Synthetische Edelsteine

Die ersten synthetisch, d.h. künstlich hergestellten Edelsteine gehen auf die 30er Jahre des vorigen Jahrhunderts zurück. Sie dienten nur wissenschaftlichem Interesse, für Schmuckzwecke waren sie zu klein. Wirtschaftlich nutzbare Synthesen entwickelte um die Jahrhundertwende A. V. Verneuil mit seinem Schmelz-Tropf-Verfahren, einer Methode, die bis heute in großem Umfang angewendet wird. Das Prinzip ist folgendes: In einem Ofen wird bei etwa 2000° C pulverisierter Rohstoff (Aluminiumoxid mit färbenden Zusätzen) geschmolzen. Die niederfallenden Tröpfchen treffen auf einen kleinen Sockel, wo sie auskristallisieren und allmählich eine birnenförmige Gestalt, die Schmelzbirne, aufbauen. Obwohl diese keine Kristallflächen besitzt, ist sie im Inneren einem natürlichen Kristall völlig gleich. Die Schmelzbirnen werden etwa 1,5 cm stark und mehrere Zentimeter hoch, sie erreichen ein Gewicht von 200 bis 500 Karat. Ihre Wachstumszeit beträgt ca. 4 Stunden. Um die inneren Spannungen zu lösen, werden die Birnen vor dem Schleifen durch einen kleinen Schlag in der Längsrichtung geteilt.

Verneuil produzierte zuerst Rubine, 1910 folgten synthetische Saphire, später farblose (Diamondit genannt), gelbe, grüne und alexandritfarbige synthetische Korunde. Durch Zugabe von Rutilsubstanz in die Schmelze gelang 1947 in den USA die Züchtung von synthetischen Sternrubinen und -saphiren.

Im Verneuil-Verfahren werden seit 1926 ebenso synthetische Spinelle gewonnen. Deren Zusammensetzung ist aber gegenüber natürlichen Spinellen etwas verschieden. Auch ist es bisher nicht gelungen, die echten Farben des Spinells zufriedenstellend nachzuahmen. Es werden aber sehr gute Farbtöne anderer Edelsteine erreicht, z.B. des Aquamarin, des Turmalin und des blauen Zirkon.

Synthetische Smaragde von Edelsteingröße gibt es erst seit den 40er Jahren, obwohl die Züchtungsversuche 100 Jahre zurückreichen. Die Herstellungsverfahren sind sehr verschieden. In Österreich werden geschliffene, blasse Berylle mit einem Smaragdüberzug versehen.

1955 gelang in den USA und in Schweden mit speziellen Hochdruckverfahren (50000–100000 at und 1500–2400° C) eine Diamant-Synthese; 1970 wurden Diamanten in Edelsteinqualität und nutzbarer Größe gewonnen. Die Verfahren sind jedoch so teuer, daß sich synthetische Diamanten auf dem Edelsteinmarkt vorerst nicht durchsetzen können. Für Industriezwecke sind sie unentbehrlich.

Seit 1948 gibt es synthetischen Rutil (Titania oder Diamonit). Er besitzt eine Dispersion, die sechsmal so hoch ist wie beim Diamant. Synthetischer Bergkristall dient nur technischen, synthetischer Granat wissenschaftlichen Zwecken. Heute gibt es wohl keinen Edelstein mehr, der nicht synthetisch nachgeahmt werden kann.

Es gibt synthetische Steine, die in der Natur kein Gegenstück haben, wegen ihrer hervorragenden optischen Eigenschaften dennoch zu den Edelsteinen gezählt werden. Dazu gehören der 1953 entwickelte Fabulit (oder Diagem; ein Strontium-Titanat) und der YAG (oder Diamonair; seit 1969 in Edelsteinqualität; ein Yttrium-Aluminat), der Galliant (ein Gallium-Gadolinium-Granat), der Djevalith (ein Calciumzirkoniumoxyd) und der 1977 erschienene Zirkonia (oder Phianit, auch Fianit; ein Yttriumzirkoniumoxyd). – Im Handel müssen alle synthetisch hergestellten Edelsteine auch als »synthetisch« bezeichnet werden. Eine Identifizierung ist manchmal – selbst für den Fachmann – sehr schwierig. Eine Mittelstellung zwischen Synthese und Dublette nehmen die sog. rekonstruierten Steine ein. Sie werden aus kleinen Splittern echter Edelsteine zu größeren Formaten zusammengeschmolzen.

Klassifikation der Edelsteine

Da die meisten Edelsteine aus dem Reich der Mineralien stammen, ist es in der Wissenschaft üblich, die Edelsteine entsprechend den Mineralklassen einzuteilen.

Mineralklassen

1. Elemente
Diamant, Schwefel.

2. Sulfide
Kupferkies, Proustit, Pyrit, Sphalerit

3. Halogenide
Fluorit

4. Oxide und Hydroxide
Achat, Alexandrit, Amethyst, Ametystquarz, Anatas, Aventurin, Bergkristall, Cassiterit, Ceylanit, Chalcedon, Chromit, Chrysoberyll, Chrysopras, Citrin, Cuprit, Gahnit, Hämatit, Holzstein, Jaspis, Ilmenit, Korund, Moosachat, Opal, Periklas, Prasiolith, Psilomelan, Quarz, Rauchquarz, Rosenquarz, Rubin, Rutil, Saphir, Spinell, Taaffeit, Tantalit, Tigerauge, Zinkit.

5. Nitrate, Carbonate, Borate
Aragonit, Azurit, Barytocalcit, Calcit, Cerussit, Colemanit, Dolomit, Gaylussit, Hambergit, Kurnakovit, Magnesit, Malachit, Phosgenit, Rhodozit, Rhodochrosit, Siderit, Sinhalit, Smithsonit, Stichtit, Ulexit, Witherit

6. Sulfate, Chromate, Molybdate, Wolframate
Anhydrit, Baryt, Coelestin, Gips, Krokoit, Scheelit, Wulfenit.

7. Phosphate, Arsenate, Vanadate
Amblygonit, Apatit, Augelith, Beryllonit, Brasilianit, Lazulith, Purpurit, Türkis, Variscit, Vivianit, Wardit.

8. Silicate
Aktinolith, Albit, Almandin, Amazonit, Andalusit, Apophyllit, Aquamarin, Aventurin-Feldspat, Axinit, Benitoit, Beryll, Bytownit, Cancrinit, Chloromelanit, Chrysokoll, Cordierit, Danburit, Datolith, Demantoid, Diopsid, Dioptas, Dumortierit, Ekanit, Eläolith, Epidot, Enstatit, Euklas, Feldspat, Garnierit, Granat, Grossular, Hauyn, Hemimorphit, Hessonit, Hiddenit, Howlith, Hypersthen, Jadeit, Klinozoisit, Kornerupin, Kunzit, Kyanit, Labradorit, Lapislazuli, Leuzit, Meerschaum, Mikroklin, Mondstein, Natrolith, Nephrit, Orthoklas, Painit, Peridot, Peristerit, Petalit, Phenakit, Prehnit, Pseudophit, Pyrop, Rhodolith, Rhodonit, Sanidin, Serpentin, Sillimanit, Skapolith, Smaragd, Smaragdit, Sodalith, Sogdianit, Spessartin, Spodumen, Staurolith, Talk, Tansanit, Thomsonit, Titanit, Topas, Tremolit, Tugtupit, Turmalin, Uwarowit, Vesuvian, Willemit, Zirkon, Zoisit.

9. Gesteine und organische Verbindungen (Nichtmineralien)
Agalmatolith, Alabaster, Bernstein, Elfenbein Gagat, Koralle, Moldavit, Obsidian, Odontolith, Onyx-Marmor, Perle, Speckstein, Sprudelstein.

Beschreibung der Edelsteine

Aus praktischen Erwägungen und als Entgegenkommen für die Nichtfachleute wurde im vorliegenden Bestimmungsbuch bei der Beschreibung der Edelsteine nicht dem wissenschaftlichen System nach Mineralklassen gefolgt, sondern die Welt der Edelsteine in fünf Gruppen mit ähnlichen Merkmalen eingeteilt.

Zur ersten Gruppe gehören alle jene edlen Steine, die (abgesehen von neu entdeckten Varietäten) seit eh und je im Handel vertreten und auch sonst allgemein bekannt sind: »Bekannteste Edelsteine« (Diamant bis Malachit, S. 70 bis S. 177). Sie werden gefaßt als Schmuckstück getragen oder zu kunstgewerblichen Gegenständen verarbeitet. Die Reihenfolge innerhalb dieser Gruppe ist durch die Mohshärte bestimmt, was dem unterschiedlichen Handelswert dieser Edelsteine auch ungefähr entspricht.

Die zweite Gruppe umfaßt Mineralien, die vorzugsweise von Sammlern geschliffen und auch als Schmuck getragen werden: »Sammler-Edelsteine« (S. 178 bis S. 203). Sie waren bis vor wenigen Jahren im Handel kaum verbreitet, erfreuen sich aber einer zunehmenden Beliebtheit. Die Reihenfolge innerhalb dieser Gruppe ist durch die Mohshärte bestimmt, denn sie vermittelt einen Eindruck von der praktischen Verwendbarkeit dieser Steine.

In der dritten Gruppe werden »Sammler-Edelstein-Raritäten« erfaßt (S. 204 bis S. 209). Das sind Mineralien, die ausschließlich von Sammlern, Hobbyschleifern oder sonstigen Spezialisten geschliffen werden, und zwar nur zum Zweck des Sammelns oder des Experiments. Naturgemäß wird sich diese Gruppe erweitern.

Bei der vierten Gruppe, den »Gesteinen« (S. 210 bis S. 215), bewegt man sich im Grenzgebiet der Edelsteine. Ihre Verwendung lag bisher vorwiegend auf dem Sektor des Dekorsteins oder der kunstgewerblichen Gegenstände. Als Modeschmuck gewinnen sie zunehmend an Bedeutung.

Die fünfte Gruppe umfaßt jene Edelsteine, die organischen oder organogenen Ursprungs sind, »Organische Edelsteine« genannt (S. 216 bis S. 230). Nach wissenschaftlichen Gesichtspunkten nicht immer zu den Edelsteinen gezählt. Im Handel sind sie jedoch ein bedeutender Bestandteil des Sortiments.

Es sei ausdrücklich darauf hingewiesen, daß die vorgezeichnete Klassifikation der Edelsteine einer subjektiven Beurteilung nicht entbehrt. Es gibt keine absolut gültige und allgemein verständliche Einteilung der Edelsteine. Das liegt in der Sache begründet; denn das, was *edel* ist, kann keine Vorschrift bestimmen.

Bei der Beschreibung der Edelsteine kam es darauf an, möglichst viel Information zu liefern. Deshalb wurden teilweise kleinere Schriftgrade verwendet, Kurzformen gewählt und platzraubende Wiederholungen vermieden.

Die Bedeutung von Abkürzungen wie »lat.« (lateinisch), »gr.« (griechisch) und Kurzformen wie »Kristalle« (anstelle von Kristallsystem bzw. Kristallform), »Chemie« (anstelle von chemischer Zusammensetzung), »Absorption« (anstelle von Absorptionsspektrum) sowie der Verzicht auf Beifügung der Maßeinheit Å sind aus dem jeweiligen Zusammenhang klar erkennbar.

Bei den Legenden zu den ganzseitigen Tableaus ist mit dem Hinweis »dreimal mugelig« oder »viermal facettiert« jeweils eine Anzahl entsprechend bearbeiteter Steine gemeint.

Bekannteste Edelsteine

Diamant

Farbe: farblos, gelb, braun, gelegentlich grün, blau, rötlich, schwarz
Strichfarbe: weiß
Mohshärte: 10
Spez. Gewicht: 3,47–3,55
Spaltbarkeit: vollkommen
Bruch: muschelig bis splittrig
Kristalle: (kubisch) vorherrschend Oktaeder, daneben Würfel, Rhombendodekaeder, Zwillinge, auch plattig
Chemie: C   kristallisierter Kohlenstoff

Transparenz: durchsichtig
Lichtbrechung: 2,417–2,419
Doppelbrechung: keine; häufig anomal
Dispersion: 0,044
Pleochroismus: fehlt
Absorption: farbl.–gelbe D.: 4780, 4650, 4510, 4350, 4230, 4155, 4015, 3900 braun-grünl. D.: (5370), 5040, (4980)
Fluoreszenz: sehr unterschiedlich; farblose und gelbe D.: meist blau; braune und grünliche D.: häufig grün

Den Namen bekam der Diamant von seiner Härte (gr. adamas: der Unbezwingbare). Es gibt nichts vergleichbar Hartes; deshalb ist er geradezu unvergänglich. Seine Schleifhärte ist 140 mal so groß wie die von Korund. Allerdings ist die Härte des Diamanten auf den einzelnen Kristallflächen verschieden. Darin liegt die Möglichkeit, Diamant mit Diamant (oder D.-Pulver, in dem ja – nach statistischer Wahrscheinlichkeit – jede verschiedene D.-Härte vorkommt) zu schleifen. – Wegen der vollkommenen Spaltbarkeit Vorsicht beim Fassen! – Sehr starker Glanz, dient dem geübten Auge als Erkennungsmerkmal gegenüber Imitationen.

Gegen chemische Reagenzien im allgemeinen unempfindlich. Nur Chromschwefelsäure verändert ihn bei 200° C zu Kohlendioxid. Hohe Temperaturen bewirken Ätzfiguren auf den Facettenflächen. Vorsicht beim Löten! Für Röntgenstrahlen (im Unterschied zu diamantähnlichen Mineralien und Synthesen) durchlässig.
Seit den dreißiger Jahren ist erkannt, daß es beim Diamant auf Grund der Unterschiede im Absorptionsspektrum, in der Fluoreszenz, in der elektrischen Leitfähigkeit und in der Spaltbarkeit verschiedene Typen gibt. Die Wissenschaft unterscheidet heute die Typen I a, I b, II a und II b. In der Praxis des Edelsteinhandels hat dies keine Bedeutung, wohl aber beim Schleifen.
Die optischen Effekte sind beim Diamant außerordentlich günstig; daher gilt er als König der Edelsteine. Er wird schon seit dem Altertum für Schmuckzwecke verwendet.

Weitere Ausführungen:
Diamantschleifen S. 59
Diamantsynthesen S. 66
Diamantlagerstätten S. 72
Diamantgewinnung S. 73
Diamanthandel S. 75
Qualitätsbewertung S. 76
Berühmte Diamanten S. 78
Entwicklung des Brillantschliffs S. 80
Diamantenproduktion S. 231

---

1 Diamant, Brillant, 0,49 ct
2 Diamant, Navette, 0,68 ct
3 Diamant, Brillant, 2,22 ct
4 Diamant, drei Baguetten, zus. 0,59 ct
5 Diamant, Brillant, 0,21 ct
6 Diamant, zweimal Altschliff, 0,97 ct
7 Diamant, zwei Brillanten, 0,57 ct
8 Diamant, Brillant, 2,17 ct
9 Diamant, drei Rosen, zus. 0,67 ct
10 Diamant, zwei Navetten, zus. 0,69 ct
11 Diamant, zweimal gesägt, zus. 1,43 ct
12 Diamant, zehn Brillanten
13 Diamant, neun Brillanten
14 Diamant, weiße Rohsteine, zus. 6,37 ct
15 Diamant, farb. Rohsteine, zus. 10,22 ct
16 Diamant-Aggregat, 8,26 ct
17 Diamant-Kristall auf Kimberlit
18 Diamant, Kristallstufe, 8,14 ct

Abb. 1–15 etwa doppelt so groß wie die Originale; Abb. 16–18 um $^1/_3$ verkleinert.

Diamantlagerstätten

Diamanten gibt es auf primären und auf sekundären Lagerstätten. Bis 1871 wurden Diamanten nur aus Edelsteinseifen herausgewaschen. Durch Zufall entdeckte man in Südafrika die primären Vorkommen: vulkanische Durchschlagsröhren, Pipes (engl. »Röhren«) genannt, die vom diamantführenden Muttergestein, dem Kimberlit (nach englischem Staatssekretär) erfüllt sind.
Entstanden ist der Diamant in großer Tiefe (vielleicht 80 km oder gar mehr) bei 1100–1300° C und sehr hohem Druck. Durch Eruption in den Kraterröhren gelangte er mit dem aufdringenden Kimberlit bis zur Erdoberfläche.
Diamantlagerstätten gibt es in vielen Teilen der Welt. Ganz besonders bevorzugt sind Afrika und Sibirien. Bis zum 18. Jahrhundert kamen Diamanten gelegentlich aus Borneo, vor allem aber aus Indien, darunter mehrere große Steine von historischem Wert. Heute ist die Produktion in diesen Ländern unbedeutend.
1725 waren die ersten Diamantfunde auf dem südamerikanischen Kontinent in Minas Gerais/Brasilien, bei der heutigen Stadt Diamantina. 1843 wurde in Bahia der braun-schwarze Carbonado entdeckt, ein mikrokristallines Diamant-Aggregat, das wegen seiner hohen Zähigkeit in der Industrie gefragt ist. – Brasilien übernimmt vorübergehend die Führung in der Diamantenversorgung. Blütezeit im 18. und 19. Jahrhundert, dann von Südafrika abgelöst. Überwiegend alluviale Vorkommen, daneben ein dem Kimberlit verwandtes Muttergestein abgebaut.
Eine überragende Stellung in Produktion und Handel hat Südafrika erlangt. Erster Diamantenfund 1867 im Quellgebiet des Oranje. Anfangs nur Seifenlagerstätten ausgebeutet. Inzwischen 250 Pipes (aus der geologischen Formation der Kreidezeit) bekannt. Allerdings nur wenige diamantführend. Diese enthalten zuoberst ein toniges Gestein, das wegen der gelblichen Farbe yellow ground (Gelbgrund) genannt wird. Es ist das Verwitterungsprodukt des darunter befindlichen blue ground (Blaugrund), dem Kimberlit; nach der Zusammensetzung ein olivinreiches Vulkanitgestein, eine Peridotitart, im Zustand der Breccie.

 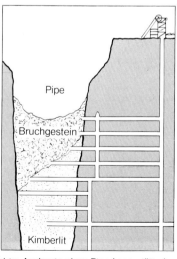

Links: Kimberley-Mine, sog. Big Hole – Rechts: Ausbeute einer Pipe-Lagerstätte im Untertagebau

Fettrütteltisch mit haftenden Diamanten

Die berühmteste und berüchtigste Pipe, die Kimberley-Mine, wurde von 1871–1908 ohne jede Maschine ausgeräumt. Hier entstand das von Menschenhand größte gegrabene Loch (Big Hole, Abb. S. 72): an der Oberfläche 460 m im Durchmesser, Schachttiefe 1070 m; heute bis zur Hälfte mit Grundwasser gefüllt. Insgesamt wurden hier 14,5 Millionen Diamanten-Karat (fast 3 Tonnen) gewonnen. Schließlich wegen zu geringer Ergiebigkeit aufgegeben.
Die südafrikanischen Pipe-Minen sind zum Untertagebau übergegangen, um eine Gefährdung durch herabfallendes Gestein zu vermeiden. Dabei wird zuerst ein Schacht neben dem Pipeschlot niedergebracht und von dort dann durch Querschläge das diamantführende Gestein in einem automatisierten Bruchsystem restlos abgebaut. Die dadurch entstehenden Hohlräume werden von nachsackendem tauben Gestein wieder zugefüllt. Bekannte Pipe-Minen in Südafrika sind Bultfontein-, De-Beers-, Dutoitspan-, Finch-, Jagersfontein-, Premier- und Wesselton-Mine.
Die Gewinnung der Diamanten erfolgt heute mit großem technischen Aufwand. Am einfachsten ist es beim yellow ground. Wegen des lockeren Gefüges können die Diamanten auf Grund ihres hohen spezifischen Gewichts unmittelbar ausgewaschen werden. Der Kimberlit dagegen muß erst in Gesteinsbrechern zerkleinert werden, bevor in Waschpfannen das Gesteinsmehl als Schlamm abzusondern ist, damit nur ein Konzentrat von Diamanten und anderen schweren Mineralien zurückbleibt. Die Auslese der Diamanten aus diesem Konzentrat, ursprünglich von Hand getätigt, geschieht heute vornehmlich unter Ausnutzung der Haftfähigkeit des Diamanten zu allen fettartigen Substanzen automatisch. So bleiben von dem über fettige Rütteltische geleiteten Konzentrat die Diamanten schließlich auf einer Fettschicht hängen.
Andere Diamantenaussortierungen erfolgen durch elektrostatische Trennung, durch optische Auslese mittels Fotozellen oder unter Ausnutzung der Fluoreszenzerscheinungen bei Verwendung von Röntgenstrahlung.

Der Diamantgehalt der einzelnen Pipes ist sehr verschieden. Im Durchschnitt wird pro Tonne Muttergestein ½ Karat gewonnen. Bei einigen Vorkommen ist ein Abbau auch noch bei ⅕ Karat pro Tonne Gestein rentabel.

Neben den Pipes gibt es in Südafrika umfangreiche alluviale Lagerstätten. Sie rühren davon her, daß die Landoberfläche früher etwa 1000 m höher lag, im Laufe der Zeit abgetragen wurde und damit auch die diamantgefüllten Pipes, die ja bis zur seinerzeitigen Erdoberfläche durchgestoßen waren, in ihren obersten Teilen ausgeräumt wurden. Die Diamanten wanderten mit dem Wasser und dem Flußschutt in andere Gebiete, mit dem Oranje sogar bis ins Meer. Dementsprechend gibt es sekundäre Lagerstätten in Flußtälern, alten Talterrassen und, wie man seit 1926 weiß, sogar an der Atlantikküste in der einstigen Brandungszone.

Ein bedeutendes Diamantenland ist auch Namibia. 1908 wurden die ersten Diamanten bei Lüderitz gefunden. Jetzt sind große Seifenlagerstätten am Rande der Namib bekannt. Mit gewaltigem Maschineneinsatz müssen bis 30 m mächtige Deckschichten erst abgeräumt werden, damit die darunter liegenden diamanthaltigen Schotter zu gewinnen sind. Spezialschiffe heben seit 1961 sogar Diamanten vom Meeresgrund. – Der Anteil an Schmuckdiamanten ist sehr groß.

Vor wenigen Jahren ist auch Rußland zu den großen Diamantenproduzenten aufgerückt. Obzwar die ersten Diamanten schon 1829 im Ural gefunden wurden, blieben diese Lagerstätten ohne wirtschaftlichen Wert. Erst 1949 beginnt eine neue Ära. Bedeutende alluviale Vorkommen werden im östlichen Sibirien (Jakutien) entdeckt, wenige Jahre danach auch zahlreiche Pipes. Gegenwärtig ist Australien der bedeutendste Diamantenproduzent der Welt.

Diamantenhandel

Diamantenproduktion und -handel der ganzen Welt werden zu etwa 80% von einem Unternehmen geleitet bzw. kontrolliert, daß unter dem Namen »The Diamond Corporation« oder »De Beers Consolidated Mines Limited« bekannt ist. Tatsächlich bedeuten diese Bezeichnungen jedoch nur Teilverbände eines vielfach verflochtenen Mammutunternehmens von Diamantproduktionsfirmen, Verkaufsgesellschaften und Handelsvereinigungen mit dem Hauptsitz London. In Fachkreisen spricht man allgemein vom »Diamantensyndikat« oder kurz vom »Syndikat«.

Alle für Schmuckzwecke geeigneten Diamanten gehen nach London und werden hier zu sog. Lots zusammengestellt. Nur wenige, dem Syndikat bekannte Händler (z. Z. zwischen 250 und 300) werden zum Kauf dieser Sortiments bei festem Preis gegen Sofortzahlung eingeladen. Teilabnahme gibt es nicht. Der Preis solch eines Lots beträgt mindestens 10 000 englische Pfund. Das Syndikat liefert nur Rohsteine und bedient keine Schleifereien.

Der Weiterverkauf und die Aufteilung der Lots erfolgt von den »Direktkäufern« auf Diamantenbörsen (gelegentlich Diamantklub genannt), oder durch einige Großhändler. Solche Börsen gibt es in Antwerpen, Amsterdam, New York und Ramat Gan/Israel, außerdem in Johannesburg, London, Mailand, Paris und Wien, seit 1974 auch in Idar-Oberstein/Rheinpfalz. Weitaus am bedeutendsten ist Antwerpen. – Diamantbörsen sind keine Börsen im üblichen Sinne, sondern mehr Diamantgroßmärkte. Sie sind international zusammengeschlossen und haben gleichartige, sehr strenge Satzungen.

Das Syndikat kontrolliert und beeinflußt durch sein Verkaufssystem auch die Preise der Makler. Ziel ist es, die Wertbeständigkeit des Diamanten zu erhalten.

Wochenproduktion einer Diamant-Mine in Südwestafrika, etwa 30 000 Karat

Tatsächlich haben die Diamanten als Wertanlage alle politischen und wirtschaftlichen Stürme der letzten Jahrzehnte überlebt. Dadurch wurde nicht nur Kapital gesichert, sondern auch Millionen von Arbeitsplätzen, direkt oder indirekt mit dem Diamant verbunden, blieben erhalten. Schließlich macht der Anteil der Diamantenproduktion über 90% der gesamten Edelsteingewinnung aus.

Im wirklichen Großhandel und auf den Diamantbörsen herrschen Sachkunde und absolutes Vertrauen. Im Kleinhandel, d. h. beim Umgang mit dem Letztverbraucher dagegen gibt es nicht immer gute Verkaufspraktiken. Die Tatsache, daß der Diamant rein äußerlich mit vielen Edelsteinen zu verwechseln ist, führt im unseriösen Handel zu Unterschiebungen. – Besonders Bergkristall (S. 116), Beryll (S. 96), Cassiterit (S. 184), Cerussit (S. 200), Saphir (S. 86), Scheelit (S. 196), Sphalerit (S. 200), Topas (S. 102) und Zirkon (S. 108) sehen dem farblosen Diamant ähnlich. Auch viele gelbliche Steine können dem Laien wie Diamanten erscheinen (vgl. Tab. S. 244). Selbst Glasimitationen auf dem Markt, z. B. Straß (S. 65).

Darüberhinaus gibt es eine Anzahl synthetischer Steine (vgl. S. 66) als Diamantersatz: Fabulit (Strontium-Titanat), synth. Rutil, synth. Saphir, synth. Spinell, YAG (Yttrium-Aluminat). – 1970 wurden die ersten Schmuckdiamanten gewonnen. Da die Größen jedoch bescheiden (kleiner 1 Karat) und die Herstellungskosten hoch, sind solche Synthesen vorerst nur von wissenschaftlichem Wert. – Im Handel auch Naturdiamanten anzutreffen, die durch verschiedenartige Bestrahlung eine Farbverbesserung erfahren haben.

Diamant-Dubletten bekannt: Oberteil aus Diamant, Unterteil aus synthetischem farblosem Saphir, aus Bergkristall oder Glas; andere Dubletten mit synthetischem Spinell als Oberteil und Fabulit als Unterteil.

Qualitätsbewertung der Diamanten

Nur etwa 20% aller Diamanten für Schmuckzwecke geeignet. Der Hauptteil wird in der Technik verwendet. Solche Industriediamanten (»Bort«) sind für Bohrkronen, Fräsgeräte, Glaserwerkzeuge, Schleifscheiben wie auch in der wissenschaftlichen Anwendung bei Meßtechnik und Härteprüfung unentbehrlich.

Die Qualitätsbewertung der Schmuckdiamanten, die sehr viel Fachkenntnisse und Erfahrung erfordert, berücksichtigt Farbe (colour, s. u.), Reinheit (clarity, S. 77), Schliff (cut, S. 77) und Gewicht (carat, S. 26). Vier »c« machen den Wert eines Diamanten aus.

Farbgraduierung

Diamanten gibt es in allen Farben. Am häufigsten sind gelbliche Töne; sie werden mit den farblosen Diamanten bei der Graduierung zusammen beurteilt. Die selteneren, vollen Farben (grün, rot, blau, purpur, braun, gelb), sog. Phantasiefarben (fancy diamonds), erzielen Liebhaberpreise.

Von anfänglich verschiedenen Begriffen und Definitionen verwirrt, gibt es jetzt eine internationale Übereinstimmung in der Farbgraduierung, die sog. Gelb-Reihe, auch »Old-Terms« genannt (in der BRD publiziert als RAL 560 A 5 E, s. u.). – Vor wenigen Jahren wurde noch die Bezeichnung »Jager«, die über »River« stand und die allerfeinsten Qualitäten kennzeichnen sollte, verwendet. Heute wissen wir, daß hier gewisse Unterschiede nicht in der Farbqualität zu suchen sind, sondern in Fluoreszenzerscheinungen.

»River«, dem im Deutschen mit »Blauweiß« entsprochen wird, hat einen nur für den Fachmann erkennbaren zarten Hauch von Blau, dem ungeübten Auge erscheinen diese Steine farblos. »Yellow« ist eine nur schwach getönte Farbe und nicht etwa gesättigt, denn dann würde sie den Phantasiefarben zugeordnet. – Größere Steine vermitteln einen stärkeren Farbeindruck als kleinere. – Der Anteil von River an den Schmuckdiamanten liegt unter 1%, der von Top Wesselton bei 5% und der von Wesselton bei 10%.

Für den Laien ist eine Farbdifferenzierung der Diamanten nach der Gelb-Reihe nicht möglich. Auch der Fachmann verwendet Farbuntersuchungsgeräte modernster Technik, um jede subjektive Beurteilung auszuschließen.

Internationaler Begriff	Deutsche Entsprechung	Definition
River	Blauweiß	Diamanten dieser Farbgrade erscheinen durch die Tafel betrachtet dem Auge des durchschnittlich geübten Fachmannes als farblos.
Top Wesselton	Feines Weiß	
Wesselton	Weiß	
Top Crystal	Schwach getöntes Weiß	
Crystal	Getöntes Weiß	Kleine Diamanten dieser Farbgrade erscheinen durch die Tafel betrachtet dem Auge des durchschnittlich geübten Fachmannes als farblos; größere – etwa über 0,20 ct – zeigen die Andeutung einer Farbsättigung.
Top Cape (Silver Cape)	Schwach gelblich	
Cape	Gelblich	
Light Yellow	Schwach gelb	Diamanten dieser Farbgrade erscheinen als mit einer Farbsättigung zunehmender Intensität behaftet.
Yellow	Gelb	

Reinheitsgraduierung

Unter Reinheit eines Diamanten wird in der BRD nur die innere Vollkommenheit verstanden (in den USA und in Skandinavien auch die äußere Güte). Eingeschlossene Mineralien, Risse und Wachstumserscheinungen beeinträchtigen die Reinheit. Sie werden zusammenfassend als »Einschluß« (inclusion) bezeichnet, früher auch »Fehler« oder »Kohle« genannt. Als lupenrein gelten geschliffene Diamanten, die bei zehnfacher Vergrößerung mit einer Lupe keine Einschlüsse erkennen lassen. Die bei noch stärkerer Vergrößerung etwa festgestellten Mängel werden bei der Graduierung nicht berücksichtigt. – Seit 1971 gilt in der BRD folgende Graduierung (RAL 560 A 5 E):

Internationaler Begriff	Deutsche Entsprechung	Definition
Internally flawless if	Lupenrein	Bei zehnfacher Vergrößerung frei von inneren Merkmalen.
Very very small inclusions vvs	Sehr, sehr kleine Einschlüsse	Wenige sehr, sehr kleine Einschlüsse, bei zehnfacher Vergrößerung schwer zu erkennen.
Very small inclusions vs	Sehr kleine Einschlüsse	Einige sehr kleine Einschlüsse, für den durchschnittlich geübten Fachmann bei zehnfacher Vergrößerung zu erkennen.
Small inclusions si	Kleine Einschlüsse	Mehrere kleine Einschlüsse, bei zehnfacher Vergrößerung leicht zu erkennen.
1st pique (1. Piqué) P.1	Deutliche Einschlüsse	Einschlüsse, die bei zehnfacher Vergrößerung sofort erkennbar sind, aber die Brillanz nicht mindern.
2nd pique (2. Piqué) P 2	Größere Einschlüsse	Größere und/oder zahlreiche Einschlüsse, die Brillanz nur schwach mindernd. Mit bloßem Auge erkennbar.
3rd pique (3. Piqué) P 3	Grobe Einschlüsse	Große und/oder zahlreiche Einschlüsse, die Brillanz erheblich mindernd.

Schliffgraduierung

Die Beurteilung berücksichtigt Schliffform und Schlifftyp, Proportionen, Symmetrie sowie äußere Merkmale. Als Normschliff gilt in der BRD der »Feinschliff-Brillant« (S. 81), in Nordeuropa der »Skandinavische Standard-Brillant«. – Nachfolgende Tabelle: Benennung und Definition der Schliffgraduierung für Brillanten unter 1 Karat (in der BRD publiziert als RAL 560 A 5 E).

Benennung	Definition
Sehr gut (very good)	Hervorragende Brillanz. Wenige und nur geringfügige äußere Merkmale.
Gut (good)	Gute Brillanz. Einige äußere Merkmale.
Mittel (medium)	Brillanz gemindert. Mehrere größere äußere Merkmale.
Gering (poor)	Brillanz erheblich gemindert. Große und/oder zahlreiche äußere Merkmale.

Berühmte Diamanten (nebenstehend Nachbildungen)

1 **Dresden** 41 ct. Wahrscheinlich aus Indien, frühe Geschichte nicht bekannt. 1742 von Friedrich August II., Kurfürst von Sachsen, angekauft. Im Grünen Gewölbe von Dresden aufbewahrt.

2 **Hope** 44,50 ct. Erscheint 1830 auf dem Markt und wird von dem Bankier H. Th. Hope (daher Name) in London erworben. Wahrscheinlich aus einem während der franz. Revolution gestohlenen Stein umgeschliffen. Besitzer wiederholt gewechselt. Seit 1958 im Smithsonian Institut, Washington.

3 **Cullinan I.** 530,20 ct. Aus dem größten, je gefundenen Rohdiamanten von 3106 ct, dem Cullinan (nach Sir Th. Cullinan, dem Vorsitzenden einer Minengesellschaft), zusammen mit 104 anderen Steinen von der Fa. Asscher in Amsterdam 1908 geschliffen. Schmückt das Zepter König Edward VII. von England; im Tower/London aufbewahrt. Größter geschliffener Diamant. Auch Stern von Afrika genannt.

4 **Sancy** 55 ct. Angeblich von Karl dem Kühnen (um 1470) getragen. 1570 vom franz. Gesandten in der Türkei, Signeur de Sancy (daher Name) erworben. Seit 1906 im Besitz der Familie Astor, London.

5 **Tiffany** 128,51 ct. In der Kimberly Mine in Südafrika 1878 mit einem Rohgewicht von 287,42 ct gefunden. Von der Juwelierfirma Tiffany (daher Name) in New York erworben, in Paris mit 90 Facetten geschliffen.

6 **Kohinor** 108,93 ct. Ursprünglich von runder Gestalt mit 186 ct im Besitz indischer Fürsten. 1739 vom Schah von Persien, der ihn »Berg des Lichts« (Koh-i-noor) nannte, erworben. Kommt in den Besitz der East Indian Company, die ihn Königin Victoria 1850 zum Geschenk macht. Umgeschliffen erhält er zunächst einen Platz in der Krone der Königin Mary, Gemahlin Georg V., und schließlich in der Krone Königin Elisabeths; im Tower/London.

7 **Cullinan IV.** 63,60 ct. Einer der 105 geschliffenen Steine, die aus dem größten je gefundenen Diamanten, dem Cullinan, gewonnen wurden (Nr. 3). Befindet sich in der Krone der Königin Mary, kann herausgenommen und auch als Brosche getragen werden. Aufbewahrt im Tower/London.

8 **Nassak** 43,38 ct. Ursprünglich über 90 ct, in einem Schiwa-Tempel bei Nassak (daher Name) in Indien. Als Kriegsbeute 1818 von Engländern erworben. 1927 in New York umgeschliffen. Heute Privatbesitz in den USA.

9 **Schah** 88,70 ct. Stammt aus Indien, hat Spaltflächen, teilweise poliert. Trägt drei Inschriften mit Herrschernamen (u. a. Schah von Persien, daher Name). 1829 an Zar Nikolaus I. geschenkt. Heute im Kreml/Moskau aufbewahrt.

10 **Florentiner** 137,27 ct. Frühgeschichte sagenumwoben. 1657 im Besitz der Familie Medici in Florenz (daher Name). Im 18. Jh. in der Habsburger Krone, dann als Brosche verwendet. Verbleib nach 1. Weltkrieg unbekannt.

Auch andere geschliffene Diamanten sind auf Grund ihrer Größe, ihrer Schönheit und wegen ihrer teils recht abenteuerlichen Vergangenheit bekannt und berühmt, z. B. Cullinan II. (S. 9), De Beers, Großmogul, Jonker I., Jubilee, Nizam, Orlow, Regent, Südstern, Victoria I.
Die größten für Schmuckzwecke geeigneten Rohdiamanten in Karat: Cullinan (3106), Excelsior (995,20), Star of Sierra Leone (968,90), Großmogul (etwa 800), Woyie River (770), Präsident Vargas (726,60), Jonker (726), Jubilee (früher Reitz, 650,80), Dutoitspan (616), Baumgold (609).

Entwicklung des Brillantschliffs

Obwohl der Diamant als Edelstein schon seit über zweitausend Jahren bekannt ist, erfolgte die erste Bearbeitung zur Erhöhung des optischen Effekts erst im 14. Jahrhundert. Davor wurden nur Rohsteine verwendet, deren scharfe Kanten gelegentlich abgeschliffen waren. Jetzt aber werden die geraden Flächen des natürlichen Oktaeder-Kristalls mit aller Sorgfalt poliert. Dieser »Spitzstein«, so genannt nach der Kristallform, ist der erste wirkliche Diamantschliff. Er steht am Anfang einer Entwicklungsreihe, deren Endglied der Moderne Brillantschliff darstellt.
Etwa 1400 entsteht der »Dickstein« (oder »Tafelstein«), ein Oktaeder-Kristall mit großer ebener Fläche oben, der Tafel, und einer kleineren Fläche an der unteren Spitze (Kalette genannt).
Zur gleichen Zeit dürfte der durch Spalten oder Abschleifen der zwei Oktaederspitzen hervorgegangene »Dünnstein« entstanden sein.
Durch Verwendung der Schleifscheibe seit Ende des 15. Jahrhunderts ist eine technische Verbesserung des Facettenschliffs möglich. Es werden neben den natürlichen Kristallflächen immer mehr zusätzliche Facetten angelegt, um die optische Wirkung des Steins zu erhöhen. Mitte des 16. Jahrhunderts erfolgt aus dem »Dickstein« die Weiterentwicklung zu einem Facettenstein mit mehreckiger Tafel. Die vier seitlichen Kanten des Ober- und Unterteils werden zu je einer Facettenfläche abgeschliffen. Einschließlich der Spitzfläche unten gibt es bei diesem Stein, »Einfaches Gut« genannt, demnach 18 Facetten.
Durch Anlegen weiterer Facetten über den seitlichen Kanten entsteht das »Zweifache Gut« mit insgesamt 34 Flächen und einem gerundeten Grundriß (Rundiste). Dieser Schliff soll auf eine Anregung des französischen Kardinals Mazarin (um 1650) zurückgehen (daher auch »Mazarin-Schliff«).
Ende des 17. Jahrhunderts entwickelt ein venezianischer Schleifer, angeblich Vicenzio Peruzzi, einen Diamantschliff mit 58 Flächen. Wenn der Grundriß (Rundiste) auch noch nicht kreisrund ist und die Facetten zwangsläufig etwas unregelmäßig, so kommt dieser Schliff, das »Dreifache Gut« oder »Peruzzi-Schliff«, dem Brillantschliff nicht nur wegen der gleichen Facettenzahl schon sehr nahe, sondern überhaupt auch wegen der ganzen Proportionserscheinungen.

Historische Schliffe des Diamanten

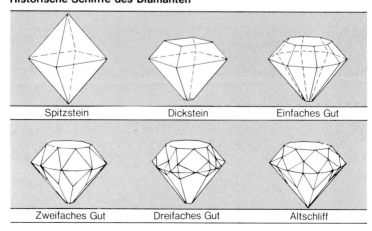

Spitzstein — Dickstein — Einfaches Gut

Zweifaches Gut — Dreifaches Gut — Altschliff

Benennung der Brillant-Facetten

Die Vollendung als Edelstein erfährt der Diamant erst durch den Modernen Brillantschliff (auch Vollbrillant). Entwickelt um 1910 aus dem sog. Altschliff des vorigen Jahrhunderts. Seine Merkmale: kreisrunde Rundiste, mindestens 32 Facetten und die Tafel im Oberteil, mindestens 24 Facetten (und ggf. die Kalette) im Unterteil. Durch Berechnung und aus der Praxis mehrere Variationen des Modernen Brillantschliffs entwickelt:

Tolkowsky-Brillant (1919, Tolkowsky)   Sehr gute Lichtausbeute. Ist in den USA Grundlage der Schliffgraduierung.

Ideal-Brillant (1926, Johnson und Rösch)   Keineswegs besonders vorteilhaft, wie der Name vermuten läßt. Wirkt zu unförmig.

Feinschliff-Brillant (auch Feinschliff der Praxis oder Praktischer Feinschliff, 1939, Eppler)   Proportionen errechnet an geschliffenen Diamanten mit bester Brillanz; also durch die Praxis entwickelt. In der BRD Grundlage der Schliffgraduierung.

Parker-Brillant (1951, Parker)   Gute Lichtausbeute, aber wegen zu flachen Oberteils geringe Dispersion und entsprechend mangelhaftes Farbenspiel.

Skandinavischer Standard-Brillant (1968)   Dient in Skandinavien als Normschliff für Graduierung. Werte wurden von geschliffenen Diamanten gewonnen.

Es gibt Diamanten mit mehr Facetten: King-Schliff (1941) mit 86 Facetten, Magna-Schliff (1949) mit 102 Facetten, Highlight-Schliff (1963) mit 74 Facetten, Pricess-144-Schliff (1965) mit 146 Facetten, Radiant (1980) mit 70 Facetten. Wegen der feststehenden Proportionen beim Brillantschliff lassen sich aus einzelnen Meßwerten andere Daten rechnerisch gewinnen, z.B. aus dem Rundistdurchmesser oder der Gesamthöhe das Gewicht des Steins (vgl. Abb. S. 26).

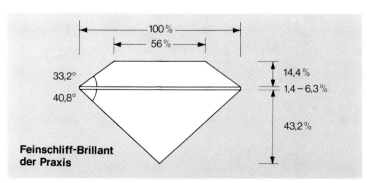

Feinschliff-Brillant der Praxis

Rubin Korund-Gruppe

Farbe: verschieden rot
Strichfarbe: weiß
Mohshärte: 9
Spez. Gewicht: 3,97–4,05
Spaltbarkeit: keine
Bruch: kleinmuschelig, uneben, splittrig, spröde
Kristalle: (trigonal) sechsseitige Prismen oder Tafeln, Rhomboeder
Chemie: Al_2O_3 Aluminiumoxid

Transparenz: undurchsichtig, durchscheinend, durchsichtig
Lichtbrechung: 1,766–1,774
Doppelbrechung: − 0,008
Dispersion: 0,018
Pleochroismus: stark: gelblichrot, tief karminrot
Absorption: 6942, 6928, 6680, 6592, 6100–5000, 4765, 4750, 4685
Fluoreszenz: stark: karminrot

Der Rubin hat seinen Namen wegen der roten Farbe (lat. rubens). Er ist erst um 1800 zusammen mit dem Saphir als zur Korund-Gruppe gehörig erkannt worden. Davor bezeichnete man auch den roten Spinell wie den Granat als Rubin – oder alle drei als Karfunkelstein.

Farbgebende Substanz ist Chrom, bei bräunlichen Tönen außerdem Eisen. Die rote Farbe ist bei den einzelnen Lagerstätten im allgemeinen etwas verschieden, aber keineswegs geeignet, das Herkunftsland der Steine daraus abzuleiten, denn bei jedem Vorkommen gibt es auch andersgetönte Farben. Die Bezeichnungen »Burma-Rubin« oder »Siam-Rubin« sind deshalb irreführend und mehr als eine Art Qualitätsbegriff aufzufassen. Am begehrtesten ist die sog. Taubenblutfarbe, reines Rot mit einem Stich ins Bläuliche. Die Farbverteilung ist oft ungleich, streifig oder fleckig. Durch Brennen minderer Qualitäten werden häufig bessere Farben erzielt. – Bei Rohsteinen wirkt der Rubin stumpf und fettig, geschliffen zeigt er einen Glanz fast wie der Diamant.

Nach dem Diamant das härteste Mineral, wenn auch nur $1/140$ so hart wie jener; andererseits siebenmal härter als Topas, dem nächstfolgenden Mineral in der Mohsschen Skala. Allerdings ist die Härte in den einzelnen Richtungen deutlich verschieden, was der Edelsteinschleifer zu berücksichtigen weiß. – Wegen der großen Härte werden die für Schmuckzwecke nicht geeigneten Korunde (sog. gemeiner Korund) als Schleif- und Poliermittel verwendet. Im Schmirgel ist neben einigen anderen Mineralien vor allem Korund vertreten.

Der Rubin besitzt zwar keine Spaltbarkeit, ist aber nach bestimmten Richtungen bevorzugt teilbar. Wegen Sprödigkeit Vorsicht beim Schleifen und Fassen.

Einschlüsse sind häufig. Sie bedeuten keine Qualitätsminderung, sondern sind geradezu der Echtheitsnachweis für Naturrubine gegenüber den synthetischen Steinen. Die Art der Einschlüsse (Mineralien, Kanäle oder andere Hohlräume) gibt vielfach Hinweis auf die Lagerstätten. Eingeschlossene Rutilnadeln bewirken entweder einen zarten Schimmer (Seide genannt) oder, bei entsprechendem Cabochonschliff, Katzenaugeneffekt [5] und den sehr geschätzten Asterismus mit einem sechsstrahligen Stern [4], der beim Bewegen des Steins über die Oberfläche hinweggleitet. – Weitere Ausführungen S. 84.

---

1 Rubin, fünfmal facettiert
2 Rubin, zwei Tropfen, 2,51 ct, Thailand
3 Rubin, Cabochon graviert, 30,97 ct
4 Sternrubin, zweimal, Ceylon
5 Rubin-Katzenauge, 6,64 ct
6 Rubin, vier taflige Kristalle
7 Rubin, drei prismatische Kristalle
8 Rubin, abgerollter Kristall
9 Rubin, tafliger Kristall
10 Rubine in Muttergestein, Norwegen

Die Abbildungen sind gegenüber den Originalen um 10% vergrößert.

Rubin Fortsetzung von S. 82

Muttergestein des Rubins ist vornehmlich ein dolomitisierter Marmor, der durch Kontaktmetamorphose von Granit mit Kalkstein entstanden ist. Der Rubinanteil auf solchen Primärlagerstätten ist jedoch für eine wirtschaftliche Nutzung zu gering. Die Gewinnung erfolgt vielmehr auf alluvialen Vorkommen. Wegen des hohen spezifischen Gewichts wird Rubin durch Waschen von Flußkiesen und -sanden in einem Konzentrat angereichert und dann von Hand verlesen. Die Produktionsmethoden sind primitiv wie vor Hunderten von Jahren. Als Minenbesitzer treten europäische Gesellschaften, aber zunehmend einheimische Unternehmer auf.

Einzig bedeutende Lagerstätten gibt es in Birma, Thailand, Ceylon und Tansania. Die wichtigsten Vorkommen liegen in Oberbirma in der Nähe von Mogok. Die rubinführende Schicht, mehrere Meter unter der Oberfläche, wird mittels Schurfgräben und Schächten abgebaut. Nur etwa 1% der Ausbeute angeblich für Schmuckzwecke geeignet. Die Rubine sind oft taubenblutfarbig; sie gelten als die wertvollsten Rubine überhaupt. Große Steine sehr selten. Begleitmineralien sind Beryll, Chrysoberyll, Granat, Mondstein, Saphir, Spinell, Topas, Turmalin, Zirkon.

Die thailändischen Rubine haben meist einen Stich ins Bräunliche. Sie werden südöstlich von Bangkok im Bezirk Chantabun aus tonigen Schottern gewonnen. Bis 8 m tief sind die Förderschächte.

In Ceylon liegen die Lagerstätten im Südwesten der Insel im Gebiet von Ratnapura. Die Rubine aus diesen Seifen (nach der Eingeborenensprache »Illam« genannt) sind überwiegend hellrot bis himbeerrot. Teilweise Gewinnung der Rubine in Fließgewässern aus den Kiesen und Sanden der Flußsohle.

Seit den fünfziger Jahren wird in Tansania ein dekoratives, grünes Gestein (Zoisit-Amphibolit) mit recht großen, wenn auch meist undurchsichtigen Rubinen abgebaut [S. 161, Nr. 12,14]. Nur vereinzelt Kristalle schleifwürdig. – Neuerdings Rubine auch am Oberlauf des Umbaflusses (im Nordosten des Landes) gewonnen. Sie sind von violetter bis braunroter Farbe.

Lagerstätten von geringerer Bedeutung gibt es in Afghanistan, Australien (Queensland), Brasilien, Kambodscha, Kenia, Madagaskar, Malawi, Pakistan, Simbabwe und den USA (Montana, Nord-Carolina). Kleine Rubin- und Saphirlagerstätten gibt es auch in der Schweiz (Tessin) und in Norwegen.

Der Rubin gehört zu den teuersten Edelsteinen. Große Rubine sind seltener als vergleichbare Diamanten. Der größte schleifwürdige Rubin wog 400 ct, er wurde in Birma gefunden und in drei Teile zerlegt. Berühmte Steine von auserlesener Schönheit sind der Edward-Rubin (167 ct) im British Museum of Natural History/London, Reeves' Sternrubin (138,7 ct) im Smithsonian Institut/Washington, der De Long-Sternrubin (100 ct) im American Museum of Natural History/New York, der Friedens-Rubin (Peace Ruby, 43 ct), so genannt, weil er 1919, also am Ende des 1. Weltkrieges, gefunden wurde. Zahlreiche Rubine sind Glanzstücke in Krönungsinsignien und anderem Schmuck der Fürstenhäuser. Doch auch so mancher Edelstein, der für einen Rubin gehalten wurde, entpuppte sich bei neueren Untersuchungen als Spinell, wie der »Black Prince's Ruby« in der englischen Krone und der »Timur Ruby« in einer Halskette der englischen Kronjuwelen. Auch die tropfenförmigen Spinelle in der Wittelsbacher Krone von 1830 galten als Rubine.

Heute werden die Rubine meist schon in den Fundländern geschliffen. Da man hier jedoch bestrebt ist, ein möglichst hohes Gewicht zu behalten, sind die Proportio-

Edelsteinschürfen in Fließgewässern, Ceylon

nen nicht immer zufriedenstellend, so daß viele Steine in europäischen Schleifereien nachgearbeitet werden müssen. Durchsichtige Qualitäten erhalten Treppen- und Brillantschliff, weniger transparente Steine Cabochonschliff.

Zahlreiche Nachahmungen auf dem Markt, besonders Glasimitationen und Dubletten aus Granatoberteil und Glasunterteil oder Oberteil aus natürlichem Saphir und Unterteil aus synthetischem Rubin. Es gibt viele irreführende Bezeichnungen, z. B. Balasrubin (= Spinell), Kaprubin (= Granat), Sibirischer Rubin (= Turmalin). – Verwechslungsmöglichkeit mit Almandin (S. 104), Fluorit (S. 198), Hyacinth (S. 108), Pyrop (S. 104), Spinell (S. 100), Topas (S. 102), Turmalin (S. 110), Zirkon (S. 108).

Seit Anfang dieses Jahrhunderts gibt es synthetische Schmuckstein-Rubine (S. 66), die in den chemischen, physikalischen, insbesondere auch den optischen Eigenschaften den natürlichen gleichen. An den Einschlüssen sind sie jedoch zu erkennen wie auch daran, daß sie im Unterschied zu den natürlichen Rubinen kurzwelliges ultraviolettes Licht durchlassen. Für Uhren und als Lagersteine, einst größte Bedeutung in der technischen Verwendung, werden nur noch synthetische Rubine verwendet.

Saphir Korund-Gruppe

Farbe: blau in verschiedenen Tönungen, farblos, rosa, orange, gelb, grün, violett, schwarz
Strichfarbe: weiß
Mohshärte: 9
Spez. Gewicht: 3,99–4,00
Spaltbarkeit: keine
Bruch: kleinmuschelig, uneben, splittrig
Kristalle: (trigonal) doppelseitig zugespitzt, tonnenförmig, sechseitige Pyramiden, taflig
Chemie: Al_2O_3 Aluminiumoxid

Transparenz: durchsichtig, undurchs.
Lichtbrechung: 1,766–1,774
Doppelbrechung: – 0,008
Dispersion: 0,018
Pleochroismus: blauer S. deutlich: tiefblau, grünlichblau;
gelber S. schwach: gelb, hellgelb;
grüner S. schwach: grüngelb, gelb;
violetter S. deutlich: violett, hellrot
Absorption: blauer S. von Ceylon: 4710, 4600, 4550, 4500, 3790;
gelber S.: 4710, 4600, 4500;
grüner S.: 4710, 4600–4500
Fluoreszenz: blauer S.: (violett) keine;
gelber S. von Ceylon schwach: orange;
farbloser S.: orangegelb oder violett

Der Name Saphir (gr. »blau«) wurde früher für verschiedene Steine verwendet. In der Antike – und teilweise bis ins Mittelalter hinein – verstand man unter Saphir meist den heutigen Lapislazuli. Um 1800 wurde erkannt, daß Saphir und Rubin Edelsteinqualitäten des Korunds darstellen. Zunächst erhielt nur die blaue Varietät den Namen Saphir, andersfarbige Korunde (außer rot) wurden mit speziellen, teilweise irreführenden Namen belegt, wie z. B. »orientalischer Peridot« für die grüne Varietät oder »orientalischer Topas« für den gelben Korund. Heute versteht man unter Saphir alle nicht roten Korunde mit Edelsteinqualität. Rote Varietäten heißen Rubin (S. 82). Die verschiedenen Farben des Saphirs werden jetzt durch ein qualifizierendes Wort gekennzeichnet, z.B. grüner Saphir oder gelber Saphir. Der Name Saphir ohne Zusatz meint immer nur den blauen Korund. Farbloser Saphir heißt auch Leukosaphir (gr. »weiß«), orangegelber Saphir Padparadscha (Singhalesisch »Lotosblüte«) [7].

Eine scharfe Abgrenzung zwischen beiden Varietäten Saphir und Rubin besteht nicht. Lichtrote, rosa oder violette Korunde werden im allgemeinen zu den Saphiren gestellt, denn hier haben sie im Vergleich zu den anderen Farben einen eigenständigen Wert, in der Gruppe der Rubine würden sie zu den minderen Qualitäten gezählt. Farbgebende Substanz sind beim blauen Saphir Eisen und Titan, beim violetten Vanadium. Ein geringer Eisengehalt bewirkt die gelben und grünen Töne, Chrom rosa Farben. Am meisten geschätzt ist ein reines Kornblumenblau.

Die Härte ist gleich hoch wie beim Rubin und nach einzelnen Richtungen ebenso deutlich verschieden (wichtig beim Schleifen!). Eine für alle Saphire gültige charakteristische Fluoreszenz gibt es nicht. Sie ist vielmehr nach Farbe und Lagerstätte verschieden. – Weitere Ausführungen S. 88.

---

1 Saphir, Oval, 5,73 ct, Thailand
2 Sternsaphir, 9,46 ct, Birma
3 Saphir, Brillantschliff, 2,81 ct
4 Saphir, sechsmal facettiert, zusammen 2,34 ct, Tansania
5 Saphir, oval, 1,62 ct, Ceylon
6 Saphir, Tropfenform, 6,09 ct
7 Saphir, gelb, sog. Padparadscha, 11,32 ct, Ceylon
8 Saphir, Antik, 5,18 ct
9 Saphir, Antik, 3,74 ct
10 Saphir, fünf Kristallformen

Die Abbildungen sind gegenüber den Originalen um 30% vergrößert.

Saphir Fortsetzung von S. 86

Einlagerungen von Rutilnadeln bewirken seidigen Glanz, in größerer Menge Katzenaugeneffekt oder einen sechsstrahligen Stern: Sternsaphir [2]. Nach anderer Auffassung sind es im Gegensatz zum Rubin keine Rutilnadeln, die den Asterismus besorgen, sondern sich in drei Richtungen kreuzende Hohlkanäle.
Muttergestein der Saphire sind Marmor, Basalt oder Pegmatit. Die Gewinnung erfolgt überwiegend auf alluvialen Vorkommen oder Verwitterungslagerstätten, seltener im anstehenden Gestein. Ausbeutungsmethoden außerordentlich einfach. Von Hand gegrabene Löcher oder abgetragene Hänge ermöglichen den Abbau der in der Tiefe liegenden edelsteinführenden Schicht. Die Trennung von Ton, Sand und Kies erfolgt durch Auswaschen der Edelsteine auf Grund ihres höheren spezifischen Gewichts. Die letztliche Auslese geschieht von Hand. – Der Saphir ist viel weiter verbreitet als sein Bruderstein Rubin, weil die farbgebenden Substanzen bei ihm (besonders Eisen) häufiger vorhanden sind als beim Rubin (nämlich Chrom).
Die gegenwärtig wirtschaftlich bedeutenden Saphir-Lagerstätten liegen in Australien, Birma, Ceylon und Thailand.
Australische Vorkommen in Queensland seit 1870 bekannt. Muttergestein ist Basalt; aus dessen Verwitterungsschutt werden die Saphire ausgewaschen. Die Qualität ist bescheiden. Bei künstlichem Licht sind die sonst tiefblauen Steine tintenfarbig, blaugrün bis nahezu schwarz. Auch hellere Qualitäten zeigen einen Stich ins Grünliche. Neuerdings werden schwarze Sternsaphire gewonnen. Begleitmineralien sind Pyrop, Quarz, Topas, Turmalin, Zirkon. – Seit 1918 Funde in Neu-Südwales mit guten blauen Qualitäten. In den letzten Jahren sollen diese Lagerstätten sehr ergiebig geworden sein.
In Oberbirma bei Mogok alluviale Lagerstätten ausgebeutet, die neben Saphir auch Rubin und Spinell enthalten. Muttergestein ist ein Pegmatit. 1966 wurde hier der größte Sternsaphir gefunden, ein Kristall von 63 000 Karat (= 12,6 kg).
Seit der Antike werden in Ceylon Saphire gewonnen. Die Lagerstätten befinden sich im Südwesten der Insel, im Gebiet von Ratnapura. Muttergestein ein dolomitisierter Kalkstein, der in Granit bzw. Gneis eingelagert ist. Ausgebeutet werden 30–60 cm mächtige Flußgeröll-Seifen (nach der Eingeborenensprache »Illam« genannt) in 1 bis 10 m Tiefe. Saphire sind meist hellblau, oft mit Stich ins Violette. Daneben gibt es auch gelbe und orange Varietäten (wie Padparadscha) sowie grüne, rosa, braune und fast farblose Steine, außerdem Sternsaphire und Saphir-Katzenaugen. Viele Begleitmineralien: Apatit, Cordierit, Epidot, Granat, Mondstein, Quarz, Rubin, Sinhalit, Spinell, Topas, Turmalin, Zirkon.
In Thailand zwei Saphir-Lagerstätten: eine (Bang-Kha-Cha) liegt bei Chantabun, 220 km südöstlich von Bangkok, die andere (Bo Ploi) bei Kanchanaburi, 120 km nordwestlich von Bangkok. Muttergestein ist Marmor bzw. Basalt, ausgebeutet werden Seifen- oder Verwitterungslagerstätten. Begleitmineralien: Granat, Rubin, Spinell, Zirkon. Gute, verschiedenfarbige Qualitäten, auch Sternsaphire. Die blauen Saphire haben tiefe Farbe, neigen allerdings zu Blaugrün.
Die begehrtesten Saphir-Qualitäten kamen früher aus Kaschmir/Indien, wo sich die Lagerstätten in 5000 m Höhe im Zaskar-Gebiet, 200 km südöstlich von Srinagar, befinden. Seit 1880 sind sie mit unterschiedlichem Erfolg ausgebeutet. Jetzt scheinen die Vorkommen erschöpft. Muttergestein ist ein stark kaolinisierter Pegmatitgang in kristallinen Schiefern. Dessen Verwitterungsschutt liefert Saphire in tiefem Kornblumenblau, oft mit seidigem Schimmer. – Die heute als Kaschmir-Saphire angebotenen Steine kommen meist aus Birma.

88

Waschen der Edelsteinerde

1894 wurden Saphirlagerstätten in Montana/USA entdeckt. Muttergestein ist ein Andesitgang. Gewinnung der Edelsteine erfolgt durch Abbau des Muttergesteins wie auch des Verwitterungschuttes. Farbe der Saphire sehr unterschiedlich, oft blaßblau oder stahlblau. Abbau Ende der zwanziger Jahre eingestellt.
Weitere Lagerstätten gibt es in Brasilien (Mato Grosso), Kambodscha (im Westen), Kenia, Malawi, Simbabwe, neuerdings in Nigeria und Tansania (im Norden). Vereinzelt wurden auch in Finnland (Lappland) Sternsaphire gefunden.
Große Saphire sind Raritäten. Sie werden teilweise mit eigenen Namen belegt wie berühmte Diamanten. Das American Museum of Natural History/New York besitzt den »Stern von Indien«, wohl den größten geschliffenen Sternsaphir (536 ct), außerdem den »Mitternacht-Stern«, einen schwarzen Sternsaphir (116 ct). Der »Stern von Asien«, ein Sternsaphir von 330 Karat wurde vom Smithsonian Institut/Washington erworben. Zwei berühmte Saphire (St. Edward's- und Stuart-Saphir) befinden sich im englischen Kronschatz. In den USA wurden aus drei je etwa 2000 Karat großen Saphiren Skulpturen mit den Köpfen der US-Präsidenten Washington, Lincoln und Eisenhower geschnitten.
Verwechslungsmöglichkeit besteht mit zahlreichen Edelsteinen. Der blaue Saphir hat Ähnlichkeit mit Benitoit (S. 184), Cordierit (S. 180), Kyanit (S. 196), Spinell (S. 100), Tansanit (S. 160), Topas (S. 102), Turmalin (S. 112), Zirkon (S. 108), ebenso mit blauem Glas. – Im Handel gibt es viele irreführende Namen.
Dubletten: Blaues Kobaltglas und dünne Granatauflage als Tafel. Auch Oberteil aus grünlichem Saphir und Unterteil aus synthetischem blauem Saphir. Neuerdings Dubletten aus zwei kleinen natürlichen Saphiren.
Nachahmung von Sternsaphiren durch Verwendung von Sternrosenquarz, dem auf flacher Unterseite blauer Email aufgeklebt wird oder indem auf glatter Unterseite von synthetischem Cabochon oder Glas Sterne eingeritzt werden.
Anfang dieses Jahrhunderts wurde synthetischer Saphir mit Eigenschaften, die dem natürlichen sehr gleichen, gezüchtet. Seit 1947 sind auch synthetische Sternsaphire von Schmuckqualität bekannt.

Smaragd Beryll-Gruppe

Farbe: smaragdgrün, hellgrün, gelblich-grün, dunkelgrün
Stichfarbe: weiß
Mohshärte: $7^1/_2-8$
Spez. Gewicht: 2,67–2,78
Spaltbarkeit: unvollkommen
Bruch: kleinmuschelig, uneben, spröde
Kristalle: (hexagonal) sechsseitige Prismen, stengelig
Chemie: $Al_2Be_3[Si_6O_{18}]$
Aluminium-Beryllium-Silicat

Transparenz: durchsichtig bis undurchsichtig
Lichtbrechung: 1,576–1,582
Doppelbrechung: – 0,006
Dispersion: 0,014
Pleochroismus: deutlich: grün, blaugrün bis gelbgrün
Absorption: 6835, 6806, 6620, 6460, 6370, (6060), (5940), 6300–5800, 4774, 4725
Fluoreszenz: meist keine

Der Name Smaragd kommt aus dem Griechischen (smaragdos), geht aber vielleicht auf Persisch oder Altindisch zurück. Er bedeutet »grüner Stein«. Im Altertum sicherlich nicht nur der Smaragd, sondern mehrere, wahrscheinlich alle damals bekannten grünen Edelsteine so bezeichnet.

Smaragd gehört mit Aquamarin und Beryll zur Beryll-Gruppe. Er gilt als Edelster in dieser Runde. Sein Grün ist so unvergleichbar, daß man diesen Farbton eigenständig als »Smaragdgrün« (auch außerhalb der Mineralienkunde) bezeichnet. Farbgebende Substanz ist Chrom, mitunter Vanadium. Gegen Licht und Hitze ist die Farbe sehr beständig, sie wird erst bei 700–800° C verändert.

Durchsichtigkeit nur bei allerfeinsten Qualitäten. Oft ist der Smaragd getrübt durch irgendwelche Einschlüsse (Flüssigkeiten, Gasblasen, Heilungsrisse, andere Kristalle). Diese gelten nicht unbedingt als Fehler, wenn sie keinen zu großen Anteil haben, sondern sind ein Nachweis für die Echtheit des Steins gegenüber Synthesen und anderen Imitationen. Der Fachmann bezeichnet sie als »Jardin« (frz. »Garten«).

Am begehrtesten ein tiefes Grün, das selbst mit Einschlüssen wertvoller als eine blasse und nahezu lupenreine Qualität ist. Farbverteilung oft unregelmäßig, gefleckt oder gestreift. Allgemein Glasglanz.

Die physikalischen Daten, insbesondere spezifisches Gewicht, Licht- und Doppelbrechung wie auch Pleochroismus, sind je nach Lagerstätte etwas verschieden. Gemeinsam ist eine gewisse Sprödigkeit. Sie macht den Smaragd in Verbindung mit häufig auftretenden Spannungsrissen druckempfindlich und mahnt zur Vorsicht beim Erhitzen. Außer gegen Flußsäure sonst gegen Chemikalien unempfindlich.

Smaragde entstehen im Zusammenwirken von aufdringendem Magma und metamorphen Gesteinsumwandlungen. Lagerstätten finden wir deshalb in Pegmatitgängen oder in deren Nähe.

Die Gewinnung erfolgt fast nur aus dem Muttergestein, wo der Smaragd in kleinen Gängen eingewachsen oder an den Wänden von Hohlräumen aufgewachsen ist. Alluviale Seifen kaum möglich, da das spezifische Gewicht ähnlich dem des Quarzes ist. Sekundäre Vorkommen daher nur Verwitterungslagerstätten.

Weitere Ausführungen S. 92.

---

1 Smaragd in Muttergestein
2 Smaragd, Oval, 0,91 ct, Kolumbien
3 Smaragd, zwei Tropfen, zus. 1,59 ct
4 Smaragd, zweimal Achteck
5 Smaragd, Antik, 4,14 ct, Südafrika
6 Smaragd, Oval, 1,27 ct
7 Smaragd, Cabochon, 5,24 ct
8 Smaragd, Cabochon, 4,26 ct
9 Smaragd, Cabochon, 3,11 ct
10 Smaragd, Kristall-Stufe, Brasilien

Smaragd Fortsetzung von S. 90

Die bedeutendsten Lagerstätten gibt es in Kolumbien. Wichtigster Fundort ist die Mine von Muzo, 100 km nordwestlich von Bogotá. Schon von den Inkas ausgebeutet, dann in Vergessenheit geraten, im 17. Jahrhundert wiederentdeckt. Die Mine liefert mitunter feinste Qualitäten von tiefgrüner Farbe. Der Abbau erfolgt neben Stollenbetrieb vornehmlich in stufenförmigen Terrassen über Tage. Mit Stangen wird das smaragdführende, weiche zerbrochene Gestein gelockert und von Hand verlesen. – Muttergestein ist ein schwarzer Kalkschiefer. Begleitmineralien: Albit, Apatit, Aragonit, Baryt, Calcit, Dolomit, Fluorit, Pyrit.

Eine andere bedeutende Lagerstätte, die Mine von Chivor, liegt nordöstlich von Bogotá an einem Berghang in 2300 m Höhe. Auch sie wurde schon von den Inkas genutzt, dann von den Spaniern intensiv ausgebeutet, 1675 aber geschlossen; allmählich ist sie in Vergessenheit geraten, um die Jahrhundertwende jedoch wiederentdeckt. Muttergestein sind grauschwarze Schiefer und graue Kalke. Neben terrassenförmigem Tagebau seit wenigen Jahren auch Stollenbetrieb.

In den letzten Jahrzehnten sind weitere Vorkommen in Kolumbien bekannt geworden, u. a. eine sekundäre Lagerstätte (Gachala) in der Nachbarschaft von Chivor.

Der kolumbische Staat versucht zwar eine Kontrolle über den Verkauf der Smaragde, der allergrößte Teil der Produktion soll jedoch auf illegalen Wegen den Markt erreichen. – Nur ein Drittel der Funde ist schleifwürdig; beste Qualitäten selten. Steine über Nußgröße meist minderwertig oder quergebrochen.

In Brasilien mehrere Lagerstätten in Bahia, außerdem in Goyaz und Minas Gerais. Die Steine sind meist heller als die von Kolumbien, vorwiegend grüngelb, jedoch weitgehend frei von Einschlüssen. Neuerdings Funde mit besten Farbqualitäten.

Seit der zweiten Hälfte der fünfziger Jahre werden Smaragd-Lagerstätten in Simbabwe ausgebeutet. Am bedeutendsten ist die Sandawana-Mine im Süden des Landes. Die Kristalle sind zwar klein, aber von guter Qualität. Muttergestein ist ein Hornblendeschiefer.

Im nördlichen Transvaal/Südafrika werden Smaragde mit modernen Methoden und großem Maschineneinsatz gewonnen (Cobra- und Somerset-Mine). Nur 5 % der Produktion ist von guter Qualität. Die meisten Steine sind hell oder trübe und nur für Cabochonschliff geeignet.

Um 1830 wurden im Ural nördlich von Swerdlowsk Smaragd-Lagerstätten entdeckt. Muttergestein ist ein von Talk und Chlorit durchsetzter Biotitglimmerschiefer. Nur vereinzelt gute Qualitäten, die meisten Steine undurchsichtig, trüb und leicht gelblichgrün. Anfänglich hohe Erträge, gegenwärtig Minen außer Betrieb.

Weitere Smaragd-Vorkommen von untergeordneter Bedeutung in Mozambique, Sambia, Tansania, Indien, Pakistan, Australien (Neu-Südwales, Westaustralien) und USA (Connecticut, Maine, Nord-Carolina). Die Smaragd-Minen der ägyptischen Königin Kleopatra (um 50 v. Chr.) östlich von Assuan in Oberägypten haben nur historischen Wert.

Bekannt sind die österreichischen Smaragd-Vorkommen des Habachtales im Salzburgischen. Muttergestein ist ein Biotithornblendeschiefer. Nur für Mineraliensammler von Interesse, selten schleifwürdiges Material. Steine meist trüb, Farbqualität sonst gut. – Einzelne Smaragdfunde soll es auch in Norwegen 50 km nördlich von Oslo bei Eidsvoll geben.

Es sind viele große Smaragde bekannt, die an Wert und Berühmtheit den Diamanten und Rubinen nicht nachstehen. Im British Museum of Natural History/London, im American Museum of Natural History/New York, im Staatsschatz der

Moderne Smaragdmine in Südafrika

UdSSR sowie im persischen Kronschatz werden Prachtexemplare von mehreren hundert Karat aufbewahrt. Kleinod der Wiener Schatzkammer ist ein 12 cm hoher Salbenkrug von 2205 Karat, der aus einem einzigen Smaragd-Kristall geschnitten wurde.

Wegen der Empfindlichkeit gegen Stoßbeanspruchung wurde für den Smaragd ein Treppenschliff entwickelt, bei dem die vier Ecken durch Facetten abgestumpft sind (sog. Smaragdschliff). Klare durchsichtige Qualitäten auch mit Brillantschliff versehen. Trübe Steine nur für Cabochons oder als Kugeln für Halsketten geeignet. Mitunter Smaragde in natürlicher Kristallform getragen. Gelegentlich werden Gravierungen in Smaragd ausgeführt.

Verwechslungsmöglichkeit mit Demantoid (S. 106), Diopsid (S. 190), Dioptas (S. 194), Grossular (S. 106), Hiddenit (S. 114), Peridot (S. 158), grünem Turmalin (S. 110), Uwarowit (S. 106).

Zahlreiche Dubletten im Handel. Meist zwei echte farbschwache Steine (Bergkristall, Aquamarin, Beryll oder blasser Smaragd) mit smaragdgrüner Klebemasse verbunden. Unterteil kann auch Glas oder synthetischer Spinell sein. Die natürlichen Steine des Oberteils vermitteln durch ihre Einschlüsse und Härte den Charakter der Echtheit. In gefaßtem Schmuckstück sind Dubletten schwer zu erkennen.

Erste Smaragd-Synthese gelang 1848 einem Franzosen. Seit der Jahrhundertwende wurden verschiedene Verfahren entwickelt, ab den fünfziger Jahren kommerzielle Produktion mit ausgezeichneter Qualität. Wichtige Unterscheidungshilfe bietet ultraviolettes Licht. Synthetische Smaragde sind für kurzwelliges UV durchlässig, natürliche nicht. – Auch Steine mit einem Überzug aus synthetischem Smaragd sowie reine Glasimitationen auf dem Markt.

Aquamarin Beryll-Gruppe

Farbe: hellblau, blau, blaugrün
Strichfarbe: weiß
Mohshärte: 7¹/₂−8
Spez. Gewicht: 2,67−2,71
Spaltbarkeit: unvollkommen
Bruch: muschelig, uneben, spröde
Kristalle: (hexagonal) sechsseitige Prismen, langsäulig
Chemie: $Al_2Be_3[Si_6O_{18}]$
Aluminium-Beryllium-Silicat

Transparenz: durchsichtig bis undurchsichtig
Lichtbrechung: 1,577−1,583
Doppelbrechung: −0,006
Dispersion: 0,014
Pleochroismus: deutlich: fast farbloshellblau, blau-himmelblau
Absorption: 5370, 4560, 4270
Maxixe-A.: 6540, 6280, 6150, 5810, 5500
Fluoreszenz: keine

Der Aquamarin gehört mit dem Smaragd und Beryll zur Beryll-Gruppe. Name (lat.»Wasser des Meeres«) wegen der Meerwasserfarbe. Gilt als Glücksstein der Seeleute. Am begehrtesten ist ein tiefes Blau. Durch Erhitzen auf über 400° C erhalten ursprünglich mindere Farbqualitäten das gewünschte Aquamarinblau. Aquamarin ist spröde und druckempfindlich! Farbverteilung gleichmäßiger und Durchsichtigkeit häufiger als bei Smaragd. Farbgebende Substanz ist Eisen. Typische Einschlüsse: feine Hohlkanäle, an denen mitunter das Licht weiß reflektiert wird. Sind solche Wachstumsröhren in großer Zahl vorhanden, ist Katzenaugeneffekt oder auch Asterismus mit sechsstrahligem Stern möglich.

Durch Beimengung von Fremdstoffen Schwankungen der physikalischen Eigenschaften. Deutlich andere Daten hat der einst bekannte Maxixe-Aquamarin aus Brasilien, der jetzt allerdings kaum noch gehandelt wird, weil sich seine Farbe unter dem Einfluß des Tageslichts angeblich verschlechtert.

Aquamarin-Lagerstätten in allen Kontinenten; am bedeutendsten die Vorkommen von Brasilien (Minas Gerais, Bahia, Esperito Santo, Goyaz). Muttergestein sind Pegmatite und grobkörnige Granite. In Madagaskar zahlreiche Fundstellen im inneren Hochland. Die einst bekannten Lagerstätten Rußlands im Ural und in Transbaikalien scheinen erschöpft zu sein.

Andere Vorkommen: Afghanistan, Australien (Neu-Südwales), Birma, Ceylon, Indien, Kenia, Mozambique, Nigeria, Sambia, Simbabwe, Südafrika, Namibia, Tansania, USA (Colorado, Connecticut, Kalifornien, Maine, Nord-Carolina).

Große Kristalle sind verhältnismäßig häufig. Der größte Aquamarin von schleifwürdiger Qualität wurde 1910 in Marambaya/Minas Gerais (Brasilien) gefunden. Er wog 110,5 kg, maß 48,5 cm in der Länge und 41−42 cm Durchmesser. Viele Edelsteine wurde aus ihm geschnitten. Zwar gibt es auch Funde von einigen Tonnen, aber diese Aquamarine sind undurchsichtig und grau, für Edelsteine nicht zu verwenden. − Treppen- und Scherenschliff mit rechteckigen und lang-ovalen Formen werden bevorzugt.

Verwechslungsmöglichkeit mit Euklas (S. 178), Kyanit (S. 196), Topas (S. 102), Turmalin (S. 110), Zirkon (S. 108) und Glasimitationen.

Synthetischer Aquamarin ist zwar herstellbar, aber unwirtschaftlich. Der im Handel angebotene synthetische Aquamarin ist in Wirklichkeit ein aquamarinfarbener synthetischer Spinell.

---

1 Aquamarin, Achteckt, 72,46 ct
2 Aquamarin, Achteckt, 17,41 ct
3 Aquamarin, Antik, 45,38 ct
4 Aquamarin, Navette, 25,58 ct

5 Aquamarin, Antik, 18,98 ct
6 Aquamarin, Briolett, 6,65 ct
7 Aquamarin, Kristall, 68,5 mm, 45 g
8 Aquamarin, drei Kristalle, zus. 77 g

Beryll Beryll-Gruppe, Synonym: Edelberyll

Farbe: goldgelb, gelbgrün, gelb, rosa, farblos
Strichfarbe: weiß
Mohshärte: 7½–8
Spez. Gewicht: 2,65–2,75
Spaltbarkeit: keine
Bruch: muschelig, spröde
Kristalle: (hexagonal) sechsseitige Prismen, langsäulig
Chemie: $Al_2Be_3[Si_6O_{18}]$
Aluminium-Beryllium-Silicat

Transparenz: durchsichtig – undurchsichtig
Lichtbrechung: 1,570–1,600
Doppelbrechung: – 0,006 bis –0,009
Dispersion: 0,014
Pleochroismus: Goldberyll schwach: zitronengelb, gelb;
Helidor schwach: goldgelb, grüngelb;
Morganit deutl.: blaßrosa, bläulichrosa;
grüner B. deutlich: gelbgrün, blaugrün
Absorption: nicht auswertbar
Fluoreszenz: Morganit schwach: lila

Der Beryll als Edelstein umfaßt jene Varietäten der Beryll-Gruppe, die nicht smaragdgrün (S. 90) und nicht aquamarinblau (S. 94) sind. Der Name kommt aus dem Griechischen (beryllos), wahrscheinlich indischen Ursprungs, Bedeutung nicht bekannt. Unser Wort »Brille« ist daraus entstanden, weil im Altertum aus dem farblosen Beryll Augengläser gefertigt wurden. – Edelberyll teils Synonym für den obengenannten Beryll, andererseits Oberbegriff für alle edlen Steine aus der Beryll-Gruppe. Farbvarietäten im Handel mit speziellen Namen belegt. Allen gemeinsam: unempfindlich gegen Chemikalien, außer Flußsäure; spröde und daher druckgefährdet; lebhafter Glasglanz. – Vorkommen mit Aquamarin.

Bixbit [3]   stachelbeerroter Beryll. Bedeutung des Wortes unbekannt. Wird von Wissenschaftlern als eigenständige Varietät abgelehnt.

Goldberyll [1]   gelber Beryll; Farbe schwankt zwischen zitronengelb und goldgelb. Farbgebende Substanz wahrscheinlich Eisen. Selten Einschlüsse. Bei 250° C tritt Entfärbung ein. Wichtigste Lagerstätten: Ceylon, Namibia.

Goshenit [5]   farbloser Beryll. Benannt nach Fundort Goshen in Massachusetts/USA. Dient als Imitation für Diamant und Smaragd, indem silberne bzw. grünfarbige Metallfolien dem geschliffenen Stein unterlegt werden.

Heliodor [2, 6]   hellgelbgrüner Beryll (gr. »Geschenk der Sonne«). 1910 angeblich in Namibia entdeckt, gleichfarbige Steine aber schon früher aus Brasilien und Madagaskar bekannt. Uranoxid farbgebende Substanz.

Morganit [4]   zart rosafarbener bis violetter Beryll, auch Rosaberyll genannt. Name nach dem Mineraliensammler J. P. Morgan in den USA. Spez. Gewicht zwischen 2,80 und 2,90. Mindere Farbqualitäten können durch Brennen bei über 400° C verbessert werden. Bedeutendste Vorkommen in Brasilien (Minas Gerais), Madagaskar, Mozambique, Simbabwe, Namibia, USA (Kalifornien).

Grünlicher Beryll im Handel als Aquamarin (S. 94) bezeichnet, weil er durch Erhitzen bei 400–450° C zu einem aquamarinfarbenen Stein übergeführt wird. Verwendung der Berylle besonders mit Treppenschliff. Bei undurchsichtigen Varietäten auch Katzenaugeneffekt und Asterismus. – Wegen des großen Farbenreichtums Verwechslung mit vielen Edelsteinen möglich. Dubletten bekannt.

---

1 Goldberyll, Antik, 28,36 ct
2 Heliodor, Antik, 45,24 ct
3 Bixbit, Antik, 49,73 ct
4 Morganit, Antik, 23,94 ct
5 Goshenit, Navette, 25,58 ct
6 Heliodor, Oval, 29,79 ct
7 Beryll, zwei Kristalle, zus. 32,5 g
8 Morganit, Rohstück, 24,5 g

Chrysoberyll

Farbe: goldgelb, grüngelb, bräunlich
Strichfarbe: weiß
Mohshärte: 8½
Spez. Gewicht: 3,70–3,72
Spaltbarkeit: unvollkommen
Bruch: schwach muschelig
Kristalle: (rhombisch) dicktaflig,
Durchwachsungsdrillinge
Chemie: Al$_2$[BeO$_4$] Beryllium-Aluminat

Transparenz: durchsichtig
Lichtbrechung: 1,744–1,755
Doppelbrechung: +0,011
Dispersion: 0,015
Pleochroismus: sehr schwach:
  rot-gelb, gelb-hellgrün, grün
Absorption: 5040, 4950, 4850, 4450
Fluoreszenz: im allgemeinen keine;
  grüner Ch. schwach: dunkelrot

Chrysoberyll (gr. »Gold«) ist seit der Antike bekannt, heute sind die Varietäten Alexandrit und Chrysoberyll-Katzenauge besonders geschätzt. Hauptvorkommen des eigentlichen Chrysoberyll [3, 9, 10] auf Seifen in Brasilien (Minas Gerais, Minas Novas) und Ceylon; außerdem in Oberbirma, Madagaskar, Simbabwe, Rußland (Ural). Verwendung besonders mit Treppen-, Ceylon- und Brillantschliff. Berühmt ist der makellose Hope-Chrysoberyll, ein hellgrüner, facettierter Stein von 45 ct. – Verwechslungsmöglichkeit mit Andalusit (S. 178), Brasilianit (S. 190), Goldberyll (S. 96), Hiddenit (S. 114), Peridot (S. 158), Saphir (S. 86), Sinhalit (S. 186), Skapolith (S. 188), Spinell (S. 100), synth. Spinell (S. 66), Topas (S. 102), Turmalin (S. 110), Zirkon (S. 108).

Alexandrit [5–8] (nach Zar Alexander II.) gehört zu den begehrtesten Edelsteinen überhaupt. Bei Tageslicht ist er grün, abends bei Kunstlicht rot. Dickere Steine zeigen den Farbwechsel am besten. Eine Rarität ist Alexandrit-Katzenauge. Bei Verarbeitung gewisse Vorsicht, druckempfindlich, bei großer Hitze Farbveränderung, von Laugen angreifbar.

Die einstigen Lagerstätten des Urals sind erschöpft. Heutige Hauptvorkommen auf Seifen von Ceylon und Simbabwe; weitere Lagerstätten in Birma, Brasilien, Madagaskar, Tasmanien, USA. – Der größte Stein mit 1876 ct wurde in Ceylon gefunden, der größte geschliffene Alexandrit wiegt 66 ct und befindet sich im Smithsonian-Institut in Washington. – Verwechslungsmöglichkeit mit synth. Korund, der ein schlechtes Tages-Grün, jedoch ein gut himbeerfarbiges Lampenlicht-Rot zeigt. Daneben gibt es Dubletten mit gutem Farbwechsel: oben roter Granat, unten grünes Glas.

Chrysoberyll-Katzenauge [2, 4] (Synonym: Cymophan oder Kymophan, gr. »wogender Schein«) ist eine attraktive Varietät. Feine parallel angeordnete Hohlkanäle bewirken eine silberweiße Lichtlinie, die bei einem mugelig geschliffenen Stein wogende Lichteffekte hervorruft. Chrysoberyll-Katzenauge hat den Namen von diesem Lichtschein, der an die schlitzartige Pupille einer Katze erinnert. Unter der Kurzform »Katzenauge« ist immer nur Chrysoberyll-Katzenauge gemeint, alle anderen Katzenaugen müssen durch Zusatz genauer kenntlich gemacht werden. – Vorkommen in Ceylon und Brasilien, auch China. Seit 1980 Synthesen auf dem Markt. – Verwechslungsmöglichkeit mit Quarz-Katzenauge (S. 124).

---

1 Chrysoberyll in Muttergestein
2 Chrysoberyll-Katzenauge, 24,09 ct
3 Chrysoberyll, 3,36 und 2,23 ct
4 Chrysoberyll-Katzenauge, 4,33 ct
5 Alexandrit bei Tages- und Kunstlicht
6 Alexandrit, Oval, 0,80 ct
7 Alexandrit-Durchwachsungsdrilling
8 Alexandrit-Katzenauge, 2,48 ct
9 Chrysoberyll, Oval, 9,24 ct
10 Chrysoberyll, Antik, 2,11 ct
11 Crysoberyll-Kristall
12 Chrysoberyll in Muttergestein

Spinell

Farbe: rot, rosa, violett, gelb, orange, blau, dunkelgrün, schwarz
Strichfarbe: weiß
Mohshärte: 8
Spez. Gewicht: 3,58–3,61
Spaltbarkeit: unvollkommen
Bruch: muschelig, unregelmäßig
Kristalle: (kubisch) Oktaeder, Zwillinge, Rhombendodekaeder
Chemie: $Mg[Al_2O_4]$
Magnesium-Aluminat

Transparenz: durchsichtig
Lichtbrechung: 1,712–1,736
Doppelbrechung: keine
Dispersion: 0,026
Pleochroismus: fehlt
Absorption: roter Sp.: 6855, 6840, 6750, 6650, 6560, 6500, 6420, 6320, 5950 – 4900, 4650, 4550
Fluoreszenz: roter Sp. stark: rot; blauer Sp. schwach: rötlich oder grün; grüner Sp. schwach: rötlich

Die Herkunft des Namens Spinell ist ungewiß. Vielleicht bedeutet er Funke (gr.) oder Spitze (lat.). Spinell gibt es in fast allen Farben, am beliebtesten ist ein dem Rubin ähnliches Rot. Farbgebende Substanz sind Chrom und Eisen. Große Steine sind selten, Stern-Spinelle sehr selten.

Die blaue Varietät ist gegen hohe Temperaturen empfindlich. Dunkelgrüner bis schwarzer undurchsichtiger Spinell wird Ceylanit (nach der Insel Ceylon – franz. Ceylan), Ceylonit, vereinzelt Zeilanit, neuerdings jedoch vorwiegend Pleonast (gr. »Überfluß«, wegen zahlreicher Kristallflächen) genannt. Die braune Varietät heißt im Handel vereinzelt auch Picotit (franz. Name), gelber Spinell Rubicell (Verkleinerungsform des franz. Wortes für Rubin) und blaßroter Spinell Balas-Rubin (nach einer Landschaft in Afghanistan).

Erst vor 150 Jahren wurde Spinell als selbständiges Mineral erkannt, vorher wurde er zu den Rubinen gezählt, mit denen er auf der Lagerstätte auch gemeinsam vorkommt. Einige bekannte, früher als Rubin angesprochene Edelsteine sind tatsächlich Spinelle: der 5 cm lange, ovale »Black Prince's Ruby« in der englischen Krone wie auch der 361 ct schwere »Timur Ruby« in einer diamantbesetzten Halskette der englischen Kronjuwelen. Beide sind ungeschliffen und nur poliert. Auch die tropfenförmigen Spinelle in der Wittelsbacher Krone von 1830 galten als Rubine.

Hauptvorkommen sind Seifenlagerstätten in Birma (Gebiet von Mogok) und Ceylon (bei Ratnapura). Weniger bedeutende Fundstätten: Anatolien, Afghanistan, Brasilien, Thailand, USA (New Jersey). – Die beiden größten Spinelle (abgerollt bzw. als Oktaeder ausgebildet) wiegen je 520 ct; sie befinden sich im Britischen Museum in London.

Synthetische Spinelle sind seit den zwanziger Jahren auf dem Markt (S. 66) und gewinnen zunehmend an Bedeutung. Sie ahmen nicht nur den natürlichen Spinell nach, sondern auch viele andere Edelsteine. Weitere Verwechslungsmöglichkeiten bestehen mit Amethyst (S. 118), Chrysoberyll (S. 98), Granat (S. 104), Rubin (S. 82), Saphir (S. 86), Topas (S. 102). Wegen der fehlenden Doppelbrechung ist Spinell vom Fachmann leicht zu erkennen. – Über die Sammler-Rarität Zinkspinell (Gahnit) s. S. 204.

---

1 Pleonast-Kristalle in Muttergestein
2 Spinell, 28,47 und 4,16 ct
3 Spinell, dreimal facettiert
4 Spinell, sog. Balas-Rubin, 17,13 ct
5 Spinell, Antik, 5,05 ct
6 Spinell, zweimal Oval, 7,96 u. 5,32 ct
7 Spinell, blau, 15,08 und 30,11 ct
8 Spinell zwölfmal verschieden rot
9 Spinell-Rubicell, 3,14 und 5,07 ct
10 Spinell, Kristalle und Rohsteine

Topas Synonym: Edeltopas

Farbe: farblos, gelb, rotbraun, hellblau, rosenrot, blaßgrün
Strichfarbe: weiß
Mohshärte: 8
Spez. Gewicht: 3,53–3,56
Spaltbarkeit: vollkommen
Bruch: muschelig, uneben
Kristalle: (rhombisch) Prismen mit flächenreichen Köpfen, oft achtseitigem Querschnitt, Längsstreifung
Chemie: $Al_2[SiO_4](F, OH)_2$
fluorhaltiges Aluminium-Silicat

Transparenz: durchsichtig
Lichtbrechung: 1,610–1,638
Doppelbrechung: +0,008 bis +0,010
Dispersion: 0,014
Pleochroismus: gelber T. deutlich: zitronen-, honig-, strohgelb; blauer T. schwach: h'blau, rosa, farblos; roter T. stark: dunkelrot, gelb, rosenrot
Absorption: rosa T.: 6828
Fluoreszenz: rosa T. schwach: bräunlich; roter T. schwach: braungelb; gelber T. schwach: orangegelb

Früher wurden alle gelben und goldbraunen Edelsteine, in der Antike sogar grüne, als Topas bezeichnet. Von einem Fundort, der Insel Zebirget im Roten Meer, ehemals Topazos genannt, leitet sich wahrscheinlich der Name ab.
Die Farben sind selten kräftig, am häufigsten ist Gelb mit einem Stich ins Rötliche, am wertvollsten Rosa. Sibirische Topase bleichen teilweise im Sonnenlicht aus. Wegen hoher Spaltbarkeit keine Ritzhärteprobe, Vorsicht beim Schleifen und Fassen. Gegen Schwefelsäure empfindlich.
Vorkommen an Pegmatit gebunden oder sekundär auf Seifen. Im 18. Jahrhundert war Schneckenstein im Sächsischen Erzgebirge berühmte Lagerstätte. Heute sind Brasilien (Minas, Gerais, Esperito Santo), Ceylon, Birma und Rußland (Ural, Transbaikalien) die bedeutendsten Lieferanten. Weitere Fundorte auf der ganzen Welt: Afghanistan, Australien, Japan, Madagaskar, Mexiko, Nigeria, Simbabwe, Namibia, USA. Hellblaue Topase in Nordirland, Schottland, Cornwall.
Mehrere Kilogramm schwere Topase sind bekannt. 1965 soll ein blauer Topas von nahezu 100 kg in der Ukraine gefunden worden sein. Das Smithsonian Institut in Washington besitzt geschliffene Topase von einigen tausend Karat.
Bei farbigen Steinen Treppen- und Scherenschliff, bei farblosen Brillantschliff. Topase mit störenden Einschlüssen werden als Cabochon geschliffen.
Viele Verwechslungsmöglichkeiten: mit Apatit (S. 194), Aquamarin (S. 94), Beryll (S. 96), Brasilianit (S. 190), Chrysoberyll (S. 98), Citrin (S. 120), Diamant (S. 70), Fluorit (S. 198), Goldberyll (S. 96), Kunzit (S. 114), Orthoklas (S. 164), Phenakit (S. 180), Rubin (S. 82), Saphir (S. 86), Spinell (S. 100), Turmalin (S. 110), Zirkon (S. 108). – Der Braganza, ein berühmter Stein von 1640 ct in der portugiesischen Krone, ist farbloser Topas und kein Diamant, wie man lange Zeit geglaubt hatte.
Weitere Identifizierungsschwierigkeiten gibt es infolge künstlicher Farbänderung durch Brennen: gelbliche Topase werden rosa, farblos oder blau.
Da man im Handel vielfach die Quarzvarietäten Citrin (S. 120) und den gelb gebrannten Amethyst (S. 118) irreführend als Gold- oder Madeiratopas bezeichnet, wird zur besseren Unterscheidung der echte Topas auch Edeltopas genannt.

---

1 Topas, Rechteck, 46,61 ct, Brasilien
2 Topas, Rohstein, 225,50 ct, Brasilien
3 Topas, Kristallbruchstück, 18,00 ct, Brasilien
4 Topas, Oval, 93,05 ct, Afghanistan
5 Topas, Achteck, 88,30 ct, Brasilien
6 Topas, Phantasieschliff, 32,44 ct
7 Topas, zweimal Oval, facettiert, 53,75 ct, Rußland
8 Topas, Cabochon, 17,37 ct, Brasilien
9 Topas, Kristall, 65,00 ct, Brasilien
10 Topas, Kristall in Muttergestein

Granat

Gruppe von verschiedenfarbigen Mineralien [1] mit ähnlicher chem. Zusammensetzung. Name (lat. »Korn«) wegen rundlicher Kristalle. Hauptvertreter: Pyrop, Almandin, Spessartin, Grossular, Andradit, Uwarowit. – Volksmund versteht unter Granat die roten »Karfunkelsteine« Almandin und Pyrop.

Gemeinsame Daten aller Granate:
Spaltbarkeit: unvollkommen
Bruch: muschelig, splittrig, spröde
Kristalle: (kubisch) Rhomben-
dodekaeder, Ikositetraeder

Strichfarbe: weiß
Doppelbrechung: bis auf Rhodolith keine
Pleochroismus: fehlt
Fluoreszenz: keine

Pyrop [4, 5] Granat-Gruppe, Synonym: Kaprubin

Farbe: rot mit Stich ins Bräunliche
Mohshärte: $7-7^{1}/_{2}$
Spez. Gewicht: 3,58–3,80
Chemie: $Mg_3Al_2[SiO_4]_3$
 Magnesium-Aluminium-Silicat

Transparenz: durchsichtig, durchschein.
Lichtbrechung: 1,714–1,760
Dispersion: 0,022
Absorption: <u>6870</u>, <u>6850</u>, 6710, 6500,
 <u>6200</u>–<u>5200</u>, 5050

Der Pyrop (gr. »feurig«, wegen roter Farbe) war Modestein des 18. und 19. Jahrhunderts. – Hauptvorkommen: CSFR, Indien, Südafrika, Australien. – Verwechslungsmöglichkeit mit Almandin (S. 104), Spinell (S. 100), Rubin (S. 82).
Rhodolith [6, 7, 8]: rosenrote Abart des Pyrop. Fundorte: USA
Pyralspit: Mischkristall aus Pyrop, Almandin und Spessartin.

Almandin [9, 10] Granat-Gruppe

Farbe: rot mit Stich ins Violette
Mohshärte: $7^{1}/_{2}$
Spez. Gewicht: 3,95–4,32
Chemie: $Fe_3Al_2[SiO_4]_3$
 Eisen-Aluminium-Silicat

Transparenz: durchsichtig, durchschein.
Lichtbrechung: 1,78–1,830
Dispersion: 0,024
Absorption: 6170, <u>5760</u>, <u>5260</u>, <u>5050</u>,
 4760, 4620, 4380, 4280, 4040, 3930

Um die Farbe des A. (nach Stadt in Kleinasien) aufzuhellen, wird Unterseite ausgehöhlt (ausgeschlägelt). – Asterismus: Sterngranat. – Hauptvorkommen: Ceylon, Indien, Afghanistan, Brasilien; daneben Österreich, CSFR. – Verwechslungsmöglichkeit mit Pyrop (S. 104), Rubin (S. 82), Spinell (S. 100).

Spessartin [2, 3] Granat-Gruppe

Farbe: orange bis rotbraun
Mohshärte: $7-7^{1}/_{2}$
Spez. Gewicht: 4,12–4,20
Chemie: $Mn_3Al_2[SiO_4]_3$
 Mangan-Aluminium-Silicat

Transparenz: durchsichtig, durchschein.
Lichtbrechung: 1,795–1,815
Dispersion: 0,027
Absorption: 4950, <u>4845</u>, 4810, 4750, <u>4620</u>,
 4570, 4550, 4400, <u>4350</u>, 4320, 4240,
 4120, 4060, 3940

Spessartin, nach früherem Fundort im Spessart. Vorkommen: Ceylon, Brasilien, USA, Madagaskar, Schweden. – Verwechslungsmöglichkeit mit Hessonit (S. 106).

---

1 Granatlinie, grün-gelb-braun-rot
2 Spessartin-Kristalle in Muttergestein
3 Spessartin, drei Cabochons
4 Pyrop-Kristall, Ikositetraeder
5 Pyrop, dreimal facettiert

6 Rhodolith, Brillantschliff, 4,02 ct
7 Rhodolith, Navette, zweimal Oval
8 Rhodolith-Kristall, abgerollt
9 Almandin in Glimmerschiefer
10 Almandin, Trapez, Oval, Achteck

Grossular [4, 5] Granat-Gruppe, Synonym: Edelgrossular

Farbe: farblos, schwarz, grün, gelb, braun
Mohshärte: 7-7½
Spez. Gewicht: 3,59-3,68
Chemie: $Ca_3Al_2[SiO_4]_3$
  Calcium-Aluminium-Silicat

Transparenz: durchsichtig, durchschein.
Lichtbrechung: 1,734-1,745
Dispersion: 0,027
Absorption: 6300
Weitere Daten S. 104 bei Granat

Seit 60er Jahren Grossular (lat. »Stachelbeere«) in Edelsteinqualität. – Vorkommen: Ceylon, Kanada, Pakistan, Südafrika, Tansania, Sibirien, USA. – Verwechslungsmöglichkeit mit Smaragd (S. 90), Demantoid (S. 106).
Hessonit [1, 2, 3]: braunorange Varietät (gr. »weniger«) von Grossular. Synonym Zimtstein, früher auch Kaneelstein. – Vorkommen besonders Ceylon. Verwechslungsmöglichkeit mit Spessartin (S. 104), Hyazinth (S. 108).
Leukogranat [6]: farbloser Grossular. – Vorkommen: Kanada, Mexiko.
Hydrogrossular: dichter, undurchsichtiger, grünlicher Grossular; Südafrika. Synonyme: Transvaal-Jade, Granat-Jade wegen Ähnlichkeit mit Jade (S. 154).
Andradit in gewöhnlicher Ausbildung für Schmuckzwecke ungeeignet. Die Varietäten Demantoid, Melanit und Topazolith dagegen besitzen Edelsteinqualität.
Tsavorit (Tsavolith): grüne Varietät von Grossular aus Kenia und Tansania.

Demantoid [7] Granat-Gruppe, Andradit-Varietät

Farbe: grün, smaragdgrün
Mohshärte: 6½-7
Spez. Gewicht: 3,82-3,85
Chemie: $Ca_3Fe_2[SiO_4]_3$
  Calcium-Eisen-Silicat

Transparenz: durchsichtig
Lichtbrechung: 1,888-1,889
Dispersion: 0,057
Absorption: 7010, 6930, 6400, 6220, 4850,
4640, 4430

Demantoid (»diamantähnl. Glanz«) ist der wertvollste Granat. Vorkommen im Ural. – Verwechslungsmöglichkeit mit Grossular (S. 106), Peridot (S. 158), Smaragd (S. 90), Spinell (S. 100), Turmalin (S. 110), Vesuvian (S. 186).
Melanit [9]: Undurchsichtige, schwarze Varietät (gr. »schwarz«) von Andradit. Vorkommen: BRD (Kaiserstuhl), Frankreich, Italien. – Für Trauerschmuck.
Topazolith [10]: zitronengelbe Varietät (topasähnlich, daher Name) von Andradit. Nur kleine Kristalle. – Fundstätten: Schweiz (Zermatt), Italienische Alpen.

Uwarowit [8] Granat-Gruppe

Farbe: smaragdgrün
Mohshärte: 7½
Spez. Gewicht: 3,41-3,52
Chemie: $Ca_3Cr_2[SiO_4]_3$
  Calcium-Chrom-Silicat

Transparenz: durchsichtig, durchscheinend
Lichtbrechung: ca. 1,87
Dispersion: keine
Absorption: nicht auswertbar

Name nach russ. Staatsmann. Vorkommen: Ural, Finnland, Polen, Indien, USA, Kanada. – Verwechslungsmöglichkeit mit Smaragd (S. 90).

---

1 Hessonit-Kristalle in Muttergestein
2 Hessonit, zwei Cabochons
3 Hessonit, dreimal facettiert
4 Grossular, Rhombendodekaeder
5 Grossular, grün und kupferbraun

6 Leukogranat, Navette 1,97 ct
7 Demantoid, dreimal roh und facettiert
8 Uwarowit-Kristalle, z. T. abgerollt
9 Melanit, zwei Kristallstücke
10 Topazolith, roh und facettiert

Zirkon

Farbe: farblos, gelb, braun, orange, rot, violett, blau, grün
Strichfarbe: weiß
Mohshärte: 6½–7½
Spez. Gewicht: 3,90–4,71
Spaltbarkeit: unvollkommen
Bruch: muschelig, sehr spröde
Kristalle: (tetragonal) kurze, gedrungene vierseitige Prismen mit pyramidalen Endflächen
Chemie: Zr[SiO$_4$]
Zirkonium-Silicat

Transpararenz: durchsichtig
Lichtbrechung: 1,777–1,987
Doppelbrechung: + 0,059 (grün keine)
Dispersion: 0,039
Pleochroismus: gelber Z. sehr schwach: honiggelb, braungelb; roter Z. sehr schwach: rot, hellbraun; blauer Z. deutl.: blau, gelbgrau–farbl.
Absorption: (Normal-Z.) 6910, 6890, 6625, 6605, <u>6535</u>, 6210, 6150, 5895, 5620, 5375, 5160, 4840, 4600, 4327
Fluor.: blauer Z. sehr schwach: h'orange; roter u. brauner Z. schwach: d'gelb

Zirkon ist seit der Antike bekannt, Bedeutung des Namens ungewiß. Infolge hoher Lichtbrechung und starker Dispersion große Brillanz und intensives Feuer. Wegen Sprödigkeit empfindlich gegen Druck und Stoß; Kanten werden leicht beschädigt (einzeln einpacken, Vorsicht beim Schleifen!). Relativ hoher Gehalt an radioaktiven Elementen (Uran, Thorium) bewirkt erhebliche Schwankungsbreite der physikalischen Eigenschaften. Jene Zirkone mit den höchsten Werten in den optischen Erscheinungen und im spezifischen Gewicht nennt die Wissenschaft Normal- oder Hochzirkone, die mit den niedrigsten Daten Tiefzirkone. Bei den grünen Zirkonen ist die innere Veränderung auf Grund der radioaktiven Elemente so weit fortgeschritten, daß sie nahezu amorph sein können.

Hyazinth (Hyacinth): gelbrote bis rotbraune Varietät.
Starlit: blaue Varietät.
Jargon: strohgelbe bis nahezu farblose Varietät.

Vorkommen meist abgerollt auf Seifen: Kambodscha, Birma, Thailand, Ceylon; auch in Australien, Brasilien, Madagaskar, Tansania, Vietnam, Frankreich.

In der Natur sind am häufigsten graubraune und rotbraune Zirkone; farblose sehr selten. Durch Brennen von bräunlichen Varietäten bei Temperaturen zwischen 800–1000° C werden in den Fundländern Südostasiens farblose und blaue Zirkone gewonnen. Nicht immer sind die so hergestellten Farben allerdings beständig; ultraviolette Strahlung oder auch das Sonnenlicht können Veränderungen bewirken. – Farblose Steine mit Brillantschliff, Farbsteine auch Treppenschliff. – Synthetische Zirkone nur für wissenschaftliche Zwecke interessant. – Grüne Zirkone im Edelsteinhandel selten, von Sammlern sehr begehrt.

Verwechslungsmöglichkeit mit Aquamarin (S. 94), Cassiterit (S. 184), Chrysoberyll (S. 98), Hessonit (S. 106), Saphir (S. 86), Sinhalit (S. 186), synth. Spinell (S. 66), Titanit (S. 195), Topas (S. 102), Turmalin (S. 110), Vesuvian (S. 186). Farblos gebrannter Zirkon wird dem Diamant (S. 70) als Matura- (Matara-) Diamant untergeschoben. Starke Doppelbrechung aller nichtgrünen Zirkone, mit Lupe an den Steinkanten zu sehen, ist wichtiges Erkennungsmerkmal.

---

1 Zirkon, Rechteck, 9,81 ct
2 Zirkon, Tropfen und Brillant
3 Zirkon, Brillant, 14,35 ct
4 Zirkon, zwei Brillanten
5 Zirkon, Oval, 5,11 ct
6 Zirkon, Achteck, 7,92 ct
7 Zirkon, Achteck, 4,02 ct
8 Zirkon, vier Brillanten
9 Zirkon, dreimal facettiert
10 Zirkon, Rohsteine

Die Abbildungen sind gegenüber den Originalen um 20% vergrößert.

Turmalin

Farbe: farblos, rosa, rot, gelb, braun, grün, blau, violett, schwarz, mehrfarbig
Strichfarbe: weiß
Mohshärte: $7-7^{1}/_{2}$
Spez. Gewicht: 3,02 – 3,26
Spaltbarkeit: keine
Bruch: uneben, kleinmuschelig, spröde
Kristalle: (trigonal) meist langgestreckt mit dreieckigem Querschnitt und rundlichen Seiten, parallel zur Hauptachse deutliche Längsstreifung, oft mehrere Prismen miteinander kombiniert
Chemie: $(Na, Li, Ca) (Fe^{II}, Mg, Mn, Al)_3$ $Al_6[(OH)_4|(BO_3)_3|Si_6O_{18}]$
Aluminium-Borat-Silicat komplizierter und wechselnder Zusammensetzung

Transparenz: durchsichtig, undurchs.
Lichtbrechung: 1,616 – 1,652
Doppelbrechung: – 0,014 bis – 0,044
Dispersion: 0,017
Pleochroism.: roter T. deutl.: d'rot, h'rot; gelber T. deutlich: d'gelb, hellgelb; brauner T. deutlich: d'braun, h'braun; grüner T. stark: dunkelgrün, gelbgrün; blauer T. stark: dunkelblau, hellblau
Absorption: roter T.: 5550, 5370, 5250 – 4610, 4560, 4510, 4280; grüner T.: 4970, 4610, 4150
Fluoreszenz: farbl. T. schwach: grünblau; blaßgelber T. schwach: dunkelgrün; roter T. schwach: rotviolett; rosa, brauner, grüner, blauer T.: keine

Kein Edelstein zeigt solchen Farbenreichtum wie Turmalin. Obwohl schon in der Antike im Mittelmeerraum bekannt, führten ihn Holländer erst 1703 von Ceylon in Europa ein. Sie bezeichneten die neuen Steine mit einem singhalesischen Wort, dessen Grundbedeutung unbekannt geblieben ist, als »turamali«.

Nach der Farbe werden folgende Varietäten unterschieden:
Achroit (gr. »ohne Farbe«): farblos oder fast farblos, recht selten.
Rubellit [S. 112, Nr. 2, 4] (lat. »rötlich«): rosa bis rot, gelegentlich mit einem Stich ins Violette. Am wertvollsten ist Rubinfarbe.
Dravit [S. 112, Nr. 1, 7, 8] (nach Drave in Kärnten): gelbbraun bis dunkelbraun.
Verdelith [S. 112, Nr. 6, 13]: (ital.-gr. »grüner Stein«): grün in allen Nuancen. Größte Verbreitung von allen edlen T.; am wertvollsten ist Smaragdgrün.
Indigolith [S. 112, Nr. 3, 5, 11, 15] (nach Indigofarbe): blau in allen Tönungen.
Siberit (nach Vorkommen im Ural): lilarot bis violettblau; teilweise auch als Synonym für Rubellit verwendet.
Schörl (früher auch Schorlit) [4, 5]: schwarz, sehr verbreitet; für Schmuckzwecke selten verwendet. Name geht auf alten Bergmannsausdruck zurück.

Einfarbige Turmaline sind recht selten. Meist gibt es am gleichen Kristall unterschiedliche Töne oder auch verschiedene Farben [6, 8]. Der Volksmund bezeichnet fast farblose Turmaline mit schwarzem Kristallende als »Mohrenkopf«, grüne mit rotem Ende als »Türkenkopf«. Häufig zeigen die Turmaline auch schichtweise verschiedene Farbgebung. Aus Brasilien kommen Steine, deren Kern rot, die Innenhülle weiß und die äußere Schicht grün ist. Bei südafrikanischen Turmalinen ist das Innere grün und die Hülle rot. Der Volksmund nennt Turmaline mit rotem Kern und grüner Schale »Wassermelone« [6]. Polierte quergeschnittene Scheiben zeigen die Vielfalt der bei dem Turmalin auftretenden Färbungen und Farben besonders eindrucksvoll [1]. – Weitere Ausführungen S. 112.

---

1 Turmalin, acht polierte Querschnitte
2 Rubellit-Katzenauge, 1,87 ct
3 Turmalin-Kristalle, stenglig in Quarz
4 Schörl-Kristalle, undurchsichtig
5 Schörl in Quarz, angeschliffen
6 Turmalin, sog. »Wassermelone«
7 Verdelith, zwei Kristalle
8 Turmalin-Kristall, mehrfarbig

Turmalin Fortsetzung von S. 110

Turmalin-Katzenaugen gibt es in verschiedenen Farben, aber nur bei den grünen und rosa Varietäten [S. 110, Nr. 2] ist der Lichtstreifen scharf. Ursache sind eingelagerte Fasern fremder Kristalle. – Einige Turmaline zeigen bei künstlichem Licht einen geringen Farbwechsel.

In jüngerer Zeit treten anstelle von Varietätennamen häufig Farbbezeichnungen zum Wort Turmalin, z. B. Gelber T., Grüner T., Rosa Turmalin. – Die Wissenschaft unterscheidet Turmaline nach der chemischen Zusammensetzung und hat für die Gruppen spezielle Namen: Buergerit = Eisen-T., Dravit = Magnesium-T., Elbait = Lithium-T., Schörl = Eisen-T., Tsilaisit = Mangan-T., Uvit = Magnesium-Turmalin.

Durch Erhitzen und anschließende Abkühlung sowie beim Drücken bzw. Reiben eines Turmalins wird der Kristall elektrisch aufgeladen. Er zeigt dann an einem Ende eine positive, am anderen eine negative Ladung und zieht Staubteilchen wie auch kleine Papierschnitzel an (Pyro- und Piezoelektrizität). Die Holländer, die den Turmalin erstmals nach Europa brachten, kannten diesen Effekt. Sie zogen mit dem erwärmten Turmalin die Asche aus ihren Meerschaumpfeifen und nannten diesen sonderbaren Stein »Aschentrekker« (Aschenzieher). Lange Zeit war dieser Begriff auch der echte Name für den Turmalin.

Vorkommen der Turmaline in Pegmatiten und auf Seifen. Ergiebigste Lagerstätten hat neben Ceylon und Madagaskar vor allem Brasilien (Minas Gerais, Bahia). Gute rote und zweifarbige Steine liefert Mozambique. Weitere Lagerstätten: Afghanistan, Angola, Australien, Birma, Indien, Nigeria, Sambia, Simbabwe, Namibia, Tansania, Thailand, Rußland (Ural, Transbaikalien), USA (Kalifornien, Maine, Colorado). In Europa Turmalin auf Elba und in der Schweiz (Tessin). Rosa, intensives Rot und Grün sind die meist gefragten Farben. Verwendung mit verschiedenen Schliffarten. Wegen des starken Pleochroismus müssen dunkle Steine so geschliffen werden, daß die Tafel parallel zur Hauptachse liegt. Bei hellen Steinen soll die Tafelfläche senkrecht zur Längsachse stehen, um eine größere Farbtiefe zu erreichen.

Durch Erhitzen auf $450-650°$ C ist geringfügige Farbänderung möglich, grüne Steine erhalten Smaragdfarbe, rötlichbraune ein leuchtendes Rot. – Neuerdings auch synthetische Turmaline auf dem Markt.

Verwechslungsmöglichkeit auf Grund des großen Farbenreichtums mit vielen Edelsteinen, insbesondere mit Amethyst (S. 118), Andalusit (S. 178) Chrysoberyll (S. 98), Citrin (S. 120), Demantoid (S. 106), Hiddenit (S. 114), Peridot (S. 158), Prasiolith (S. 120), Rauchquarz (S. 116), Rubin (S. 82), Smaragd (S. 90), synth. grünem Spinell (S. 66), rosa Topas (S. 102), Vesuvian (S. 186), Zirkon (S. 108) und einigen Glasimitationen. Wichtiges Erkennungsmerkmal für Turmalin ist die hohe Doppelbrechung und der starke Pleochroismus.

1 Dravit, zweimal facettiert	10 Indigolith-Kristall
2 Rubellit, Oval, 1,73 ct	11 Indigolith, facettiert, 2,97 ct
3 Indigolith, Achteck, 6,98 ct	12 Indigolith-Kristall
4 Rubellit, zweimal facettiert, zus. 4,55 ct	13 Verdelith, zwei Cabochons, 9,77 ct
5 Indigolith, Achteck und Antik	14 Turmalin, zweimal gelbgrün facettiert
6 Verdelith, Oval, 19,88 ct	15 Indigolith, drei Cabochons
7 Dravit, mugelig geschliffen, 19,97 ct	16 Turmalin, verschiedenfarbig, 24 ct
8 Dravit, dreimal facettiert	17 Rubellit, drei Cabochons
9 Rubellit, Oval, 6,16 ct	18 Turmalin, drei Kristalle

Die Abbildungen sind gegenüber den Originalen um 20% vergrößert.

Spodumen Augit-Gruppe (Pyroxen-Gruppe)

Wahrscheinlich nimmt der Name Bezug auf die graue, unscheinbare Farbe (gr. »zu Asche verbrannt«) des gemeinen Spodumens. Ursprüngliche Betonung auf der zweiten Silbe, unter Einfluß des Französischen Betonung der letzten Silbe. Seit 1879 Varietäten bekannt, die Edelsteinqualität aufweisen: Hiddenit, Kunzit.

Hiddenit [1–3, 8] Spodumen-Gruppe

Farbe: gelbgrün, grüngelb, smaragdgrün
Strichfarbe: weiß
Mohshärte: 6½–7
Spez. Gewicht: 3,16–3,20
Spaltbarkeit: vollkommen
Bruch: uneben
Kristalle: (monoklin) prismatisch, tafelig
Chemie: LiAl[Si$_2$O$_6$]
Lithium-Aluminium-Silicat

Transparenz: durchsichtig
Lichtbrechung: 1,655–1,680
Doppelbrechung: +0,015
Dispersion: 0,017
Pleochroismus: deutlich: bläulichgrün, smaragdgrün, gelbgrün
Absorption: <u>6905</u>, <u>6860</u>, 6690, 6460, <u>6200</u>, <u>4375</u>, 4330
Fluoreszenz: sehr schwach: rotgelb

Name nach W. E. Hidden, der den Edelstein 1879 erstmals in North Carolina (USA) fand. In Europa ist Hiddenit kaum im Handel, in Amerika dagegen sehr beliebt. – Farben nicht immer beständig. – Vorkommen in Pegmatitgängen: besonders Brasilien, Madagaskar, auch USA (North Carolina, Kalifornien), Birma. – Wegen vollkommener Spaltbarkeit Verarbeitung sehr erschwert (druckempfindlich). Pleochroismus beachten: Tafel muß senkrecht zur Hauptachse liegen. Meist Treppenschliff, seltener Brillantschliff. – Verwechslungsmöglichkeit mit Beryll (S. 96), Chrysoberyll (S. 98), Diopsid (S. 190), Euklas (S. 178), blassem Smaragd (S. 90), grünem Turmalin (S. 110).

Kunzit [4–7] Spodumen-Gruppe

Farbe: rosaviolett, hellviolett
Strichfarbe: weiß
Mohshärte: 6½–7
Spez. Gewicht: 3,16–3,20
Spaltbarkeit: vollkommen
Bruch: uneben
Kristalle: (monoklin) prismatisch, tafelig
Chemie: LiAl[Si$_2$O$_6$]
Lithium-Aluminium-Silicat

Transparenz: durchsichtig
Lichtbrechung: 1,655–1,680
Doppelbrechung: +0,015
Dispersion: 0,017
Pleochroismus: deutlich: amethystfarbig, blaßrot, farblos
Absorption: nicht auswertbar
Fluoreszenz: stark: gelbrot, orange

Kunzit nach G. F. Kunz benannt, der diesen Edelstein 1902 erstmals beschrieb. – Farben können verblassen. Häufig große Kristalle. – Verarbeitung durch hohe Spaltbarkeit erschwert (druckempfindlich). – Vorkommen in Pegmatiten: Afghanistan, Madagaskar, USA (Kalifornien, Maine), Brasilien, Birma. – Wegen des kräftigen Pleochroismus Tafelfacette senkrecht zur Hauptachse legen. – Durch Brennen können bräunliche und grünviolette Kunzite in Farben verbessert werden. – Verwechslungsmöglichkeit mit mehreren rosafarbenen Steinen, insbesondere mit Amethyst (S. 118), Beryll (S. 96), Topas (S. 102) und gefärbtem Glas.

---

1 Hiddenit, Achteck, 22,03 ct
2 Hiddenit, Birnkernform, 9,30 ct
3 Hiddenit, Achteck, 19,14 ct
4 Kunzit, Achteck, 16,32 ct
5 Kunzit, Oval, 3,13 ct
6 Kunzit, Antik, 6,11 ct
7 Kunzit, zwei Kristalle
8 Hiddenit, Kristall und Bruchstück

Quarz-Gruppe

Quarz im weiteren Sinn ist Bezeichnung für Mineralien mit gleicher oder ähnlicher chemischer Zusammensetzung (SiO_2 bzw. $SiO_2 \cdot nH_2O$). Dazu gehören:
Makrokristalline und derbe Quarze: Amethyst, Aventurin, Bergkristall, Citrin, Falkenauge, Prasem, Quarz-Katzenauge, Rauchquarz, Rosenquarz, Tigerauge. – Unter Quarz im engeren Sinn versteht man meist diese Gruppe.
Mikrokristalline Quarze: Chalcedon-Gruppe mit Achat, Baumstein, Chalcedon, Chrysopras, Heliotrop, Holzstein, Jaspis, Karneol, Moosachat, Onyx, Sarder.
Amorphe Quarze: Opal-Gruppe mit Edelopal, Feueropal, Gemeinem Opal.

Bergkristall [8–11] Quarz-Gruppe

Farbe: farblos
Strichfarbe: weiß
Mohshärte: 7
Spez. Gewicht: 2,65
Spaltbarkeit: keine
Bruch: muschelig, sehr spröde
Kristalle: (trigonal) sechsseitige Prismen
Chemie: SiO_2 Siliciumdioxid

Transparenz: durchsichtig
Lichtbrechung: 1,544–1,553
Doppelbrechung: + 0,009
Dispersion: 0,013
Pleochroismus: fehlt
Absorption: nicht auswertbar
Fluoreszenz: keine

Name Kristall von gr. »Eis«, weil man Bergkristalle für Ewiggefrorenes hielt. Man hat tonnenschwere Bergkristalle gefunden, schleifwürdige Steine sind selten. – Einschlüsse von Goethit [Sternquarz, 12], Gold, Pyrit, Rutil, Turmalin [S. 111, Nr. 5]. – Weltweit verbreitet. – Verwendung zu Modeschmuck, als Diamantimitation. – Verwechslungsmöglichkeit mit allen farblosen Edelsteinen und Glas. – Durch Radium- oder Röntgenstrahlung werden Bergkristalle rauchfarbig. Synth. Bergkristalle nur für industrielle Zwecke. – Rheinkiesel: früher Bergkristall-Geröll aus dem Rhein, heute buntschillernde Glasimitation.

Rauchquarz [1–7] Quarzgruppe, Synonym: fälschlich Rauchtopas

Farbe: braun bis schwarz, rauchgrau
Strichfarbe: weiß
Mohshärte: 7
Spez. Gewicht: 2,65
Spaltbarkeit: keine
Bruch: muschelig, sehr spröde
Kristalle: (trigonal) sechsseitige Prismen
Chemie: SiO_2 Siliciumdioxid

Transparenz: durchsichtig
Lichtbrechung: 1,544–1,553
Doppelbrechung: + 0,009
Dispersion: 0,013
Pleochroismus: dunkle R. deutlich: braun, rötlichbraun
Absorption: nicht auswertbar
Fluoreszenz: im allgemeinen keine

Name nach rauchiger Farbe. Sehr dunkle Steine heißen Morion. – Bei Temperaturen von 300–400° C wird Rauchquarz entfärbt. Häufig Einschlüsse von Rutilnadeln [1, 2]. – Vorkommen weltweit. Synthet. Rauchquarz bekannt. – Verwechslungsmöglichkeit mit Andalusit, Axinit, Sanidin, Turmalin, Vesuvian.

1 Rauchquarz mit eingelagertem Rutil
2 Rauchquarz mit Rutil, Cabochon
3 Rauchquarz, Oval, 3,8 g
4 Rauchquarz, zwei Kristalle
5 Rauchquarz, Achteck, 5,6 g
6 Rauchquarz, Oval, 6,2 g
7 Rauchquarz, Kristall
8 Bergkrist. viermal facett. u. mugelig
9 Bergkristall, Kristalle und Zwillinge
10 Bergkristall, Brillantschliff, 5 g
11 Bergkristall, Baguette, 1,8 g
12 Sternquarz, 15 g

Amethyst [4–8] Quarz-Gruppe

Farbe: violett, blaß-rotviolett
Strichfarbe: weiß
Mohshärte: 7
Spez. Gewicht: 2,63–2,65
Spaltbarkeit: keine
Bruch: muschelig, sehr spröde
Kristalle: (trigonal) sechsseitige Prismen
Chemie: SiO_2 Siliciumdioxid

Transparenz: durchsichtig
Lichtbrechung: 1,544–1,553
Doppelbrechung: + 0,009
Dispersion: 0,013
Pleochroismus: sehr schwach: violett, grauviolett
Absorption: (5500–5200)
Fluoreszenz: schwach: grünlich

Amethyst ist der begehrteste Stein aus der Gruppe der Quarze. Ihm werden übernatürliche Kräfte nachgesagt: Glücksbringer, verleiht Standfestigkeit, schützt vor Zauberei und Heimweh. – Der Name (gr.) bedeutet wahrscheinlich »nicht betrunken«; Amethyst galt als Amulett gegen Trunkenheit. Kristalle stets auf Unterlage aufgewachsen. Prismen nur schwach entwickelt, daher Vorherrschen der Kristallspitzen (Spitzenamethyst). Hier Farbe am kräftigsten. Diese Teile werden »abgeklopft«. Durch »Brennen« bei Temperaturen zwischen 470 und 750° C entstehen hellgelbe, rotbraune, grüne oder farblose Varietäten (Vorsicht beim Löten!). Weiteres darüber S. 120. – Es gibt Amethyste, die bei Tageslicht ausbleichen. Durch Radiumbestrahlung Ursprungsfarbe wiederherstellbar.
Vorkommen in Drusen, auf Klüften und Seifen. Bedeutendste Lagerstätten: Brasilien, Uruguay, Madagaskar. – Beste Sorten werden facettiert, die anderen Getrommelt oder zu kunstgewerblichen Gegenständen verarbeitet. – Verwechslungsmöglichkeit: Beryll (S. 96), Fluorit (S. 198), Glas, synth. Korund (S. 66), Kunzit (S. 114), Spinell (S. 100), Topas (S. 102), Turmalin (S. 110). Synthetischer Amethyst reichlich auf dem Edelsteinmarkt, schwer zu identifizieren.
Cacoxenit (Kakoxen): Fälschliche Handelsbezeichnung für einen Amethyst, benannt nach gelb-braunen, büscheligen Einschlüssen, die man für das Mineral Cacoxenit hielt. Tatsächlich sind die nadligen Einlagerungen das Mineral Goethit.

Amethystquarz [1–3] Quarz-Gruppe

Farbe: violett, weißlich gestreift
Strichfarbe: weiß
Mohshärte: 7
Spez. Gewicht: 2,65
Spaltbarkeit: keine
Bruch: muschelig, spröde
Kristalle: (trigonal) derb
Chemie: SiO_2 Siliciumdioxid

Transparenz: durchscheinend
Lichtbrechung: 1,54–1,55
Doppelbrechung: + 0,009
Dispersion: 0,013
Pleochroismus: fehlt
Absorption: nicht auswertbar
Fluoreszenz: keine

Amethystquarz ist die derbe Ausbildung des Amethysts, oft durch eingelagerten milchigen Quarz gebändert und gestreift. – Vorkommen mit Amethyst zusammen: Brasilien, Madagaskar, Namibia, USA. Die früheren Lagerstätten im Müglitztal (Sachsen) und in der Auverge (Frankreich) sind erschöpft. – Verwendung zu Kugelketten, Cabochons, Figuren und kunstgewerblichen Gegenständen. – Verwechslungsmöglichkeit mit gestreiftem Fluorit (S. 198).

1 Amethystquarz, Rohstück
2 Amethystquarz, siebenmal mugelig
3 Amethystquarz, Scheibe anpoliert
4 Amethyst, Navette, 3,94 ct
5 Amethyst, viermal facettiert
6 Amethyst, Doppelkristall
7 Amethyst, Brillant, 4,16 ct
8 Amethyst-Stufe auf Achat

Citrin (Zitrin) [1–6] Quarz-Gruppe

Farbe: hellgelb bis goldbraun
Strichfarbe: weiß
Mohshärte: 7
Spez. Gewicht: 2,65
Spaltbarkeit: keine
Bruch: muschelig, sehr spröde
Kristalle: (trigonal) sechsseitige Prismen
  mit Pyramiden
Chemie: SiO_2 Siliciumdioxid

Transparenz: durchsichtig
Lichtbrechung: 1,544–1,553
Doppelbrechung: + 0,009
Dispersion: 0,013
Pleochroismus: natürl. C. schwach:
  gelb, hellgelb;
  gebrannter C.: fehlt
Absorption: nicht auswertbar
Fluoreszenz: keine

Citrin ist nach der zitronengelben Farbe benannt. Die meisten auf dem Markt befindlichen Citrine sind durch »Brennen« von Amethyst (S. 118) oder Rauchquarz (S. 116) entstanden. Bei 470° C wird brasilianischer Amethyst hellgelb, bei 550–560° C dunkelgelb bis rotbraun. Einige Rauchquarze gehen schon bei 300–400° C in die Citrinfarbe über (Vorsicht beim Löten!). Alle gebrannten Citrine zeigen einen Stich ins Rötliche. Die natürlichen Citrine sind dagegen überwiegend blaßgelb. Gebrannte Citrine haben keinen, natürliche einen schwachen Pleochroismus.

Im Handel werden Citrine oftmals als Topas bezeichnet. Das ist unzulässig, auch wenn Beiwörter hinzugefügt werden: Bahia-, Gold-, Madeira-, Palmyra- (Palmira-, Palmeira-), Rio-Grande-Topas.

Naturfarbener Citrin ist selten. Vorkommen in Brasilien (Bahia, Goyaz, Minas Gerais), Madagaskar, USA (Pikes Peak/Colorado), Spanien (Cordoba, Salamanca), Rußland (Mursinka/Ural), Frankreich, Schottland. – Schönfarbige, durchsichtige Varietäten werden als Ringsteine und Anhänger verwendet, die weniger guten Sorten zu Steinketten oder kunstgewerblichen Gegenständen verarbeitet.

Verwechslungsmöglichkeit mit allen gelblichen Schmucksteinen, insbesondere mit gelbem Beryll (S. 96), dem edlen Orthoklas (S. 164), gelbem Topas (S. 102) und gelbem Turmalin (S. 110).

Prasiolith [7, 8] Quarz-Gruppe

Farbe: lauchgrün
Strichfarbe: weiß
Mohshärte: 7
Spez. Gewicht: 2,65
Spaltbarkeit: keine
Bruch: muschelig, sehr spröde
Kristalle: (trigonal) sechsseitige Prismen
Chemie: SiO_2 Siliciumdioxid

Transparenz: durchsichtig
Lichtbrechung: 1,544–1,553
Doppelbrechung: + 0,009
Dispersion: 0,013
Pleochroismus: sehr schwach: hellgrün,
  blaßgrün
Absorption: nicht auswertbar
Fluoreszenz: keine

Dieser lauchgrüne (daher Name) Quarz kommt nicht natürlich vor, sondern wird seit etwa 1950 durch »Brennen« von Amethysten und gelblichen Quarzen bei 500° C aus der Lagerstätte Montezuma, Minas Gerais/Brasilien gewonnen. Neuerdings soll auch Arizona schleifwürdiges Material liefern. – Verwechslungsmöglichkeit mit Beryll (S. 96), Peridot (S. 158), Turmalin (S. 110).

---

1 Citrin, Rohstück, gebrannt
2 Citrin, facettiert, gebrannt
3 Citrin, Rechteck, gebrannt
4 Citrin, natürliches Rohstück
5 Citrin, Oval, natürlich
6 Citrin, zweimal Achteck
7 Prasiolith, Rohstück
8 Prasiolith, zweimal facettiert

Rosenquarz [3–7] Quarz-Gruppe

Farbe: kräftig rosa, blaßrosa
Strichfarbe: weiß
Mohshärte: 7
Spez. Gewicht: 2,65
Spaltbarkeit: keine
Bruch: muschelig, sehr spröde
Kristalle: (trigonal) Prismen; meist derb
Chemie: SiO_2 Siliciumdioxid

Transparenz: durchsichtig, durchscheinend
Lichtbrechung: 1,544–1,553
Doppelbrechung: + 0,009
Dispersion: 0,013
Pleochroismus: schwach: rosa, blaßrosa
Absorption: nicht auswertbar
Fluoreszenz: schwach: dunkelviolett

Name nach der Farbe; oft rissig, meist etwas trüb. Kristalle mit ausgebildeten Flächen erst seit wenigen Jahren bekannt. Farbe kann verblassen. In kleinsten Spuren eingelagerte Rutilnadeln verursachen bei Cabochonschliff sechsstrahligen Stern [4]. – Größte Mengen liefert Brasilien, beste Qualitäten Madagaskar. – Verarbeitung zu Cabochons, Kugelketten und kunstgewerblichen Gegenständen. Nur klare große Stücke für Facettenschliff geeignet [5].

Aventurin [1, 2] Quarz-Gruppe, Synonym: Avanturin, Aventurin-Quarz

Farbe: grün, goldbraun, schillernd
Strichfarbe: weiß
Mohshärte: 7
Spez: Gewicht: 2,65
Spaltbarkeit: keine
Bruch: muschelig, splittrig
Kristalle: (trigonal) kryptokristallin
Chemie: SiO_2 Siliciumdioxid

Transparenz: durchscheinend, undurchsichtig
Lichtbrechung: 1,544–1,553
Doppelbrechung: + 0,009
Dispersion: 0,013
Pleochroismus: fehlt
Absorption: 6820, 6490
Fluoreszenz: rötlich

Eine durch Zufall (ital. »a ventura«) um 1700 entdeckte Glassorte gab dem ähnlich aussehenden Schmuckstein Aventurin den Namen. Dunkles Grün mit metallischem Schiller von eingelagertem Fuchsit, rot und braun von Eisenglanzblättchen. – Bedeutende Lagerstätten in Indien, Brasilien, Rußland. – Verwendung zu kunstgewerblichen Gegenständen und Cabochons. In SO-Asien sehr beliebt. – Verwechslungsmöglichkeit mit Aventurin-Feldspat (S. 166), Jade (S. 154).

Prasem [8, 9] Synonym: Smaragdquarz

Derbes Quarzaggregat. Lauchgrüne Farbe (daher Name) von Aktinolith-Einlagerungen. Europäische Lagerstätten: Erzgebirge, Finnland, Österreich (Salzburger Alpen), Schottland. – Gelegentlich wird auch ein grüner Jaspis Prasem genannt (S. 146). – Verwechslungsmöglichkeit mit Jade (S. 154).

Blauquarz [10] Synonym: Saphirquarz

Grobkörniges Quarzaggregat. Einschlüsse von Krokydolith-Fasern (oder Rutilnadeln?) bewirken trübblaue Farbe. – Vorkommen in Salzburg/Österreich, in Skandinavien, Südafrika und Brasilien. – Verwendung als Dekorstein.

---

1 Aventurin, fünfmal mugelig
2 Aventurin, Rohstück angeschliffen
3 Rosenquarz, Rohstück
4 Sternrosenquarz, 20,23 ct
5 Rosenquarz, Achteck, 8,16 ct

6 Rosenquarz, sechsmal mugelig
7 Rosenquarz, barocke Halskette
8 Prasem, Rohstück angeschliffen
9 Prasem, zweimal mugelig
10 Blauquarz, Rohstück angeschliffen

Katzenaugen-Quarz und Quarz-Katzenauge [1, 2] Quarz-Gruppe

Farbe: weiß, grau, grün, gelb, braun
Strichfarbe: weiß
Mohshärte: 7
Spez. Gewicht: 2,65
Spaltbarkeit: keine
Bruch: unregelmäßig
Kristalle: (trigonal) faserige Aggregate
Chemie: SiO_2 Siliciumdioxid

Transparenz: durchscheinend, undurchsichtig
Lichtbrechung: 1,544–1,553
Doppelbrechung: + 0,009
Dispersion: 0,013
Pleochroismus: fehlt
Absorption: nicht auswertbar
Fluoreszenz: keine

Derber Quarz mit faseriger, parallel angeordneter Hornblende. Das Aggregat heißt Katzenaugen-Quarz [1], der geschliffene Stein Quarz-Katzenauge [2]. Der Name »Katzenauge« (ohne Beiwort) ist hier falsch, denn er meint stets das Katzenauge des Chrysoberylls (Cymophan, S. 98). – Empfindlich gegen Säuren. – Lagerstätten in Ceylon, außerdem Indien, Brasilien. – Zeigt als Cabochon schmalen Lichtschein wie das Auge einer Katze (daher Name). – Verwechslungsmöglichkeit mit Chrysoberyll-Katzenauge (S. 98). Entfärbte Falkenaugen und Tigeraugen werden gelegentlich unterschoben.

Falkenauge [3, 4] Quarz-Gruppe

Feinfaseriges, undurchsichtiges Quarzaggregat mit Einlagerungen von Krokydolith (Hornblendeart), blaugrau bis blaugrün, Flächenschiller; Bruchstellen seidenglänzend. Gegen Säuren empfindlich. – Vorkommen zusammen mit Tigerauge in Südafrika. – Verwendung zu kunstgewerblichen Gegenständen, Ringen, Anhängern. Cabochons zeigen schmalen Lichtstreifen an der Oberfläche, der an das Auge mancher Raubvögel erinnert (daher Name). – Weitere Daten bei Tigerauge.

Tigerauge [5, 6] Quarz-Gruppe

Farbe: goldgelb, goldbraun
Strichfarbe: gelb-braun
Mohshärte: 7
Spez. Gewicht: 2,64–2,71
Spaltbarkeit: keine
Bruch: faserig
Kristalle: (trigonal) faserige Aggregate
Chemie: SiO_2 Siliciumdioxid

Transparenz: undurchsichtig
Lichtbrechung: 1,544–1,553
Doppelbrechung: + 0,009
Dispersion: 0,013
Pleochroismus: fehlt
Absorption: nicht auswertbar
Fluoreszenz: keine

Entstanden aus Falkenauge durch Umwandlung (Pseudomorphose) von Krokydolith in Quarz unter Beibehalt der stengligen Struktur. Brauneisen bewirkt goldgelbe Farbe; Schiller mit wogendem Lichtschein (sog. Chatoyieren); auf Bruchflächen seidiger Glanz. Gegen Säuren empfindlich. – Vorkommen zusammen mit Falkenauge in Platten von einigen Zentimetern Stärke, wobei Fasern senkrecht zur Plattenfläche liegen. Bedeutendste Lagerstätten in Südafrika; daneben Westaustralien, Birma, Indien, Kalifornien/USA. – Verwendung für Gehänge und kunstgewerbliche Gegenstände; bei Cabochons zeigt sich ein Lichtstreifen auf der Oberfläche, der an die Schlitzpupille einer Katze erinnert. – Tigereisen S. 202.

---

1 Katzenaugen-Quarz
2 Quarz-Katzenauge, 3,96 ct
3 Falkenauge, Rohstück
4 Falkenauge, zweimal mugelig
5 Tigerauge, angeschliffen
6 Tigerauge, siebenmal mugelig

Chalcedon (Chalzedon) Quarz-Gruppe

Unter Chalcedon wird sowohl die ganze Gruppe der mikrokristallinen Quarze (S. 116, Achat, Baumstein, eigentlicher Chalcedon, Chrysopras, Heliotrop, Holzstein, Jaspis, Karneol, Moosachat, Onyx, Sarder) verstanden als auch speziell nur die bläuliche Varietät, der eigentliche Chalcedon. Einige Wissenschaftler zählen zu den Chalcedon nur die faserigen Varietäten und behandeln den mehr körnigen Jaspis (S. 146) als eigene Gruppe. Im Handel ist die Namengebung noch verwirrender. – Der Name Chalcedon geht auf eine antike Stadt am Bosporus zurück. – Die Chalcedone sind im Unterschied zu den glasglänzenden Kristall-Quarzen (Bergkristall, Amethyst usw.) wachsglänzend oder matt.

Eigentlicher Chalcedon [4–6] Quarz-Gruppe

Farbe: bläulich, weißgrau
Strichfarbe: weiß
Mohshärte: 6$^{1}/_{2}$–7
Spez. Gewicht: 2,58–2,64
Spaltbarkeit: keine
Bruch: uneben, schalig
Kristalle: (trigonal) faserige Aggregate
Chemie: SiO$_2$ Siliciumdioxid

Transparenz: trüb durchscheinend
Lichtbrechung: 1,530–1,539
Doppelbrechung: bis zu + 0,006
Dispersion: keine
Pleochroismus: fehlt
Absorption: blau gefärbt: 6900–6600, 6270
Fluoreszenz: bläulichweiß

Während die mikroskopisch kleinen Fasern parallel verlaufen und senkrecht zur Oberfläche stehen, zeigt Chalcedon makroskopisch radialstrahlig aufgebaute stalaktitische, traubige oder nierige Formen [4]. Stets porös, daher färbbar (S. 140). Beim natürlichen Chalcedon gibt es gewöhnlich keine Bänderung. Im Handel werden aber auch parallel gestreifte, künstlich blau gefärbte Achate als Chalcedone angeboten [5]. – Lagerstätten weit verbreitet, besonders in Brasilien, Indien, Madagaskar, Uruguay, Namibia. – Im Altertum beliebt für Gemmen und als Talisman gegen Geistesschwäche und Schwermut. Heute im Kunstgewerbe, in der Steinschneidekunst sowie als Cabochon für Ringe und Ketten verwendet.

Karneol [2, 3] Quarz-Gruppe

Karneol ist wegen seiner Farbe nach der Kornelkirsche benannt; er ist eine fleischbis braun-rote Chalcedon-Varietät. Feinste Sorten kommen aus Indien, wo durch Liegen in der Sonne die braunen Töne zum Rot hin verbessert werden. Die meisten der heute auf dem Markt befindlichen Karneole sind allerdings durch Eisennitratlösung gefärbte Achate von Brasilien und Uruguay. Natürlicher Karneol zeigt im Durchlicht wolkige Farbverteilung, gefärbter streifige Tönung. – Im Altertum als blutstillend und zornmildernd angesehen. – Über Verwendung und weitere Daten beim eigentlichen Chalcedon.

Sarder [1] Quarz-Gruppe

Rotbraune Chalcedon-Varietät (nach Stadt in Kleinasien). Keine scharfe Abgrenzung zu Karneol, mit dem Fundorte und Verwendung gemeinsam sind. Künstlich gefärbter Sarder durch Tränken mit Kandiszuckerlösung aus Chalcedon.

---

1 Sarder, achtmal facettiert und mugelig
2 Karneol, Rohstück
3 Karneol, siebenmal facett. u. mugelig

4 Chalcedon-Knolle, angeschliffen
5 Chalcedon, dreimal gestreift
6 Chalcedon, siebenmal mugelig

Chrysopras [1-4] Quarz-Gruppe

Farbe: grün, apfelgrün	Transparenz: durchscheinend, undurch-
Strichfarbe: weiß	sichtig
Mohshärte: $6^{1}/_{2}$–7	Lichtbrechung: 1,530–1,539
Spez. Gewicht: 2,58–2,64	Doppelbrechung: bis zu + 0,004
Spaltbarkeit: keine	Dispersion: keine
Bruch: rauh, spröde	Pleochroismus: fehlt
Kristalle: (trigonal) mikrokristalline	Absorption: natürlicher Ch.: 4439;
Aggregate	mit Nickel künstlich gefärbt: 6320, 4439
Chemie: SiO_2 Siliciumdioxid	Fluoreszenz: keine

Der griechische Name (»Gold-Lauch«) ist für uns heute unverständlich. Chrysopras gilt als der wertvollste Stein aus der Gruppe der Chalcedone. Die mikroskopisch feinen Quarzfasern zeigen einen radialstrahligen Aufbau. Farbgebende Substanz ist Nickel. Größere Rohstücke sind oft rissig und farblich ungleichmäßig. Die Farbe kann im Sonnenlicht und bei Hitzeeinwirkung (Vorsicht beim Löten!) verblassen. Durch feuchte Lagerung ist Farbauffrischung möglich.
Vorkommen in Verwitterungsmassen von Nickel-Erz-Lagerstätten als Knollen und Spaltenausfüllungen. Verhältnismäßig selten. Bedeutendster Fundort war früher die schon seit dem 14. Jahrhundert ausgebeutete Lagerstätte von Frankenstein (Zabkowice) in Oberschlesien/Polen. Beste Qualitäten kommen seit 1960 aus Queensland/Australien. Andere Lagerstätten in Brasilien, Indien, Madagaskar, Südafrika, Rußland (Ural), USA (Arizona, Kalifornien, Oregon).
Verwendung als Cabochon und für kunstgewerbliche Gegenstände. Feinste Sorten erhalten häufig den friederizianischen Schliff (nach Friedrich dem Großen 1712–1786): eine einzige Reihe von Facetten an der Kante einer großen Tafel. In früheren Jahrhunderten als innenarchitektonischer Dekorstein verwendet (St. Wenzelskapelle/Prag, Schloß Sanssouci/Potsdam). – Verwechslungsmöglichkeit mit Jade (S. 154), Prehnit (S. 188), Smithsonit (S. 198), Variscit (S. 196), künstlich grün gefärbten Chalcedonen.
Chrysoprasmatrix [3, 4]: Chrysopras mit braunem oder weißem Neben- bzw. Muttergestein [3]. Verwendung zu kunstgewerblichen Gegenständen und als Schmuckstein mit mugeligem Schliff.

Heliotrop [5, 6] Quarz-Gruppe, Synonym: Blutjaspis

Heliotrop ist ein undurchsichtiger dunkelgrüner Chalcedon mit roten Punkten (gr. »Sonnenwender«, für uns heute unverständlich). Im Mittelalter wurden ihm besonders magische Kräfte zugeschrieben, weil man die roten Tupfen für Blutstropfen Christi hielt. – Farben nicht immer lichtbeständig. – Bedeutendste Lagerstätten in Indien; andere in Australien, Brasilien, China, USA. – Verwendung als Tafelstein für Herrenringe, kunstgewerbliche Gegenstände. – Im Handel wegen der roten Tupfen das Synonym Blutjaspis verbreitet. Tatsächlich ist Heliotrop kein Jaspis (S. 146), wenn auch eine radialstrahlige Struktur mit kugeligen Aggregaten einen körnigen Aufbau vortäuscht. Die englische Namensgebung »bloodstone« darf nicht mit »Blutstein« übersetzt werden, denn darunter versteht man im Deutschen nur den Hämatit (S. 162). – Weitere Daten wie bei Chrysopras.

1 Chrysopras, zweimal angeschliffen	4 Chrysopras-Matrix, angeschliffen
2 Chrysopras, viermal mugelig	5 Heliotrop, Rohstein angeschliffen
3 Chrysopras, zweimal mit Matrix	6 Heliotrop, siebenmal facett. u. mugelig

Baumstein [1–4] Quarz-Gruppe, Synonyme: Dendritenachat, Mokkastein

Baumstein ist farbloser oder weißlichgrauer durchscheinender Chalcedon (wissenschaftlich kein Achat!) mit baum- oder farnartigen Zeichnungen, den Dendriten (gr. »baumartig«, daher Name). Diese Dendriten sind Eisen- und Manganausscheidungen von dunkelbrauner bis fast schwarzer Farbe. Sie haben mit der organischen Welt gar nichts zu tun und gleichen den Eisblumen am winterlichen Fenster. Sie entstehen auf feinsten Spaltenflächen durch Auskristallisation von Verwitterungslösungen benachbarter Gesteine.

Vorkommen zusammen mit anderen Chalcedonen. Bedeutendste Lagerstätten in Brasilien (Rio Grande do Sul), außerdem Indien und USA. Weil die indischen Steine früher über den jemenitischen Hafen Mokka nach Europa gelangten, wird der Baumstein auch Mokkastein (Mochastein) genannt.

Landschaftsachat: ein Baumstein, der durch braune oder rötliche Farbtönungen und eingeschlossene Dendriten landschaftsähnliche Bilder zeigt [2].

Mückenstein: ein Baumstein, bei dem die Dendriten nichtzusammenhängende, knäuelförmige Verwachsungen aufweisen, die an niedergelassene Mücken erinnern [4].

Verwendung zu Ringen, Broschen, Anhängern. Beim Schleifen muß die Dendritenzeichnung dicht unter der Oberfläche zu liegen kommen.

Nachahmungen mit Silbernitrat sind bisher kein geglückter Ersatz. – Vereinzelt wird auch versteinertes Holz (S. 148) als Baumstein bezeichnet.

Moosachat [5, 6] Quarz-Gruppe

Farbe: farblos mit grünen Einlagerungen	Transparenz: durchscheinend
Strichfarbe: weiß	Lichtbrechung: 1,54–1,55
Mohshärte: $6^{1}/_{2}$–7	Doppelbrechung: bis zu + 0,006
Spez. Gewicht: 2,58–2,62	Dispersion: keine
Spaltbarkeit: keine	Pleochroismus: fehlt
Bruch: rauh	Absorption: nicht auswertbar
Kristalle: (trigonal) mikrokristallin	Fluoreszenz: unterschiedlich
Chemie: SiO_2 Siliciumdioxid	

Moosachat ist farbloser, durchscheinender Chalcedon (wissenschaftlich kein Achat!) mit grüner stengliger Hornblende, moosähnlich (daher Name). Bei sehr zahlreichen Hornblendeeinlagerungen spricht man im Handel von Moosjaspis (wissenschaftlich kein richtiger Jaspis, S. 146). Durch Oxidation der Hornblende erhält Moosachat braune und rote Farbtöne.

Vorkommen als Spaltenausfüllung oder als Geröll. Die besten Qualitäten gibt es in Indien. Weitere Lagerstätten neben China besonders in den USA (Colorado, Michigan, Oregon, Utah, Washington, Wyoming).

Verwendung in dünnen Platten, so daß die moosartige Zeichnung gut zum Ausdruck kommt: Tafelsteine, Cabochons für Ringe, Broschen und Anhänger, kunstgewerbliche Gegenstände. Ein sehr beliebter Schmuckstein.

Gute Nachbildungen gibt es durch Dubletten: Zwei durchscheinende, graue Chalcedonscheiben werden zusammengeklebt, nachdem sich zwischen ihnen Eisen- und Manganverbindungen moosähnlich auskristallisiert haben.

---

1 Baumstein, farnstrauchartig	4 Baumstein, sog. Mückenstein
2 Baumstein, sog. Landschaftsachat	5 Moosachat, zehnmal mugelig
3 Baumstein, zweimal radialstrahlig	6 Moosachat, zweimal angeschliffen

Achat Quarz-Gruppe

Farbe: verschieden, gestreift
Strichfarbe: weiß
Mohshärte: $6^{1}/_{2}-7$
Spez. Gewicht: 2,60–2,65
Spaltbarkeit: keine
Bruch: uneben
Kristalle: (trigonal) mikrokristalline Aggregate
Chemie: SiO_2
  Siliciumdioxid

Transparenz: durchscheinend, undurchsichtig
Lichtbrechung: 1,544–1,553
Doppelbrechung: + 0,009
Dispersion: keine
Pleochroismus: fehlt
Absorption: gelb gefärbt: <u>7000</u>, (6650), (6340)
Fluoreszenz: innerhalb der Bänderung verschieden; z. T. stark: gelb, blauweiß

Der Name Achat soll sich von Achates, einem Fluß in Sizilien ableiten, wahrscheinlich einem Fundort der Antike. Ob sich dahinter der heutige Fluß Dirillo im Südosten des Landes verbirgt, ist nicht sicher.

Achat ist ein gestreifter Chalcedon, gelegentlich von etwas Opalsubstanz durchsetzt. Die einzelnen Bänder können verschiedenfarbig oder auch recht eintönig sein. Die Achate der heute erschöpften deutschen Lagerstätten hatten zarte Farben von Rot, Rosa und Bräunlich, getrennt durch leuchtende graue Zwischenlagen. Die südamerikanischen Achate sind meist unansehnlich grau ohne besondere Zeichnung. Sie werden daher gefärbt (S. 136). – Die Transparenz ist verschieden: von fast durchsichtig bis undurchsichtig. In dünnen Scheiben sind die meisten Achate durchscheinend.

Achate finden sich als kugelige oder mandelförmige Einlagerungen von Millimetergröße bis zu mehreren Metern Umfang in kieselsäurearmen Vulkanitgesteinen (Melaphyre, Porphyrite). Die streifige Zeichnung entsteht durch rhythmische Kristallisation. Über deren Ablauf gehen die Meinungen allerdings auseinander. Während man früher glaubte, daß sich in Gasblasenhohlräumen nach und nach kieselsäurereiche Lösungen als Achatstreifen auskristallisierten, gewinnt neuerdings jene Theorie an Bedeutung, die die Entstehung gleichaltrig mit der Bildung des Muttergesteins sieht. Danach kühlen sich in der Lava enthaltene flüssige Kieselsäuretropfen gleichzeitig mit dem Erkalten des Gesteins ab und bewirken so eine lagenweise Kristallisation von außen her. Die einzelnen Bänder – vornehmlich parallel zur Außenwand – sind zwar verschieden dick, ihre Stärke behalten sie normalerweise in der ganzen Mandel. – Durch Verwitterung bildet sich in der Außenschicht und in den obersten Achatlagen eine weiße Kruste.

Wird das Innere der Mandeln nicht voll mit Achatmasse ausgefüllt, so können sich in dem verbleibenden Hohlraum gut entwickelte Kristalle bilden: Bergkristall (S. 116), Amethyst (S. 118) und Rauchquarz (S. 116), gelegentlich von Calcit (S. 206), Hämatit (S. 162), Siderit (Eisenspat) und Zeolith begleitet. Eine Mandel mit einem von Kristallen ausgekleideten Hohlraum nennt man nach einem alten Bergmannsausdruck Druse [5]. Ist das Innere ganz ausgefüllt, spricht man von einer Geode [2]. – Weitere Ausführungen S. 134.

---

1 Achatmandel im Querschnitt, Bandachat; $^{1}/_{3}$ natürl. Größe, Fundort Uruguay
2 Achatmandel im Querschnitt, Kreisachat mit konzentrisch gelegenem Auge (Augenachat); $^{2}/_{3}$ natürl. Größe, Fundort Indien
3 Achatmandel im Querschnitt, Kreisachat; $^{2}/_{3}$ natürl. Größe, Fundort Indien
4 Achatmandel im Querschnitt, Kreisachat mit exzentrisch gelegenem Auge (Augenachat); $^{2}/_{3}$ natürl. Größe, Fundort Indien
5 Achatmandel mit Druse; $^{2}/_{3}$ natürl. Größe, Fundort Mexiko

Achat Fortsetzung von S. 132

Varietäten Je nach Muster, Zeichnung und Struktur der Achatlagen gibt es zahlreiche Namen im Handel und in der Wissenschaft.

Augenachat: Ringförmige Zeichnung mit Punkt in der Mitte [S. 133, Nr. 2, 4].

Bandachat: Parallel zur Außenwand gezeichnete Bänder [S. 133, Nr. 1].

Dendritenachat: Farbloser oder weißlichgrauer durchscheinender Chalcedon mit Dendriten [S. 131, Nr. 1–4]; da nicht gebändert, kein eigentlicher Achat.

Enhydros (Wasserstein): Achatmandel oder einfarbige Chalcedonknolle, teilweise mit Wasser, das durch die Wände scheint, gefüllt. Nach Herauslösen aus dem anstehenden Gestein trocknet die Flüssigkeit oft aus.

Festungsachat: Zeichnung wie Bastionen alter Festungsanlagen [S. 135, Nr. 2].

Kreisachat: Ringförmig gestreift [S. 133, Nr. 3]; Untergruppe Augenachat.

Moosachat: Farbloser, durchscheinender Chalcedon mit moosähnlich eingelagerter Hornblende [S. 131, Nr. 5, 6]; da nicht gebändert, kein eigentlicher Achat.

Landschaftsachat: Ein Baumstein, der durch braune oder rötliche Farbtönungen und eingeschlossene Dendriten landschaftsähnliche Bilder zeigt [S. 131, Nr. 2].

Polyedrischer Quarz (Pseudoachat): Im Innern durch Bänderung und Drusenöffnung dem Achat ähnlich. Äußerlich aber keine Mandelform, sondern eckig geometrische Gestalt [S. 137, Nr. 2]. Da keinerlei Symmetrie, sind die Formen keine Kristalle. Bildungsweise umstritten. Entstehung wahrscheinlich als Zwikkelfüllung später weggelöster, tafliger Kristalle. – Vorkommen in Lockergesteinen von Brasilien. Größe der einzelnen Stücke bis zu ¼ Meter. Lagerstätte erst seit wenigen Jahren bekannt. Viele Phantasienamen.

Röhrenachat: Von Schläuchen, alten Zufuhrkanälen, durchsetzt [S. 135, Nr. 3].

Sardstein: Achat mit geradlinigen Innenbändern [S. 135, Nr. 1].

Trümmerachat: Zerbrochener, durch Quarz gekitteter Achat [S. 137, Nr. 3].

Lagerstätten Die bedeutendsten Achatlagerstätten waren bis zum Anfang des 19. Jahrhunderts in der Umgebung von Idar-Oberstein/Rheinpfalz. Heute sind sie erschöpft. Selten über Kopfgröße, sehr schöne Farben wie Grau, Rot, Rosa, Gelb, Braun und Blaßblau; nicht färbbar.

Die wichtigsten Vorkommen der Erde – 1827 von Idar-Obersteiner Auswanderern entdeckt – liegen heute im südlichen Brasilien und im Norden Uruguays. Die in Verwitterungsböden und Flußsedimenten eingelagerten Achate stammen aus Melaphyrgesteinen. Sie werden gemeinsam mit Amethyst, Chalcedon, Citrin und Karneol gewonnen. Es gibt hier Mandeln von einigen Zentnern Gewicht. Die Farben der Achate sind überwiegend grau, eine Streifung ist kaum zu erkennen. Erst durch Färben (S. 136) erhalten sie ihr anmutiges Kleid. Als Lagensteine für die Gemmenschneidekunst sind brasilianische Achate sehr begehrt. Weitere, wenn auch weniger bedeutungsvolle Lagerstätten finden sich in China, Indien, Madagaskar, Mexiko und in mehreren Staaten der USA. In Oregon gibt es die sogenannten Thundereggs (Donnereier), gebänderte Achatknollen mit gefurchter Oberfläche und gelegentlich mit sternförmigem Kern.

Weitere Ausführungen S. 136.

---

1 Achatmandel im Querschnitt, Sardstein mit geradlinigen Bändern im Innern; ¹/₃ natürl. Größe, Fundort Brasilien

2 Achatmandel im Querschnitt, Festungsachat mit bastionsartig vorspringenden Ekken; ¹/₃ natürl. Größe, Fundort Brasilien

3 Achatmandel angeschnitten, Röhrenachat mit zahlreichen Kanälen; ¹/₂ natürl. Größe, Fundort Idar-Oberstein

Achat Fortsetzung von S. 134

Färben Die südamerikanischen Lagerstätten liefern Achate, die normalerweise unscheinbar grau sind und oft keine Zeichnung erkennen lassen. Erst durch Färben erhalten sie ihre bunte Pracht und die lebhaften Strukturen. Die Kunst des Färbens war den Römern schon bekannt. In Idar-Oberstein/Rheinpfalz wird sie seit den zwanziger Jahren des vorigen Jahrhunderts praktiziert und zu einer sonst nirgends erreichten Vollendung gebracht. Das ist mit ein Grund, warum sich hier das bedeutendste Zentrum der Achat- und Farbsteinschleiferei entwickelt hat. Je nach Porosität, Opal- und Wassergehalt der einzelnen Lagen ist die Färbbarkeit verschieden. Die aus dichten Quarzaggregaten bestehenden weißen Bänder nehmen kaum oder gar keine Farbe an. Lagen, die sich leicht färben lassen, nennt der Fachmann weich, die anderen hart.

Einzelheiten des Verfahrens sind Geheimnis der Firmen. Im allgemeinen werden anorganische Farben verwendet, denn organische Farbstoffe sind nicht lichtbeständig, und ihre Farbwirkung ist auch schwächer. – Vor dem Färben werden die Achate nach einer Reinigung mit warmer Säure oder Lauge in ihre Endform geschnitten und oft auch geschliffen und poliert.

Rotfärben: Nachahmung des Karneol oder Sarder [1 b]
Farbgebende Substanz ist Eisenoxid. Einlegen des Achats in Eisennitratlösung, dann Brennen (d. h. kräftig erhitzen). Durch variable Handhabung der technischen Abwicklung lassen sich verschiedene Rottöne gewinnen. Gelbe Schichtlagen werden alleine durch Brennen rot.

Gelbfärben
Farbgebende Substanz ist Eisenoxid. Tränken der Achate mit Salzsäure und dann leichtes Erwärmen führt zu zitronengelber Farbe.

Schwarzfärben: Nachahmung des Onyx [1 c]
Farbgebende Substanz ist Kohlenstoff. Konzentrierte Zuckerlösung und anschließende Behandlung mit erwärmter Schwefelsäure führen im Achat zur tiefschwarzen Farbe. Durch gewisse Abwandlung lassen sich ebenso Brauntöne gewinnen. Neuerdings wird auch Kobaltnitrat verwendet.

Braunfärben: Nachahmung des Sarder [1 b]
Durch Behandlung mit Zuckerlösung und Erhitzen bzw. durch Kobaltnitrat (wie beim »Schwarzfärben«) werden beim Achat Brauntöne erreicht.

Grünfärben: Nachahmung des Chrysopras [1 d]
Farbgebende Substanz ist zweiwertiges Eisen. Tränken mit Chromsalzlösung und danach starkes Brennen bewirken die grüne Farbe. Nickelnitratlösung und kräftige Erhitzung soll zum selben Ergebnis führen.

Blaufärben: Nachahmung des Chalcedon [1 e]
Farbgebende Substanz ist zweiwertiges Eisen. Achate werden zunächst in eine gesättigte Lösung von gelbem Blutlaugensalz (Kaliumferrocyanid) gebracht und anschließend in Eisenvitriol (wasserhaltiges Eisensulfat) gekocht.

Weitere Ausführungen S. 138

---

1 Achatscheibe, a = natürlich, b–e = gefärbt; $^1/_3$ natürl. Größe, Fundort Brasilien
2 Polyedrischer Quarz; ½ natürl. Größe, Fundort Brasilien (S. 134)
3 Trümmerachat, angeschliffen; Gangausfüllung; $^1/_2$ natürl. Größe, Fundort USA

Alte Achatschleife mit Wasserantrieb, Idar-Oberstein

Achat Fortsetzung von S. 136

Entwicklung der Achatindustrie in Idar-Oberstein: Achat nimmt unter den Edelsteinen eine Sonderstellung ein. Auf ihm beruht eine einzigartige Industrie mit dem alleinigen Zentrum Idar-Oberstein in der Rheinpfalz. Grundlage dieser Entwicklung waren günstige Naturgegebenheiten: eigene Funde von Achat und Jaspis, gute Sandsteine aus nächster Nachbarschaft zur Herstellung von Schleifrädern, Wasserkraft zum Antrieb für Schleifsteine.

Die Anfänge der Edelsteinverarbeitung im Raum Idar-Oberstein gehen bis in die 1. Hälfte des 16. Jahrhunderts zurück. 1548 wird erstmals eine Achatschleiferei (in Fachkreisen Achatschleife genannt) am Idarbach urkundlich erwähnt. 100 Jahre zuvor wurde zwar schon regelmäßig nach Achat, Jaspis und Quarz gegraben, die Verarbeitung erfolgte jedoch an anderen Orten.

Gegen Ende des 17. Jahrhunderts gab es bereits 15, um 1800 über 30 wassergetriebene Achatschleifen am Idarbach. Als sich die heimischen Achatlagerstätten zu Anfang des 19. Jahrhunderts allmählich erschöpften, verließen viele Fachkräfte die Heimat. Und gerade das brachte für das Edelsteingewerbe neuen Aufschwung. Zufällig entdeckten nämlich Auswanderer, die als Musikanten durch die Lande zogen, in Brasilien große Achatvorkommen.

1834 erfolgte die erste Lieferung brasilianischer Achate nach Idar-Oberstein. 1867 gab es 153 Wasserschleifen. Mit dem Aufkommen des Dampfantriebs und vor allem seit der Nutzung der elektrischen Energie wurde die Verarbeitung dezentralisiert. Sie wird heute von einer Vielzahl von Betrieben getragen. Weitere Ausführungen S. 140.

---

1 Schale aus brasilianischem Achat; Durchmesser 11,2 cm, Höhe 6,5 cm
2 Schale aus brasilianischem Achat; Durchmesser 14 cm, Höhe 4 cm

1

2

Achatschleifer bei der Arbeit, Ende des vorigen Jahrhunderts

Achat Fortsetzung von S. 138

Historische Achatschleifen Die älteste Art, Achat zu schleifen, war ein Reiben auf flachliegenden Sandsteinen. Wahrscheinlich erst zu Anfang des 14. Jahrhunderts wurde das Schleifen an einem vertikal rotierenden, von Wasserkraft getriebenen Sandsteinrad aufgenommen. Ein Wasserrad außerhalb der Schleife, durch Fluß oder gestauten Teich bewegt, trieb im Inneren des Hauses eine Achse, auf der mehrere Sandsteinräder (etwa 150 cm hoch, 40–50 cm stark) vertikal aufgehängt waren. Davor lagen die Schleifer bäuchlings auf einem Gestell, dem sogenannten Kippstuhl, und drückten kräftig gegen das mit Wasser berieselte Schleifrad. Dadurch daß das Sandsteinrad in der Mitte der Lauffläche mit einem stumpfen Winkel zulief, konnten an jedem Rad zwei Schleifer arbeiten.

Durch die Verwendung der Dampfkraft und des elektrischen Stromes als Antrieb und mit der Einführung von Carborundum als Schleifmittel kam man zur sitzenden Arbeitsweise. – Weitere Ausführungen über das moderne Schleifen S. 55.

Verwendung Schon vor 3000 Jahren wurde Achat in Ägypten zu Siegelzylindern, Ringsteinen, Gemmen und Gefäßen verarbeitet. Als Amulett sollte er gegen Blitz und Sturm helfen, den Durst stillen, dem Manne Rednergabe verleihen. Heutige Verwendung für kunstgewerbliche Gegenstände, Ringsteine, Broschen, Anhänger und als Lagensteine für Gemmen (S. 142); wegen seiner Zähigkeit und chemischer Resistenz auch in der Technik viel gebraucht.

1 Achat, Ei als Dekorstück
2 Achat, Anhänger
3 Achat, Ring
4 Achat, Reibschale
5 Achat, Griffe bei Messer und Gabel
6 Achat, Griff bei Maniküregerät
7 Achat, Griff bei Brieföffner
8 Achat, Brosche
9 Achat, Petschaft
10 Achat, Pillendose
11 Achat, zahnärztliches Instrument
12 Achat, Brieföffner

Lagensteine

Die in der Edelsteinschneidekunst (Gravur oder Glyptik genannt) verwendeten mehrschichtigen Materialien heißen Lagensteine. Sie werden üblicherweise aus Achaten mit ebenen, parallel geführten Bändern geschnitten, normalerweise so, daß eine helle Schicht über einer dunklen liegt. Brasilianische Achate liefern das beste Rohmaterial. Im allgemeinen wird in zweischichtigen, ausnahmsweise in dreischichtigen Lagensteinen graviert. Es gibt aber auch Meisterwerke mit fünfschichtigen Lagen. Sehr selten sind Gravuren in mehrschichtigen und gewölbten Achatlagen.

Die Kombination von schwarzer Grundschicht und weißer Oberlage heißt Onyx (gr. »Fingernagel« wegen durchscheinender Beschaffenheit), auch eigentlicher Onyx oder arabischer Onyx. Bei Sard-Onyx ist die Grundschicht braun, bei Karneol-Onyx rot. Andererseits ist Onyx auch eine Bezeichnung für einfarbigen Chalcedon (z. B. schwarzer Onyx). Nicht zu verwechseln mit Onyx-Marmor, der in Kurzform ebenso Onyx genannt wird (S. 210)!

Blaugraue Töne erhält man bei ganz dünner weißer Oberschicht (wegen Zerstreuung des Lichts und Durchscheinen des schwarzen Untergrundes). Solche Lagensteine werden gelegentlich Niccolo genannt. Sie sind als Siegelringsteine zum Eingravieren von Wappen und Monogrammen beliebt [S. 145, Nr. 6, 8].

Eingetiefte Gravuren heißen Gemmen (lat.), jene mit negativem Bild, wie für Siegel verwendet, Intaglios (ital.), erhaben geschnittene Bilder Kameen (ital.). Gemme wird neuerdings auch mehr und mehr als Oberbegriff sowohl für die vertieft als auch für die mit erhabenem Relief gravierten Edelsteine verwendet.

Im Achat sind Bänder, wie sie für Lagensteine benötigt werden, in natürlichen Farben des Onyx, Karneols oder des Sarders nicht sehr häufig anzutreffen. Daher werden die Lagensteine meistens gefärbt, wie auf S. 136 näher beschrieben. Die künstlich gefärbten Steine heißen wie ihre natürlichen Brüder.

Neuerdings gibt es auch Onyx-Lagensteine, die aus ungeschichteten, einfarbig grauen, färbbaren Chalcedonen hervorgegangen sind: Ein quaderförmiger Block wird mit einer Lösung von Kobaltchlorat und Chlorammonium getränkt und erhält dadurch eine schwarze Farbe. Mit Hilfe von Salzsäure kann die Farbe bis zu 1 mm tief wieder herausgelöst werden. Wenn man diesen Quader nun teilt, ergeben sich zwei Lagensteine, deren Schnittflächen schwarz und deren übrige Seiten weiß sind. Angeblich ist die dunkle Farbe aber nicht sehr beständig.

Auch geklebte Dubletten mit natürlich weißer Chalcedonplatte und gefärbter schwarzer Chalcedonschicht sind bekannt.

Werdegang einer Gemme

1 Aus einem gebänderten Achat – wie er im Hintergrund abgebildet ist – wird ein Stück (Lagenstein) mit unterschiedlicher Farbe und geradlinig-parallel verlaufenden Streifen herausgeschnitten.

2 Daraus lassen sich mehrere zweischichtige Lagensteine gewinnen.

3 Die untere, die Grundschicht, wird schwarz oder braunrot gefärbt. Die obere Lage bleibt weiß, sie ist nicht färbbar.

4 Die Hauptleitlinien der späteren Figur sind grob angedeutet. Bei Massenartikeln bedient man sich einer Schablone.

5–8 Hier zeigt sich das eigentliche Gestaltungsfeld der Graveure. Erfahrung, Steinkenntnis und technische Perfektion prägen die persönliche Note.

9 Das Endprodukt ist ein Beispiel für meisterhafte Präzision der Gravurkunst in gefärbtem Onyx.

1 2 3 4

5 6 7 8

9

Edelsteingraveur bei der Arbeit

Technik der Steingravur

Das Hauptwerkzeug des Graveurs ist eine kleine Drehbank mit horizontal liegender Welle, auf die je nach Bedarf verschiedene »Geschirre«, d. h. Arbeitsköpfe in Scheiben-, Kugel-, Kegel- oder Nadelform aufgesteckt werden. In Geschirrbrettern steht eine Vielzahl solcher Kleinwerkzeuge griffbereit. Ein Elektromotor sorgt für 3000–5000 Umdrehungen in der Minute. An die starre Gravierspindel führt der Graveur den Stein mit der Hand. Das erfordert höchste Präzision und große Steinkenntnis.
Die rotierenden »Zeiger« und »Spitzen« werden fortlaufend mit diamanthaltigem Schleifpulver und Öl bestrichen, dadurch gekühlt und gleichzeitig so mit rauher Oberfläche versehen, denn die kleinen Diamantsplitter drücken sich beim Gravieren in das weiche Eisen der Geschirre ein.
Das Polieren erfolgt mit Holz, Leder oder anderen weichen Materialien unter Verwendung von Wasser und speziellen Pasten. Hierbei werden gleichzeitig die stehengebliebenen, mit einem Metallstift eingeritzten Striche der Vorzeichnung beseitigt.
Neuerdings gibt es auch biegsame Antriebswellen. Sie werden aber vorwiegend nur bei größeren Skulpturen verwendet, wenn das Werkstück zu schwer für eine Führung durch die Hand ist.
Über die historische Entwicklung der Steinschneidekunst s. S. 54

1 Abstrakte moderne Gravur; Lagenonyx
2 Abstrakte moderne Gravur; Lagenonyx
3 Schattengravierung; brasil. Lagenonyx
4 Frauenkopf, Pariser Stil; Lagenonyx
5 Mädchen mit Blüte; Lagenkarneol
6 Wappen; brasilian. Lagenonyx
7 Reliefschattierung, bras. Lagenonyx
8 Monogramm; brasilian. Lagenonyx

1

2

3

4

5

6

7

8

Jaspis Quarz-Gruppe, Synonym: Hornstein

Farbe: alle Farbtöne, meist streifig oder
  gefleckt
Strichfarbe: weiß, gelb, braun, rot
Mohshärte: $6^{1}/_{2}-7$
Spez. Gewicht: 2,58–2,91
Spaltbarkeit: keine
Bruch: splittrig
Kristalle: (trigonal) mikrokristalline,
  körnige Aggregate
Chemie: SiO_2 Siliciumdioxid

Transparenz: undurchsichtig
Lichtbrechung: etwa 1,54
Doppelbrechung: keine
Dispersion: keine
Pleochroismus: fehlt
Absorption: nicht auswertbar
Fluoreszenz: keine

Meist wird Jaspis zu den Chalcedonen (S. 126) gerechnet. Einige Wissenschaftler
jedoch stellen ihn zu einer selbständigen Gruppe innerhalb der Quarz-Familie.
Der Name Jaspis kommt aus dem Griechischen, bedeutet soviel wie »gesprenkel-
ter Stein«. Allerdings verstand man im Altertum unter Jaspis ganz andere Steine
als heute, nämlich grüne, durchsichtige Qualitäten. Teilweise gilt Hornstein als
Synonym. Nach anderer Auffassung ist der graue Hornstein eine Jaspis-Varietät.
Der feinkörnig-dichte Jaspis enthält stets Fremdstoffe, teilweise bis zu 20%. Diese
Beimengungen bestimmen Farbton, Strichfarbe und Zeichnung. Einfarbige Jaspi-
se sind selten; meist verschiedenfarbig, gestreift, fleckig oder geflammt. Je nach
Fremdstoff ist auch die Strichfarbe ockergelb, braun bis rot, sonst weiß. – Häufig ist
Jaspis Versteinerungsmaterial (S. 148).
Vorkommen als Spaltenfüllung oder Knollen. Lagerstätten weltweit verbreitet:
z. B. Indien (Dekkan), Rußland (Ural), USA (zahlreiche Staaten), Frankreich
(Dauphiné), BRD (bei Kandern und Löhlbach in Baden, bei St. Egidien in
Sachsen). Im Altertum Verwendung zu Siegelzylindern und als Amulett gegen
Sehstörung und Trockenheit auf den Feldern. Heute beliebt für kunstgewerbliche
Gegenstände, als Cabochon, für Steinmosaik. Beim Schleifen und Polieren Vor-
sicht: Gebänderte Jaspise neigen zur Abgliederung entlang der Schichten!

Varietäten Nach Farbe, Zeichnung, Fundort oder Zusammensetzung viele Handelsnamen: Achat-J. (oder Jasp-Achat), Ägyptischer J. (oder Nilkiesel), Band-J.
(für Gemmen verwendbar), Basanit (schwarzer, feinkörniger Jaspis aus Nord-Ca-
rolina/USA, der von Juwelieren und Goldschmieden für Strichproben von Edel-
metallen verwendet wird), Blut-J. (falsche Bezeichnung für Heliotrop, S. 128),
Landschafts-J. (durch Einschlüsse landschaftsähnliche Zeichnung), Nunkirchner
J. (graubräunlich, sehr feinkörnig, benannt nach Fundort im Hunsrück; mit Berliner Blau gefärbt, dient er unter dem Namen Deutscher Lapis oder Swiss lapis als
Nachahmung des Lapislazuli, S. 172), Plasma (dunkelgrün, gleichmäßig feinkörnig), Prasem (grün gefärbter Jaspis oder ein Edelstein aus der Gruppe der derben
Quarze, S. 122), Silex (braun und rot gefleckt).

---

1 Jaspisbreccie, Australien
2 Popjaspis, zweimal, Südafrika
3 Popjaspis, zweimal, Australien
4 Mookait, Australien
5 Buntjaspis, zweimal, Indien
6 Buntjaspis, Cabochon, Australien
7 Zebrajaspis, Südafrika
8 Jaspis gelb, Cabochon, Australien

9 Jaspis gelb, Australien
10 Buntjaspis, Indien
11 Streifenjaspis, Südafrika
12 Buntjaspis, Indien
13 Bandjaspis, Australien
14 Silex, Ägypten
15 Buntjaspis, Indien
16 Buntjaspis, Rohstein, Indien

Holzstein Quarz-Gruppe, Synonym: Verkieseltes Holz

Farbe: braun, grau, rot	Transparenz: undurchsichtig
Strichfarbe: weiß, z. T. farbig	Lichtbrechung: etwa 1,54
Mohshärte: $6^1/_2-7$	Doppelbrechung: schwach oder keine
Spez. Gewicht: 2,60–2,65	Dispersion: keine
Spaltbarkeit: keine	Pleochroismus: fehlt
Bruch: uneben, splittrig	Absorption: nicht auswertbar
Kristalle: (trigonal) mikrokristalline	Fluoreszenz: keine
Aggregate, selten amorph	
Chemie: SiO_2 Siliciumdioxid	

Holzstein ist verkieseltes Holz in der mineralischen Zusammensetzung des Jaspis, des Chalcedons, seltener des Opals; besteht also ausschließlich aus Siliciumdioxid. Er ist eine Versteinerung, ein zu Stein gewordenes Holz, wie man in Laienkreisen nicht ganz richtig sagt. Denn die organischen Holzteile werden niemals unmittelbar in Stein umgewandelt, sondern lediglich Formen und Strukturelemente des Holzes werden überliefert. Der Fachmann spricht von einer Pseudomorphose von Chalcedon (bzw. Jaspis oder Opal) nach Holz.

Gut erhaltene Versteinerungen gibt es nur dann, wenn die Hölzer nach dem Absterben rasch von feinkörnigem Sedimentgestein zugedeckt werden. Dadurch bleibt die äußere Struktur des Holzes in dem umgebenden Gestein wie in einer Negativform konserviert. Zirkulierende Wasser lösen die organischen Bestandteile heraus und ersetzen sie durch mineralische Stoffe. Es erfolgt also keine Umwandlung, sondern ein Austausch. Teilweise geht dieser so langsam vor sich, daß die inneren Strukturelemente des Holzes, die Jahresringe [5], der Bau der Zellen, sogar Wurmlöcher mit überliefert werden. Andererseits entstehen beim Kristallisationsvorgang auch ganz neue Zeichnungen.

Die Farben sind meist unscheinbar grau oder braun, gelegentlich jedoch auch rot, rosa, hellbraun, gelb und sogar blau bis violett. Durch Schleifen und Polieren werden die Farben kräftig betont.

Die bekannteste Lagerstätte ist der »Versteinerte Wald« bei Holbrook in Arizona/ USA. Hier gibt es versteinerte Baumstämme bis zu 65 m lang und 3 m dick aus der Gattung der Araukariengewächse. Die Stämme wurden vor etwa 200 Millionen Jahren aus verschiedenen Gegenden hier zusammengeschwemmt und dann von einigen hundert Meter mächtigen Sedimenten zugedeckt. Im Laufe der Zeit witterte ein Teil der verkieselten Hölzer aus den umgebenden Sandsteinen heraus. Nirgendwo ist versteinertes Holz so farbenprächtig wie in Arizona. Um diese einmalige Naturschönheit zu erhalten, wurde das Gebiet des »Versteinerten Waldes« 1962 zum National-Park erklärt.

Kleinere Lagerstätten von Holzstein gibt es in allen Kontinenten. Gute Qualitäten liefern Ägypten (Dschel Moka Ham bei Kairo) und Argentinien (Patagonien). In Nevada (Virgin Valley) zeigen verkieselte Hölzer das prächtige Farbenspiel des Opals.

Verwendung vor allem zu kunstgewerblichen Gegenständen und Dekorstücken (Tischplatten, Aschern, Buchständer, Briefbeschwerer), seltener zu Schmuckzwecken.

---

1 Holzstein, Aschenbecher	4 Holzstein-Scheibe, anpoliert
2 Holzstein, Flaschenpropfen-Griff	5 Holzstein mit fossilen Jahresringen
3 Holzstein, fünfmal Baumfarn-Teile	6 Holzstein, zweimal Stammteile

Die Abbildungen sind gegenüber den Originalen um 50 % verkleinert.

Opal Quarz-Gruppe

Bei den Opalen (Name altindisch »Stein«) unterscheiden wir drei Gruppen: die schillernden Edelopale, die gelbroten Feueropale und die weit verbreiteten Gemeinen Opale (Gewöhnliche Opale). Ihre physikalischen Eigenschaften unterliegen erheblichen Schwankungen.

Farbe: weiß, grau, blau, grün, orange, schwarz; teilweise Opalisieren
Strichfarbe: weiß
Mohshärte: $5^{1}/_{2}$–$6^{1}/_{2}$
Spez. Gewicht: 1,98–2,50
Spaltbarkeit: keine
Bruch: muschelig, splittrig, spröde
Kristalle: amorph; nierig, traubige Aggregate
Chemie: $SiO_2 \cdot nH_2O$ wasserhaltiges Siliciumdioxid

Transparenz: durchsichtig, undurchs.
Lichtbrechung: 1,44–1,46
Doppelbrechung: keine
Dispersion: keine
Pleochroismus: fehlt
Absorption: Feuer-O.: 7000–6400, 5900–4000
Fluoreszenz: Weißer O.: weiß, bläulich, bräunlich, grünlich;
Schwarzer O.: meist keine;
Feuer-O.: grünlich bis braun

Edelopal

Das Besondere an diesen Edelsteinen ist ihr »Opalisieren«, ein regenbogenartiger Schiller, der sich je nach Blickwinkel verändert. Noch in den 60er Jahren erklärte man dies mit einer Lichtbrechung an feinsten Lamellen. Das Elektronenmikroskop zeigt bei 20000facher Vergrößerung die wirkliche Ursache: Kleine Kugeln (zehntausendstel Millimeter Durchmesser) aus dem Mineral Cristobalit, in einer Kieselgelmasse eingelagert, bewirken Reflexions- bzw. Interferenzerscheinungen. Strenggenommen ist Edelopal damit gar keine echte amorphe Masse.
Opal enthält immer etwas Wasser; der Gehalt schwankt zwischen wenigen und 30%. Mit der Zeit kann der Stein sein Wasser verlieren, dadurch rissig werden und sein Opalisieren vermindern. Durch Tränken mit Öl, Walrat oder Wasser verschwinden – allerdings nur vorübergehend – die Risse. Durch Lagern in feuchter Watte wird Altern verhindert und das Farbenspiel erhöht. Vorsicht beim Fassen! Schon bei geringer Hitze kann Wasser austreten. Opal ist auch gegen Druck und Stoß sowie gegen Säuren und Laugen empfindlich.
Zwei Gruppen lassen sich unter den Edelopalen unterscheiden: die mit weißer oder heller Grundfarbe ausgestatteten Weißen Opale [11–16] und die selteneren Schwarzen Opale [4,5 und 7–10]. Ihre Grundfarbe ist dunkelgrau, dunkelblau, dunkelgrün oder grauschwarz. Tiefes Schwarz ist ganz selten.
Opalmatrix (früher Opalin genannt) ist eine bandartige Verwachsung oder eine flitterartige Einlagerung von Edelopal mit bzw. in Muttergestein. Wegen des guten Kontrastes als Edelstein geschliffen [1, 2, 6]. – Weitere Ausführungen S. 152.

1 Weißer Opal in Matrix
2 Schwarzer Opal in Matrix
3 Opalisierte Schnecke
4 Schwarzer Opal, diverse Formen
5 Schwarzer Opal, 86 ct
6 Opalmatrix, Anhänger
7 Schwarzer Opal, zwei Tripletten
8 Schwarzer Opal, vier Cabochons
9 Schwarzer Opal, Dublette, 16,90 ct
10 Schwarzer Opal, zwei Dubletten
11 Weißer Opal, viermal mugelig
12 Weißer Opal, Rohstück angeschliffen
13 Weißer Opal, Cabochon, 10,39 ct
14 Weißer Opal, Cabochon, 33,75 ct
15 Weißer Opal, zweimal mugelig, 7,78 ct
16 Weißer Opal, vier Cabochons, 14,21 ct
Gegenüber Originalen um 20% verkleinert; nicht numerierte Steine gehören zu 4.

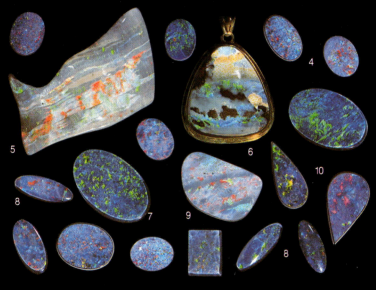

Edelopal Fortsetzung von S. 150

Bis zur Jahrhundertwende lieferten die Andesitlaven von Cervenica im äußersten Osten der CSFR die besten Qualitäten. Dann wurden die australischen Lagerstätten bekannt. Berühmte Fundstätten im Neusüdwales sind Lightning Ridge und White Cliffs, in Südaustralien Coober Pedy und Andamooka, in Queensland Bulla Creek und Burcoo River. Die meist 1–2 mm dünnen Opallagen sind vorwiegend in Sandsteinen eingebettet. – Weitere Lagerstätten in Brasilien, Guatemala, Honduras, Japan und USA (Nevada).

Früher galt Edelopal in Europa als Unglücksstein; im Orient war er dagegen Sinnbild der Treue und Hoffnung. Bei gerundeten Schlifformen kommt das Farbenspiel am besten zum Ausdruck. Sehr dünne Edelopale werden mit Gemeinem Opal oder Onyx unterlegt: Opal-Dublette oder Schicht-Opal. Bei Tripletten wird außerdem noch eine schützende Bergkristallschicht aufgeklebt.

Als Fälschung gilt Schwarzfärben von hellen oder Matrix-Opalen, um dadurch das Farbenspiel zu beleben, wie auch Imprägnation von porösem Opal mit Kunstharz. 1970 gelang in den USA eine Synthese von Weißem und Schwarzem Opal.

Feueropal [1–7]

Benannt nach der orangen Farbe. Zeigt kein Opalisieren; meist milchig trüb. Beste Qualitäten sind klar durchsichtig [3, 4, 6]. Gegen jede Art der Beanspruchung sehr empfindlich. – Bedeutendste Lagerstätten in Mexiko (Provinzen Hidalgo und Queretaro), auch Brasilien, Guatemala, Honduras, USA, Westaustralien, Türkei (hier Simavopal genannt). Glasimitationen auf dem Markt.

Girasol: fast farblose, durchsichtige Abart mit bläulich wogendem Lichtschein (Opaleszenz, S. 44). – Irisopal: Varietät aus Mexiko, farblos oder leicht bräunlich, durchsichtig, mit einfarbigem Schiller. – Sonnenstein: Synonym zu Girasol oder auch zu Feueropal.

Gemeiner Opal (Gewöhnlicher Opal) [8–14]

Meist undurchsichtig, ohne Farbenspiel, weit verbreitet. Viele Handelsnamen, z. B. Achat-O. oder Opalachat (Achat mit amorphen Opallagen, S. 132), Glas-O. oder Hyalith (farblos, durchsichtig), Holz-O. (Versteinertes Holz, S. 148), Honig-O. (honiggelbe Farbe, Nr. 8), Milch-O. (durchscheinend, weißlich, perlartiger Schimmer; undurchsichtige Varietät heißt Porzellan-O., von Dendriten durchsetzt Moos-O., Nr. 11), Perlmutter-O. oder Cacholong, auch Kascholong (undurchsichtig bis durchscheinend, milchweiß oder gelblich mit Perlmutterglanz), Pras-O., früher auch Chrysopal (undurchsichtig, apfelgrün, Nr. 10), Wachs-O. (gelbbraun mit Wachsglanz, Nr. 12), Wasser-O. oder Hydrophan (gealterter Edelopal; infolge Wasserverlust trüb geworden; wird durch Wasseraufnahme vorübergehend wieder durchscheinend und opalisierend).

1 Feueropal, Rohstein, Mexiko	8 Honigopal, Westaustralien
2 Feueropal, fünfmal mugelig, 11,80 ct	9 Gemeiner Opal, dreimal, Mexiko
3 Feueropal, neunmal facettiert, 11,95 ct	10 Prasopal, Nevada/USA
4 Feueropal, viermal facettiert, 13,61 ct	11 Moosopal, Indien
5 Feueropal, Rohstein, Mexiko	12 Wachsopal, Rohstein, Ungarn
6 Feueropal, dreimal facettiert, 5,89 ct	13 Dendritenopal, Rohstein
7 Feueropal, Cabochon u. Oval, 24,53 ct	14 Leberopal, Rohstein, Ungarn

Die Abbildungen sind gegenüber den Originalen um 20% verkleinert.

Jade

Der Name geht auf die Zeit der spanischen Eroberung Mittel- und Südamerikas zurück und bedeutet »piedra de ijada«, d. h. Lendenstein, weil man ihn als Schutz- und Heilmittel gegen Nierenleiden betrachtete. Über Europa wurde dieser Begriff in der ganzen Welt verbreitet. Das entsprechende chinesische Wort »yü« hat im allgemeinen Sprachgebrauch keinen Eingang gefunden. 1863 konnte ein Franzose nachweisen, daß unter jenem zähen Stein, den man schon seit 7000 Jahren kannte, zwei verschiedene Mineralien zu verstehen sind. Er nannte sie Jadeit und Nephrit. Im Handel wird eine Vielzahl von grünlichen undurchsichtigen Steinen irreführend als Jade angeboten. Die Unterscheidung von Jadeit und Nephrit ist allerdings schwierig, was auch ein Grund dafür sein mag, das Wort Jade als eine Art Oberbegriff weiter zu führen.

In prähistorischer Zeit war Jade in allen Teilen der Welt wegen seiner außerordentlich großen Zähigkeit begehrter Grundstoff für Waffen und Gerät. Daher wird Nephrit auch als Beilstein bezeichnet. Vor über 2000 Jahren wurde Jade in China in den Götterkult einbezogen und zu mystischen Figuren und anderen Symbolen verarbeitet. Im präkolumbianischen Mittelamerika war Jade geschätzter als Gold. Durch die spanische Eroberung wurde die hohe Kunst des Jadeschneidens in Amerika schlagartig beendet. In China dagegen ist diese Kunstpflege niemals unterbrochen worden. Früher wurde nur Nephrit in China verarbeitet; seit 150 Jahren wird auch Jadeit, von Birma eingeführt, verwendet.

Jadeit [9–13] Augit-Gruppe (Pyroxen-Gruppe)

Farbe: grün, außerdem weiß, rötlich, gelb, braun, violett, schwärzlich
Strichfarbe: weiß
Mohshärte: $6^1/_2-7$
Spez. Gewicht: 3,30–3,36
Spaltbarkeit: unvollkommen
Bruch: splittrig, spröde
Kristalle: (monoklin) verfilztes körnig-feinfaseriges Aggregat
Chemie: NaAl $[Si_2O_6]$
Natrium-Aluminium-Silicat

Transparenz: undurchsichtig, durchscheinend
Lichtbrechung: 1,654–1,667
Doppelbrechung: + 0,013, oft keine
Dispersion: keine
Pleochroismus: fehlt
Absorption: grüner J.: 6915, 6550, 6300, (4950), 4500, 4375, 4330
Fluoreszenz: grünlicher J.: sehr schwach: graublau

Jadeit (Name von Jade abgeleitet) ist infolge faserig-filziger Ausbildung sehr zäh und widerstandsfähig. Er kommt in fast allen Farben vor. Auf Bruchflächen zeigt er matten, poliert fettigen, manchmal sogar perlartigen Glanz. Am begehrtesten ist Imperial-Jade (Kaiserjade), ein durch Chrom smaragdgrün gefärbter, kantendurchscheinender Jadeit aus Birma. – Weitere Ausführungen S. 156.

1 Nephrit, Rohstein angeschliffen	9 Jadeit, Rohstein
2 Nephrit, zweimal Tafelschliff	10 Jadeit, flache Tafel
3 Nephrit, sechs Cabochons	11 Jadeit, vier Qualitäten
4 Nephrit, zwei Navetten, zus. 7,68 ct	12 Jadeit, zwei Tropfen
5 Nephrit, drei Cabochons	13 Jadeit, drei verschiedene Schliffe
6 Nephrit, gemugelte Tafel	14 Nephrit-Katzenauge
7 Nephrit, Cabochon, Wyoming/USA	15 Chloromelanit, Antik, 14,32 ct
8 Nephrit, Achteck, gemugelte Tafel	16 Chloromelanit, vier Schliffe

Die Abbildungen sind gegenüber den Originalen um 20% verkleinert.

Jade Fortsetzung von S. 154

Bedeutendste Jadeit-Lagerstätten in Oberbirma bei Tawmav, schichtartig in Serpentingestein oder auf sekundärer Stätte in Konglomoraten und als Flußgeröll. Das hier geförderte Material geht nach China. Andere Vorkommen gibt es in China (Ost-Turkistan, Tibet, Yünnan), Guatemala, Japan, Mexiko, USA (Kalifornien). Über Verwendung, Nachahmung und Verwechslung siehe weiter unten.
Chloromelanit [S. 155, Nr. 15, 16]: grün-schwarz gefleckte Jadeit-Varietät.
Jadealbit (Albitjadeit): kräftig grünes von schwarzen Flecken durchsetztes Gemenge von Albitfeldspat und Jadeit aus Oberbirma.

Nephrit [S. 155, Nr. 1–8, 14] Aktinolith-Gruppe (Amphibol-Gruppe)

Farbe: grün, außerdem weiß, grau, gelblich, rötlich, braun; oft fleckig	Transparenz: undurchsichtig
Strichfarbe: weiß	Lichtbrechung: 1,600–1,627
Mohshärte: 6–6^1/$_2$	Doppelbrechung: − 0,027; teilweise keine
Spez. Gewicht: 2,90–3,02	Dispersion: keine
Spaltbarkeit: in Längsricht. vollkomm.	Pleochroismus: schwach: gelb bis braun, grün
Bruch: splittrig, scharfkantig, spröde	
Kristalle: (monoklin) verfilztes feinfaseriges Aggregat	Absorption: (6890), 5090, 4900, 4600
Chemie: $Ca_2(Mg, Fe)_5 [Si_4O_{11}]_2 (OH)_2$ bas. Calcium-Magnesium-Eisen-Silicat	Fluoreszenz: keine

Nephrit (gr. »Niere«) ist noch zäher als Jadeit. Fast alle Farben möglich, auch streifig oder gefleckt. Am begehrtesten grün.
Nephrit ist häufiger als Jadeit: im Westen von Sinkiang/China bei Kaschgar und Khotan in Serpentingestein und als Flußgeröll. Am Baikalsee eine spinatgrüne Art (Russisch Jade). Weitere Lagerstätten in Neuseeland, Australien (Tasmanien), Birma, Brasilien, Kanada, Mexiko, Taiwan, auch Oberschlesien.
Verwendung des Jadeits und Nephrits zu Schmuck und Kultgegenständen.
Viele Nachahmungen; auch Tripletten aus Jadeplatte mit aufgesetztem unscheinbarem Jadecabochon, dem ein durchscheinender Jadeit übergestülpt ist. Grüner Kitt bewirkt ein Aussehen wie Imperial Jade. Färbungen zur Verbesserung des Farbwertes bekannt. – Über Magnetit–Jade S. 206. – Verwechslung mit Agalmatolith (S. 214), Amazonit (S. 164), Aventurin (S. 122), Bowenit (S. 202), Californit (S. 186), Chrysopras (S. 128), Connemara (S. 202), Grossular (S. 106), Plasma, (S. 146), Prasem (S. 122), Prehnit (S. 188), Serpentin (S. 202), Smithsonit (S. 198), Verd-antique (S. 202), Williamsit (S. 202).

Charoit (Tscharoit)

Fundort Ostsibirien. Undurchsichtig, fliederfarben bis violett; Mohshärte 5^1/$_2$–6; Spez. Gewicht 2,54; monoklin, $K(Ca,Na)_2[(OH,F)|Si_4O_{10}]\cdot H_2O$. Bildet zähe, fasrige Aggregate. Verwendung als Cabochon, für Kunstgewerbe.

1 Jade, Elefant, China	6 Jade, Pferd, China
2 Jade, Kette, China	7 Jade, drei Symbolfiguren
3 Jade, Zigarettenspitze	8 Jade, Kette, bunt
4 Jade, Kette, Birma	9 Jade, Anhänger
5 Jade, Buddha, China	10 Chloromelanit, Anhänger

Die Abbildungen sind gegenüber den Originalen um 20% verkleinert.

Peridot Synonym: Chrysolith, Olivin

Farbe: gelbgrün, olivgrün, bräunlich
Strichfarbe: weiß
Mohshärte: 6½–7
Spez. Gewicht: 3,27–3,37
Spaltbarkeit: unvollkommen
Bruch: spröde, kleinmuschelig
Kristalle: (rhombisch) kurze gedrungene
  Prismen, vertikal gestreift
Chemie: (Mg, Fe)$_2$ SiO$_4$
  Magnesium-Eisen-Silicat

Transparenz: durchsichtig
Lichtbrechung: 1,654–1,690
Doppelbrechung: + 0,036
Dispersion: 0,020
Pleochroismus: sehr schwach: farblos
  bis blaßgrün, lebhaft grün, ölgrün
Absorption: (6530), (5530), 5290, 4970,
  4950, 4930, 4730, 4530
Fluoreszenz: keine

Bedeutung des aus dem Griechischen stammenden Namens Peridot ungewiß. Vielleicht nimmt er Bezug auf den Flächenreichtum seiner Kristalle. Chrysolith (gr. »Goldstein«) ist Synonym, in alter Zeit aber nicht nur für Peridot, sondern Bezeichnung für viele fabähnliche Steine. In der Mineralogie ist der Name Olivin (wegen olivgrüner Farbe) gebräuchlicher.

Glanz glasähnlich und ölig. Gegen Schwefelsäure empfindlich. Seiner Neigung, bei starken Spannungen zu zerspringen, begegnet man durch Einfassen in einer Metallunterlage. Dunkle Steine können durch Glühen heller getönt werden. Rarität: Peridot-Katzenauge und Sternperidot.

Wichtigste Lagerstätte im Roten Meer auf der Vulkaninsel Zebirget (St. John), 300 km östlich von Assuan; schon seit 3500 Jahren ausgebeutet. An den Wänden von Hohlräumen des sich zersetzenden Peridotit-Gesteins gibt es die schönsten Kristalle. Gutes Material liefern auch Serpentin-Steinbrüche in Oberbirma (30 km nordöstlich von Mogok). Weniger bedeutende Fundstätten: Australien (Queensland), Brasilien (Minas Gerais), Südafrika (Begleitmaterial von Diamant), USA (Arizona, Hawaii, Neu-Mexiko), Zaire. In Europa gibt es Peridot in Norwegen, nördlich des Nord-Fjords.

Kreuzfahrer brachten Peridot nach Mitteleuropa. Im Mittelalter wurde er viel für kirchliche Zwecke verwendet. In der Zeit des Barocks war er Lieblingsstein dieser Epoche. Wegen der nicht sehr großen Härte heute im Handel zweitrangig. Beliebt sind Tafel- und Treppenschliff, gelegentlich auch Brillantschliff; vornehmlich in Gold gefaßt.

Der größte geschliffene Peridot wiegt 310 ct; er stammt von der Insel Zebirget und befindet sich im Smithsonian Institut in Washington/USA. In Rußland gibt es geschliffene Peridote, die aus einem 1749 in Ostsibirien niedergegangenen Meteorit stammen.

Verwechslungsmöglichkeit mit Beryll (S. 96), Chrysoberyll (S. 98), Demantoid (S. 106), Diopsid (S. 190), Moldavit (S. 212), Prasiolith (S. 120), Prehnit (S. 188), Sinhalit (S. 186), Smaragd (S. 90), synth. Spinell (S. 66), Turmalin (S. 110), Vesuvian (S. 186). Die kräftige Doppelbrechung des Peridot ist ein wichtiges Erkennungsmerkmal. Bei dicken Steinen Verdopplung der Facettenkanten mit bloßem Auge deutlich zu sehen.

---

1 Peridot, zweimal Achteck, je 4,65 ct
2 Peridot, zweimal Oval, 5,67 u. 6,38 ct
3 Peridot, Achteck, 4,14 ct
4 Peridot, Oval, 12,45 ct
5 Peridot, vier verschiedene Formen
6 Peridot, Antik, 24,02 ct
7 Peridot, fünfmal facettiert
8 Peridot, viermal facettiert
9 Peridot, fünf Cabochons
10 Peridot, Kristalle, z. T. abgerollt

Die Abbildungen sind gegenüber den Originalen um 20% vergrößert.

Zoisit Synonym: Saualpit

Das Mineral Zoisit (nach dem Sammler v. Zois), auf dem Höhenzug der Saualpe in Kärnten 1805 erstmals gefunden und ursprünglich Saualpit genannt, hatte bis vor kurzem keine Edelsteinqualität.
1954 wurde im heutigen Tansania ein grünes Gestein mit schwarzen Hornblendeeinschlüssen und großen, allerdings meist undurchsichtigen Rubinen bekannt, das wegen der Farbkontraste ein sehr wirkungsvoller Schmuck- und Ornamentstein ist [12–14]. Er heißt nach der Eingeborenensprache der Massai Anyolit (»grün«) in der Wissenschaft Zoisit-Fels oder Zoisit-Amphibolit. Seit 1967 gibt es einen saphirfarbenen Tansanit und neuerdings auch andersfarbige und farblose Zoisite von Edelsteinqualität. Eine dichte rötliche Varietät ist der Thulit (siehe unten).

Tansanit [1–11]

Farbe: saphirblau, amethystviolett
Strichfarbe: weiß
Mohshärte: 6½–7
Spez. Gewicht: 3,35
Spaltbarkeit: vollkommen
Bruch: uneben, spröde
Kristalle: (rhombisch) flächenreiche Prismen, meist gestreift
Chemie: $Ca_2Al_3[O|OH|SiO_4|Si_2O_7]$
Calcium-Aluminium-Silicat

Transparenz: durchsichtig
Lichtbrechung: 1,691–1,700
Doppelbrechung: + 0,009
Dispersion: 0,030
Pleochroismus: sehr stark: purpur, blau, braun
Absorption: 7100, 6910, <u>5950</u>, 5280, 4550
Fluoreszenz: keine

Der Name Tansanit (nach dem ostafrikanischen Staat Tansania) wurde von der Juwelierfirma Tiffany/New York eingeführt. Er ist im Handel verbreitet; Wissenschaftler lehnen ihn teilweise ab, um die Namensflut bei Schmucksteinen einzudämmen, und sprechen vom blauen Zoisit. Die Farbe ist bei guten Qualitäten ultramarin bis saphirblau. Bei Lampenlicht zeigt er mehr amethystviolett. Durch Erhitzen auf 400–500° C verschwinden gelbliche und braune Töne, und das Blau wird vertieft. Auch Tansanit-Katzenauge bekannt. – Einzige Lagerstätte in Tansania bei Arusha; Vorkommen in Gängen und Kluftausfüllungen von Gneisen.
Glasimitationen und Dubletten aus Glas mit Tansanit-Oberteil oder aus zwei farblosen synthetischen Spinellen, jeweils mit tansanitfarbigem Kitt geklebt, auf dem Markt. Verwechslungsmöglichkeit mit Saphir (S. 86) und synthetischem blauviolettem Korund (S. 66).

Thulit [15, 16]

Dichte rote Varietät des Zoisits. Erste Funde in Norwegen (daher Name nach Thule). Neuerdings auch in Westaustralien und in Namibia entdeckt. Verwendung als Cabochon oder Ornamentstein. – Verwechslungsmöglichkeit mit Rhodonit (S. 168).

1 Tansanit, Kristall
2 Tansanit im Muttergestein
3 Tansanit, drei Kristall-Bruchstücke
4 Tansanit, Birnkernform, 5,2 ct
5 Tansanit, Antik, 24,4 ct
6 Tansanit, Oval, 3,5 ct
7 Tansanit, Brillantschliff, 6,8 ct
8 Tansanit, Oval, 3,1 ct
9 Tansanit, Cabochon, 8,5 ct
10 Tansanit, fünfmal facettiert
11 Tansanit, fünf Cabochons
12 Zoisit-Amphibolit mit Rubin
13 Zoisit, zweimal mugelig
14 Zoisit-Amphibolit mit Rubin
15 Thulit, zwei Rohstücke
16 Thulit, Cabochon

Hämatit [1–4] Synonym: Blutstein, Specularit

Farbe: schwarz, schwarzgrau, braunrot
Strichfarbe: blutrot
Mohshärte: 5½–6½
Spez. Gewicht: 4,95–5,16
Spaltbarkeit: keine
Bruch: muschelig, uneben, faserig
Kristalle: (trigonal) meist taflig
Chemie: Fe_2O_3 Eisen(III)-Oxid

Transparenz: undurchsichtig
Lichtbrechung: 2,94–3,22
Doppelbrechung: − 0,28
Dispersion: keine
Pleochroismus: fehlt
Absorption: (7000), (6400), (5950), (5700), (4800), (4500), (4250), (4000)
Fluoreszenz: keine

Hämatit färbt beim Schleifen das Kühlwasser blutrot; daher der Name (gr. »Blut«) und das deutsche Synonym Blutstein. Die englische Bezeichnung »bloodstone« dagegen meint den Heliotrop (S. 128). Blanke Hämatitkristalle auch Specularit (gr. »Spiegel«) genannt, weil sie im Altertum als Spiegel verwendet wurden. In der Mineralogie werden gut auskristallisierte Hamatit-Varietäten Eisenglanz, feinkristalline Arten Roteisenerz oder Roteisenstein genannt.
In dünnen Blättchen ist Hämatit rot durchscheinend, poliert lebhaft glänzend. – Schleifwürdiges Material in Cumberland/England, bei Saalfeld/Thüringen, auf Elba, außerdem Norwegen, Schweden, Spanien, Brasilien, Neuseeland, USA. – Im Altertum Amulett gegen Blutungen. Früher Verwendung als Trauerschmuck, heute zu Ringsteinen, Kugelketten und zu vertieften Gravuren. – Verwechslungsmöglichkeit mit Cassiterit (S. 184). Nachahmung aus gepreßten und gesinterten Hämatitsplittern bekannt.

Pyrit [5–10] Synonym: Schwefelkies, Eisenkies

Farbe: messinggelb, graugelb
Strichfarbe: grünlichschwarz
Mohshärte: 6–6½
Spez. Gewicht: 5,0–5,2
Spaltbarkeit: unvollkommen
Bruch: muschelig, uneben, spröde
Kristalle: (kubisch) Würfel, Pentagon-
  dodekaeder, Oktaeder
Chemie: FeS_2 Eisen(II)-Sulfid

Transparenz: undurchsichtig
Lichtbrechung: über 1,81
Doppelbrechung: keine
Dispersion: keine
Pleochroismus: fehlt
Absorption: nicht auswertbar
Fluoreszenz: Keine

Pyrit (gr. »Feuer«, weil beim Anschlagen Funken sprühen) wird im Handel fälschlicherweise Markasit genannt. Der echte Markasit, d. h. das in der Wissenschaft so bezeichnete Mineral, ist dem Pyrit in mancher Hinsicht gleich, für Schmuckzwecke jedoch ungeeignet, da er an der Luft zu Pulver zerfällt. Wegen der Ähnlichkeit mit Gold wird Pyrit im Volksmund auch Katzengold genannt. Oft gut ausgebildete Kristalle, metallisch glänzend. – Vorkommen weltweit. Bedeutende Lagerstätten auf Elba/Italien. – Die Inkas benützten Pyrit als Spiegel. Heute zu kleinen Rosen geschliffen oder zum Ausfassen anderer Schmucksteine sowie als Besatzschmuck verwendet. – Verwechslungsmöglichkeit mit Gold (S. 208) und Kupferkies (S. 206).

---

1 Hämatit, radialstrahliges Aggregat
2 Hämatit, zwei Kristallbruchstücke
3 Hämatit, fünf Schliffe
4 Hämatit, Tafelschliff, Stumpfeck
5 Pyrit-Aggregat mit Kristallen bedeckt
6 Pyrit, Würfel, teilweise verzwillingt
7 Pyrit, Kristalle im Muttergestein
8 Pyrit, vier verschiedene Kristalle
9 Pyrit-Aggregat als Brosche
10 Pyrit, Oktaeder-Kristall

Feldspat-Gruppe

Zwei Hauptgruppen: Kalifeldspat mit Orthoklas (Varietäten: Adular mit Mondstein, Sanidin, S. 204) und Mikroklin (Varietät: Amazonit) sowie Kalknatronfeldspat (Plagioklas genannt) mit Albit (Varietät: Peristerit, S. 204), Oligoklas (Varietät: Aventurin-Feldspat, S. 166), Andesin, Labradorit (S. 166), Bytownit (S. 204), Anorthit.

Amazonit [1–3] Feldspat-Gruppe, Synonym: Amazonenstein

Farbe: grün, bläulichgrün
Strichfarbe: weiß
Mohshärte: 6–6½
Spez. Gewicht: 2,56–2,58
Spaltbarkeit: vollkommen
Bruch: uneben
Kristalle: (triklin) prismatisch
Chemie: K[AlSi$_3$O$_8$]
  Kalium-Aluminium-Silicat

Transparenz: undurchsichtig
Lichtbrechung: 1,522–1,530
Doppelbrechung: − 0,008
Dispersion: 0,012
Pleochroismus: fehlt
Absorption: nicht auswertbar
Fluoreszenz: schwach: olivgrün

Name nach Amazonien. Druckempfindlich! Bedeutendste Lagerstätte in Colorado/USA; auch Brasilien, Indien, Madagaskar, Namibia, Rußland. – Verwendung als Flachschliff oder Cabochon, zu Kugelketten, kunstgewerblichen Gegenständen. – Verwechslungsmöglichkeit mit Jade (S. 156), Türkis (S. 170).

Mondstein [7–10] Feldspat-Gruppe

Farbe: farblos, gelb, blasser Schimmer
Strichfarbe: weiß
Mohshärte: 6–6½
Spez. Gewicht: 2,56–2,62
Spaltbarkeit: vollkommen
Bruch: uneben, muschelig
Kristalle: (monoklin) prismatisch
Chemie: K[AlSi$_3$O$_8$]
  Kalium-Aluminium-Silicat

Transparenz: trüb durchsichtig
Lichtbrechung: 1,520–1,525
Doppelbrechung: − 0,005
Dispersion: 0,012
Pleochroismus: fehlt
Absorption: nicht auswertbar
Fluoreszenz: schwach: bläulich, orange

Name nach bläulich-weißem Schimmer. Ursache ist Lamellenstruktur. Bei scharf begrenztem Lichtstreifen M.-Katzenauge. Druckempfindlich! Bedeutendste Lagerstätten in Ceylon, auch Australien, Birma, Brasilien, Indien, Madagaskar, Tansania, USA. – Verwendung als Cabochon. – Verwechslungsmöglichkeit mit gebranntem Amethyst (S. 118), Chalcedon (S. 126), synthet. Spinell (S. 66) und Glasimitationen. – Auch Albit-M., Mikroklin-M., Labrador-M. bekannt.

Orthoklas [4–6] Feldspat-Gruppe

Champagnerfarbene Orthoklas-Varietät. Vorkommen in Madagaskar, Oberbirma. Verwechslungsmöglichkeit mit mehreren gelben Steinen.

---

1 Amazonit, Kristallbruchstück
2 Amazonit, Rohstein
3 Amazonit, sechs verschiedene Schliffe
4 Orthoklas, Kristallbruchstück
5 Orthoklas, dreimal facettiert
6 Orthoklas, Rohstein, Kenya
7 Mondstein, zwei Rohstücke
8 Mondstein, sieben Cabochons, Indien
9 Mondstein, zwei Cabochons, Ceylon
10 Mondstein, drei Cabochons, 13,23 ct

Die Abbildungen sind gegenüber den Originalen um 10% verkleinert.

Labradorit [1–4] Feldspat-Gruppe, Synonym: Labradorstein, Labrador

Farbe: dunkelgrau bis grauschwarz, mit buntem Farbenspiel
Strichfarbe: weiß
Mohshärte: 6–6½
Spez. Gewicht: 2,69–2,70
Spaltbarkeit: vollkommen
Bruch: uneben, splittrig
Kristalle: (triklin) selten, tafelig-prismatisch; meist derbe Aggregate
Chemie: Na[Al Si$_3$O$_8$] Ca[Al$_2$ Si$_2$O$_8$]
Natrium-Calcium-Aluminium-Silicat

Transparenz: undurchsichtig
Lichtbrechung: 1,560–1,568
Doppelbrechung: + 0,008
Dispersion: keine
Pleochroismus: fehlt
Absorption: nicht auswertbar
Fluoreszenz: gelbliche Streifen

Name nach kanadischer Halbinsel Labrador, wo der Stein 1770 erstmals gefunden wurde. Zeigt Farbenspiel (Labradorisieren) in metallisch glänzenden Tönen. Häufig blaue und grüne Effekte, am begehrtesten das ganze Spektrum. Ursache des Schillerns wahrscheinlich Interferenzerscheinungen an Zwillingslamellen. Druckempfindlich! – Lagerstätten in Kanada (Labrador, Neufundland), außerdem Madagaskar, Mexiko, Ukraine, USA. Anfang der vierziger Jahre wurde bei Ylijärvi in Karelien/Finnland ein Labradorit entdeckt, der Spektralfarben besonders deutlich zeigt; im Handel wird er als Spektrolith [2] angeboten. – Verwendung zu Halsketten, Broschen, Ringen und kunstgewerblichen Gegenständen.
Aus Madagaskar ist ein Labrador-Mondstein mit sehr kräftigem blauem Schiller bekannt. Neuerdings auch farblose und gelb-bräunliche Labradorite [3], die für Facettenschliff geeignet sind, in Neusüdwales/Australien gefunden.

Aventurin-Feldspat [5–8] Synonym: Sonnenstein, Aventurin, Avanturin

Farbe: orange, rotbraun, glitzernd
Strichfarbe: weiß
Mohshärte: 6–6½
Spez. Gewicht: 2,62–2,65
Spaltbarkeit: vollkommen
Bruch: körnig, splittrig
Kristalle: (triklin), sehr selten, meist derbe Aggregate
Chemie: Na[Al Si$_3$O$_8$]Ca[Al$_2$Si$_2$O$_8$]
Natrium-Calcium-Aluminium-Silicat

Transparenz: undurchsichtig
Lichtbrechung: 1,532–1,542
Doppelbrechung: + 0,010
Dispersion: keine
Pleochroismus: schwach oder fehlt
Absorption: nicht auswertbar
Fluoreszenz: dunkelrotbraun

Eine durch Zufall (ital. »a ventura«) um 1700 entdeckte Glassorte gab dem ähnlich aussehenden Schmuckstein Aventurin den Namen, das metallische Glitzern dem Synonym. Typisch ein rotes, seltener grünes oder blaues Flittern, was auf Interferenz des Lichts an Hämatit- oder Goethit-Plättchen zurückzuführen ist. – Lagerstätten in den USA, Indien, Kanada, Südnorwegen, Rußland. – Verwendung mit ebener oder gewölbter Oberfläche. – Verwechslungsmöglichkeit mit dem Glas »Goldfluß« und Aventurin (S. 122).

---

1 Labradorit, Rohstein, Kanada
2 Spektrolith, Rohstein, Finnland
3 Labradorit, facettiert, 4,08 ct, USA
4 Labradorit, dreizehnmal mugelig

5 Aventurin-Feldspat, zwei Rohsteine
6 Aventurin-Feldspat, vier Cabochons
7 Aventurin-Feldspat, facettiert
8 Aventurin-Feldspat, mugelig

Die Abbildungen sind gegenüber den Originalen um 10% verkleinert.

Rhodochrosit [1–5] Synonym: Manganspat, Himbeerspat, Inkarose

Farbe: rosenrot bis weiß, gestreift
Strichfarbe: weiß
Mohshärte: 4
Spez. Gewicht: 3,30–3,70
Spaltbarkeit: vollkommen
Bruch: uneben, muschelig
Kristalle: (trigonal) Rhomboeder, selten; derbe, stenglige Aggregate
Chemie: $MnCO_3$ Mangan(II)-Carbonat

Transparenz: undurchsichtig – durchsichtig
Lichtbrechung: 1,600–1,820
Doppelbrechung: − 0,22
Dispersion: keine
Pleochroismus: fehlt
Absorption: 5510, 4545, 4100, 3910, 3830, 3780, 3630
Fluoreszenz: schwach: rot

Die verschiedenen Namen nehmen Bezug auf die Farbe (gr. »rosenfarben«), die chemische Zusammensetzung oder auf den Fundort »bei den Inkas«. Die Aggregate sind hell-dunkel streifig mit gezacktem Verlauf. Glasglanz, auf Spaltflächen Perlglanz. Am begehrtesten ist Himbeerrot. – Wichtigstes Vorkommen in Argentinien bei San Luis, 230 km östlich von Mendoza. Hier hat sich in verlassenen Silberminen der Inkas seit dem 13. Jahrhundert der Rhodochrosit stalagmitisch entwickelt. Als Edelstein erst seit 1950 im Handel. Neuerdings weitere Lagerstätten in Argentinien (Capillitas bei Andalgala und Catamarca, südlich von Tucumán) und in den USA (Colorado) bekannt.

Verwendung meist in größeren Stücken, weil dann die Zeichnung am besten zum Ausdruck kommt; für kunstgewerbliche Gegenstände sowie als Cabochon und für Halsketten. – Verwechslungsmöglichkeit mit Rhodonit (s. unten).

Rhodonit [6–12] Synonym: Mangankiesel

Farbe: dunkelrot, fleischrot, schwarze matrixähnliche Einlagerungen
Strichfarbe: weiß
Mohshärte: $5^1/_2 – 6^1/_2$
Spez. Gewicht: 3,40–3,70
Spaltbarkeit: vollkommen
Bruch: uneben, muschelig
Kristalle: (triklin) taflig, säulig, selten; meist derbe, körnige Massen
Chemie: $CaMn_4 [Si_5O_{15}]$ Mangan(II)-Metasilicat

Transparenz: undurchsichtig – durchsichtig
Lichtbrechung: 1,733–1,744
Doppelbrechung: + 0,011
Dispersion: keine
Pleochroismus: deutlich: rotgelb, rosenrot, rotgelb
Absorption: 5480, 5030, 4550, 4120, 4080
Fluoreszenz: keine

Namen nach Farbe (gr. »Rose«) bzw. chemischer Zusammensetzung. Schwarze dendritische Einlagerungen aus Manganoxid. Bei stärkerem Stich ins Bräunliche oder Gelbliche Fowlerit genannt. – Lagerstätten früher im Ural, heute in Schweden (Wermland), Australien (durchsichtige Varietäten), USA, Insel Vancouver/Kanada, außerdem in Indien, Madagaskar, Mexiko, Südafrika. – Verwendung als Tafelstein und Cabochon, für Halsketten und für kunstgewerbliche Gegenstände. – Verwechslungsmöglichkeit mit Rhodochrosit (siehe oben), Thulit (S. 160).

1 Rhodochrosit, Barockkette	7 Rhodonit, Kugelkette
2 Rhodochrosit, dreimal angeschliffen	8 Rhodonit, Flachschliff
3 Rhodochrosit, Kristalle	9 Rhodonit, einfarbiger Cabochon
4 Rhodochrosit, viermal mugelig	10 Rhodonit, fünfmal durchsichtig
5 Rhodochrosit, dreimal mugelig	11 Rhodonit, Rohstück angeschliffen
6 Rhodonit, hoher Cabochon	12 Rhodonit, fünfmal mugelig

Die Abbildungen sind gegenüber den Originalen um 40% verkleinert.

Türkis Synonym: Kallait

Farbe: himmelblau, blaugrün, apfelgrün, meist braune oder schwarze Flecken
Strichfarbe: weiß
Mohshärte: 5–6
Spez. Gewicht: 2,60–2,80
Spaltbarkeit: keine
Bruch: muschelig, uneben
Kristalle: (triklin) klein, selten; traubig, nierige Aggregate
Chemie: $CuAl_6[(OH)_2|PO_4]_4 \cdot 4H_2O$ kupferhalt. basisches Aluminium-Phosphat

Transparenz: undurchsichtig
Lichtbrechung: 1,61–1,65
Doppelbrechung: + 0,04
Dispersion: keine
Pleochroismus: schwach
Absorption: (4600), 4320, 4220
Fluoreszenz: schwach: grünlichgelb, hellblau

Der Name bedeutet »türkischer Stein«, weil sein Handelsweg früher über die Türkei führte. Das Synonym Kallait (gr. »schöner Stein«) ist weniger bekannt. Bis 1911, als in Virginia/USA erstmals Kristalle gefunden wurden, hielt man den Türkis für amorph. Auf frischen Bruchflächen wachsartiger oder glasiger Glanz. Die begehrte himmelblaue Farbe schlägt bei 250° C in ein unansehnliches Grün um (Vorsicht beim Löten!). Auch unter dem Einfluß des Lichts, des Hautschweißes, von Ölen und Kosmetika sowie bei Verlust der natürlichen Feuchtigkeit ist negative Farbänderung möglich. Türkisringe beim Händewaschen abnehmen! Durch Polieren wird die Farbe verstärkt. Im Öl- oder Paraffinbad oder mit Plastikmasse werden vorhandene Poren verschlossen und die Steine gehärtet.

Reine blaue Farbe [9, 12] ist selten, meist von braunen (Limonit-), dunkelgrauen (Sandstein-) oder schwarzen (Jaspis- oder Psilomelan-) Adern durchsetzt: Türkismatrix. Auch Verwachsung von Türkis mit Malachit (S. 176) und Chrysokoll (S. 200).

Vorkommen in dichten Massen als Spaltenfüllung, traubiger Überzug oder als Knollen. Mächtigkeit der Türkisbänder bis 20 mm. Lagerstätten mit den besten Qualitäten im nordöstlichen Iran (Persischer Türkis) bei Nischapur. Weitere Fundorte: Afghanistan, östliches Australien, China (Tibet), Israel (nördlich von Eilat), Tansania, in den südwestlichen USA.

Fundstätten im Sinai schon 4000 v. Chr. ausgebeutet. Damals als Schmuckstein, Amulett und als Schminkfarbe verwendet. In der Biedermeierzeit war das Himmelblau des Türkis Lieblingsfarbe.

Infolge Porosität künstliche Farbverbesserung mit Anilinfarben und Kupfersalzen möglich. Nachahmungen durch gefärbten Chalcedon (S. 126), gefärbten Howlith (S. 208), pulverisierte und mit Klebemasse verbackene Türkisstücke sowie mit Glas, Porzellan und Kunstharz. Synthetische Nachbildungen als Reese-T., Hamburger T., Neolith und Neotürkis angeboten. – Verwechslungsmöglichkeit mit Amatrix (S. 196), Amazonit (S. 164), Chrysokoll (S. 200), Hemimorphit (S. 198), Lazulith (S. 192), Odontolith (S. 218), Serpentin (S. 202), Smithsonit (S. 198), Variscit (S. 196).

---

1 Türkis mit Matrix, zweimal mugelig
2 Türkis, chinesische Figur
3 Türkis, dreimal Cabochon, 25,89 ct
4 Türkis, Rohstück
5 Türkis, neun Cabochons, 26,10 ct
6 Türkis, drei Cabochons, Achteck
7 Türkis, Kugelkette
8 Türkis, zweimal mugelig mit Matrix
9 Türkis, siebenmal mugelig, 14,30 ct
10 Türkis, Barockkette
11 Türkis, Rohstein angeschliffen
12 Türkis, zwei Cabochons, 38,53 ct
13 Türkis, vier Cabochons, 42,28 ct
14 Türkis, dreimal mugelig

Die Abbildungen sind gegenüber den Originalen um 40% verkleinert.

Lapislazuli Synonym: Lasurit, Lasurstein, Lapis

Farbe: lasurblau, violett, grünlichblau
Strichfarbe: hellblau
Mohshärte: 5–6
Spez. Gewicht: 2,4–2,9
Spaltbarkeit: unvollkommen
Bruch: kleinmuschelig, körnig
Kristalle: (kubisch) sehr selten; meist dichtes, körniges Aggregat
Chemie: $Na_8[Al_6Si_6O_{24}]S_2$ schwefelhaltiges Natrium-Aluminium-Silicat

Transparenz: undurchsichtig
Lichtbrechung: etwa 1,50
Doppelbrechung: keine
Dispersion: keine
Pleochroismus: fehlt
Absorption: nicht auswertbar
Fluoreszenz: stark: weiß

Da im Lapislazuli (arab.-lat. »blauer Stein«) stets mehrere Mineralien – wenn auch nur in geringem Maße – vertreten sind (Augit, Calcit, Diopsid, Glimmer, Hauyn, Hornblende, Pyrit), zählen einige Fachleute dieses Gemenge nicht mehr zu den Mineralien, sondern zu den Gesteinen, wobei Lasurit dann als Hauptgemengteil verstanden wird und nicht als Synonym zu Lapislazuli.
Gegen starken Druck und hohe Temperaturen, heiße Bäder, Säuren und Seifen empfindlich. Glas- bis Fettglanz. In besten Qualitäten ist die Farbe gleichmäßig verteilt; meist jedoch fleckig oder streifig. Bei Chile-Lapis und in russischen Steinen mindert der stark hervortretende weißliche Calcit den Wert. Fein verteilter Pyrit ist gerne gesehen, seine Gegenwart gilt als Zeichen der Echtheit. Zu viel Pyrit dagegen bewirkt einen unansehnlichen grünen Farbton. Abbauwürdige Lagerstätten sind selten. Das weitaus wichtigste Vorkommen seit Jahrhunderten mit den besten Qualitäten liegt im westlichen Hindukuschgebirge/Afghanistan an einem Quellfluß des Amu-Darja. Unter einfachen Verhältnissen und in unwegsamem Gelände wird Lapislazuli als unregelmäßige Einlagerung in Kalkstein gewonnen. – Russisch-sibirische Lagerstätten befinden sich am Südwestende des Baikalsees. Muttergestein ist ein weißer, dolomitischer Marmor. – Chile liefert weniger gute Qualitäten mit viel weißfleckigem Calcit. Vorkommen nördlich von Santiago in der Provinz Coquimbo.
Lapis wurde schon in vorgeschichtlicher Zeit zu Schmuckzwecken verwendet. Im Mittelalter diente er auch als Farbstoff für Ultramarin. In Schlössern gibt es Wandtäfelungen und Säulenbeläge aus Lapis. Heutzutage für Ringsteine, Halsketten, Chile-Lapis für Figuren und kunstgewerbliche Gegenstände.
Der feinkörnige graubraune Nunkirchner Jaspis (S. 146) dient, mit Berliner Blau gefärbt, unter dem Namen Deutscher Lapis oder Swiss lapis als Nachahmung des Lapislazuli. 1954 erschien ein synthetischer, durch Kobaltoxid gefärbter Spinell in körniger Struktur mit guter Lapisfarbe auf dem Markt. Eingefügte Goldflitter ahmen den Pyrit nach und verstärken den Eindruck eines echten Steins.
Verwechslungsmöglichkeit mit Azurit (S. 174), Dumortierit (S. 182), Lazulith (S. 192), Sodalith (S. 174) und Glasimitationen.

---

1 Lapislazuli, Schale, Chile
2 Lapislazuli, Rohstein, Afghanistan
3 Lapislazuli, Kristallbruchstück
4 Lapislazuli, angeschliffen, Afghanistan
5 Lapislazuli, Buddha, Afghanistan
6 Lapislazuli, Kugelkette, Afghanistan
7 Lapislazuli, mugelig, Afghanistan

8 Lapislazuli, drei Cabochons, Afghan.
9 Lapislazuli, Ringstein, Sibirien
10 Lapislazuli, sieben diverse Schliffe
11 Lapislazuli, Tafelschliff, Chile
12 Lapislazuli, Rohstein, Sibirien
13 Lapislazuli, Rohstein, Afghanistan
14 Lapislazuli, Rohstein, Chile

Die Abbildungen sind gegenüber den Originalen um 40% verkleinert.

Sodalith [1–4]

Farbe: blau, grau
Strichfarbe: weiß
Mohshärte: 5$^{1}/_{2}$–6
Spez. Gewicht: 2,13–2,29
Spaltbarkeit: vollkommen
Bruch: uneben, muschelig
Kristalle: (kubisch) Rhombendodekaeder; körnige Aggregate
Chemie: $Na_8[Cl_2Al_6Si_6O_{24}]$ chlorhaltiges Natrium-Aluminium-Silicat

Transparenz: undurchsichtig, durchscheinend
Lichtbrechung: 1,48
Doppelbrechung: keine
Dispersion: keine
Pleochroismus: fehlt
Absorption: nicht auswertbar
Fluoreszenz: stark: orange

Name wegen des Natriumgehalts (engl. Natrium = sodium). Alle Töne von Blau, teilweise von kleinen Adern aus weißem Kalk durchsetzt. Glasglanz, auf Bruchflächen Fettglanz. – Bedeutendste Lagerstätten in Bahia/Brasilien, weitere in Ontario/Kanada, Indien, Namibia und USA. – Für Schmuckzwecke vorwiegend derbe Aggregate: Cabochon, Halsketten, vor allem kunstgewerbliche Gegenstände. – Verwechslungsmöglichkeit mit Lapislazuli (S. 172), auch besonders deshalb, weil Pyritkörner, die gerade für Lapis ein Echtheitsnachweis sind, ebenso im Sodalith auftreten können; sicherstes Unterscheidungsmerkmal ist das spezifische Gewicht. Verwechslung auch mit Azurit (siehe unten), Dumortierit (S. 182), Hauyn (S. 204) und Lazulith (S. 192).

Azurit [5–8] Synonym: Kupferlasur

Farbe: tiefblau
Strichfarbe: himmelblau
Mohshärte: 3$^{1}/_{2}$–4
Spez. Gewicht: 3,7–3,9
Spaltbarkeit: vollkommen
Bruch: muschelig, uneben, spröde
Kristalle: (monoklin) kurzsäulig; dichte erdige Aggregate
Chemie: $Cu_3[(OH)_2|(CO_3)_2]$ basisches Kupfer-Carbonat

Transparenz: durchsichtig – undurchsichtig
Lichtbrechung: 1,730–1,838
Doppelbrechung: + 0,108
Dispersion: keine
Pleochroismus: deutlich: hellblau, dunkelblau
Absorption: 5000
Fluoreszenz: keine

Name wegen der azurblauen Farbe bzw. nach der chemischen Zusammensetzung. Glasglanz. – Vorkommen zusammen mit Malachit in Kupferlagerstätten oder in deren Nähe, aber auch gesondert als kugelige Aggregate: Australien, Chile, Mexiko, Rußland (Ural, Altai), USA (Arizona, Pennsylvanien) und Frankreich (bei Lyon). – Früher für Azurfarben verwendet. Wegen geringer Härte nur für kunstgewerbliche Gegenstände geeignet, von Sammlern auch als Chabochon und sogar mit Facetten geschliffen. – Verwechslungsmöglichkeit mit vielen blauen Steinen, insbesondere mit Dumortierit (S. 182), Hauyn (S. 204), Lapislazuli (S. 172), Lazulith (S. 192), Sodalith (siehe oben). – Gelegentlich sind Azurit und Malachit (S. 176) zu Azur-Malachit [8 und S. 29] verwachsen.

---

1 Sodalith, Rohstück angeschliffen
2 Sodalith, Barockkette
3 Sodalith, viermal Flachschliff
4 Sodalith, zwei Cabochons
5 Azurit, Kristallstufe
6 Azurit, fünfmal diverse Schliffe
7 Azurit, Kristallbruchstück
8 Azur-Malachit, Rohstück

Die Abbildungen sind gegenüber den Originalen um 20% verkleinert.

Malachit

Farbe: hell-, smaragd-, schwarzgrün
Strichfarbe: hellgrün
Mohshärte: 3 1/2−4
Spez. Gewicht: 3,75−3,95
Spaltbarkeit: vollkommen
Bruch: splittrig, schalig
Kristalle: (monoklin) klein, langprismatisch; feinnadlige Aggregate
Chemie: $Cu_2[(OH)_2|CO_3]$
basisches Kupfer-Carbonat

Transparenz: undurchsichtig, durchscheinend
Lichtbrechung: 1,655−1,909
Doppelbrechung: − 0,254
Dispersion: keine
Pleochroismus: sehr stark: farblos, grün
Absorption: nicht auswertbar
Fluoreszenz: keine

Die grüne Farbe (gr. malache = Malwe), vielleicht auch die geringe Härte (gr. malakos = weich) gaben diesem Edelstein den Namen. Geschliffen zeigt er eine Bänderung von helleren und dunkleren Lagen mit konzentrischen Ringen, gradlinigen Streifen oder irgendwelchen figürlichen Bildern, bedingt durch seinen schaligen Aufbau. Nur selten werden größere einfarbige Stücke gewonnen. Gelegentlich gibt es Verwachsungen mit Azurit zu Azur-Malachit [S. 175, Nr. 8 und S. 29] und mit Türkis und Chrysokoll zu Eilatstein [S. 201, Nr. 8].

Die Malachit-Aggregate sind aus kleinsten Kristallen aufgebaut, große Kristalle sind sehr selten und von Sammlern geschätzt. Im Rohstück schwacher Glasglanz, auf frischen Bruchflächen und poliert Seidenglanz. Empfindlich gegen Hitze und Säuren, gegen Ammoniak und heiße Bäder.

Vorkommen als rundliche Knollen, traubig, zapfenförmig oder stalaktitisch, selten in plattigen Krusten. Entstanden aus kupferhaltigen Lösungen in Kupfer-Erzlagerstätten oder in deren Nähe. Die bekanntesten Lagerstätten waren früher im Ural bei Swerdlowsk (Jekaterinenburg). Hier gewannen die russischen Zaren den Malachit zur Ausgestaltung ihrer Schlösser, für Wandvertäfelungen und prachtvolle Einlegearbeiten.

Katanga (Zaire) ist heute der bedeutendste Malachit-Produzent. Teils werden die Steine an Ort und Stelle geschliffen, teils gelangen sie als Rohware auf den Weltmarkt. Weitere Vorkommen in Australien, Chile, Sambia, Simbabwe, Namibia, USA (Arizona). Auch synthetischer Malachit bekannt.

Malachit war schon bei den Ägyptern, Griechen und Römern des Altertums als Schmuckstein, Amulett und, zu Pulver zerrieben, als Augenschminke beliebt. Im Mittelalter galt er als Heilmittel bei Brechreiz und als Schutz gegen Hexen und andere Gefahren für kleine Kinder. Als Farbstoff diente er für Berggrün.

Trotz seiner geringen Härte und der Empfindlichkeit ist Malachit heutzutage ein sehr beliebter Schmuck- und Dekorstein. Verwendung als Cabochon, leicht gemugelten Tafelstein, für Halsketten und besonders für kunstgewerbliche Gegenstände, wie Platten, Dosen, Ascher und Figuren. Der Schleifer muß die natürliche Streifung des Malachit möglichst dekorativ zum Ausdruck bringen. Beliebt sind augenartig konzentrische Ringe (Malachit-Pfauenauge genannt).

Verwechslungsmöglichkeit mit anderen Steinen besteht bei größeren Stücken auf Grund der streifigen Ausbildung nicht, bei kleinen, nicht gestreiften Steinen dagegen mit allen undurchsichtigen grünen Edelsteinen.

1 Malachit, Rohstück angeschliffen
2 Malachit, Kugelkette
3 Malachit, zwei mugelige Schliffe
4 Malachit, Cabochon, Simbabwe
5 Malachit, sieben verschiedene Muster
6 Malachit, Rohstück

Die Abbildungen sind gegenüber den Originalen um 40% verkleinert.

Sammler-Edelsteine

Von Sammlern begehrt, zunehmend auch als Schmuckstein getragen.

Andalusit [2–3]

Farbe: gelbgrün, grün, bräunlichrot
Strichfarbe: weiß
Mohshärte: 7¹/₂
Spez. Gewicht: 3,12–3,18
Spaltbarkeit: unvollkommen
Bruch: uneben, spröde
Kristalle: (rhombisch) dicksäulig; stenglige und körnige Aggregate
Chemie: Al[AlSiO$_5$]
  Aluminium-Silicat

Transparenz: durchsichtig
Lichtbrechung: 1,641–1,648
Doppelbrechung: − 0,007
Dispersion: 0,016
Dispersion: 0,016
Pleochroismus: stark: gelb, oliv, rotbraun bis dunkelrot
Absorption: 5535, 5505, 5475, (5250), (5180), (5060), (4950), 4550, 4475, 4360
Fluoreszenz: schwach: grün, gelbgrün

Beim Schleifen des Andalusit (nach Andalusien/Spanien) Rücksicht auf den starken Pleochroismus. Große Stücke von Edelsteinqualität selten, Glasglanz. Vorkommen in Schiefern, Gneisen und Flußgeröllen. Schleifwürdige Qualitäten liefern Brasilien und Ceylon, außerdem Kanada (Quebeck), Spanien (Almeria/Andalusien), Rußland (Mankoba/Ural) und USA (Maine, Massachusetts). – Verwechslungsmöglichkeit mit Chrysoberyll (S. 98), Rauchquarz (S. 116), Turmalin (S. 110).

Chiastolith (Kreuzstein, Hohlspat) [1]: Varietät von Andalusit. Undurchsichtig, weiß, grau, gelblich: Mohshärte 5–5¹/₂. Vorkommen in langen Prismen, die im Schnitt senkrecht zur Prismenachse durch eingelagerten Kohlenstoff ein Kreuz zeigen. – Lagerstätten in Südaustralien, Bolivien, Chile, Frankreich (Bretagne), Spanien (Galicien), Rußland (Sibirien), USA (Kalifornien). – Verwendung früher als Amulett, heute Sammlerstein. Flach oder schwach mugelig geschliffen. – Verwechslungsmöglichkeit besteht wegen der typischen Zeichnung nicht. – Neben Andalusit wird auch Staurolith (S. 204) als Kreuzstein bezeichnet.

Euklas [4–6]

Farbe: farblos, meergrün, hellblau
Strichfarbe: weiß
Mohshärte: 7¹/₂
Spez. Gewicht: 3,10
Spaltbarkeit: sehr vollkommen
Bruch: muschelig
Kristalle: (monoklin) Prismen
Chemie: BeAl[SiO$_4$]OH basisches
  Beryllium-Aluminium-Silicat

Transparenz: durchsichtig
Lichtbrechung: 1,652–1,672
Doppelbrechung: + 0,020
Dispersion: 0,016
Pleochroismus: sehr schwach: weißgrün, gelbgrün, blaugrün
Absorption: 7065, 7040, 6950, 6880, 6600, 6500, 6390, 4680, 4550
Fluoreszenz: keine

Sehr seltener Schmuckstein. Wegen sehr vollkommener Spaltbarkeit (daher Name) schwierig zu schleifen, lebhafter Glasglanz. – Vorkommen in Pegmatiten, auf Seifen, in Drusen. Wichtigste Fundstätte im Ouri Preto-Distrikt/Brasilien; auch in Indien, Simbabwe, Tansania, Rußland (Ural), Zaire. – Verwechslungsmöglichkeit mit Aquamarin (S. 94), Beryll (S. 96), Hiddenit (S. 114).

---

1 Chiastolith, viermal angeschliffen
2 Andalusit, zwei Kristallbruchstücke
3 Andalusit, viermal facettiert
4 Euklas, zweimal farblos facettiert
5 Euklas, hellblau facettiert
6 Euklas, Kristall in Muttergestein

Hambergit [1,2]

Farbe: farblos, grauweiß
Strichfarbe: weiß
Mohshärte: 7½
Spez. Gewicht: 2,35
Spaltbarkeit: vollkommen
Bruch: spröde
Kristalle: (rhombisch) Prismen
Chemie: $Be_2[(OH,F)|BO_3]$
basisches Beryllium-Borat

Transparenz: durchsichtig
Lichtbrechung: 1,559–1,631
Doppelbrechung: + 0,072
Dispersion: 0,015
Pleochroismus: fehlt
Absorption: nicht auswertbar
Fluoreszenz: keine

Hambergit (nach schwedischem Mineralogen) äußerst seltener Schmuckstein. Kristalle längsgestreift; Glasglanz: wirkt geschliffen wie Glas. – Vorkommen in Pegmatiten oder Edelsteinseifen: Indien (Kaschmir), Madagaskar (bisher am bedeutendsten, heute erschöpft), Norwegen (Langesundfjord, hier erstmals entdeckt).

Cordierit [3–6] Synonym: Dichroit, Iolith, Wassersaphir

Farbe: blau in verschiedenen Tönungen
Strichfarbe: weiß
Mohshärte: 7–7½
Spez. Gewicht: 2,58–2,66
Spaltbarkeit: unvollkommen
Bruch: muschelig, uneben, spröde
Kristalle: (rhombisch) kurze Prismen
Chemie: $Mg_2Al_3[AlSi_5O_{18}]$
Magnesium-Aluminium-Silicat

Transparenz: durchsichtig, durchschein.
Lichtbrechung: 1,53–1,55
Doppelbrechung: – 0,008 bis – 0,012
Dispersion: 0,017
Pleochroismus: sehr stark: gelb, dunkelblauviolett, blaßblau
Absorption: 6450, 5930, 5850, 5350, 4920, 4560, 4360, 4260
Fluoreszenz: keine

Namen nach franz. Mineralogen (Cordier), wegen Mehrfarbigkeit (fälschlich Dichroit), Veilchenfarbe (Iolith), Saphirähnlichkeit. – Fettiger Glasglanz. Berücksichtigung des starken Pleochroismus beim Schleifen: wegen dunkler Farbe nicht zu dicke Steine! – Lagerstätten: Birma, Brasilien, Ceylon, Indien, Madagaskar.

Phenakit [7,8]

Farbe: farblos, weingelb, rosa
Strichfarbe: weiß
Mohshärte: 7½–8
Spez. Gewicht: 2,95–2,97
Spaltbarkeit: unvollkommen
Bruch: muschelig
Kristalle: (trigonal) kurzsäulig
Chemie: $Be_2[SiO_4]$ Beryllium-Silicat

Transparenz: durchsichtig
Lichtbrechung: 1,654–1,670
Doppelbrechung: + 0,016
Dispersion: 0,015
Pleochroismus: deutlich: farblos, orangegelb
Absorption: nicht auswertbar
Fluoreszenz: keine

Phenakit (gr. »Betrüger«) selten, flächenreich, große glasglänzende Kristalle: Brasilien (Minas Gerais), Ceylon, Mexiko, Simbabwe, Namibia, Tansania, Rußland, USA, Schweiz. – Synthetisch herstellbar, jedoch kein Bedarf. – Verwechslungsmöglichkeit insbesondere mit Bergkristall (S. 116) und Topas (S. 102).

---

1 Hambergit, dreimal facettiert
2 Hambergit, zwei Kristallbruchstücke
3 Cordierit, sechsmal facettiert
4 Cordierit, zwei Rohsteine
5 Cordierit, zwei geschliffene Würfel
6 Cordierit, dreimal Oval
7 Phenakit, drei Rohsteine
8 Phenakit, zweimal facettiert

Dumortierit [1,2]

Farbe: tiefblau, violettblau, rotbraun
Strichfarbe: blau
Mohshärte: 7
Spez. Gewicht: 3,26–3,41
Spaltbarkeit: unvollkommen
Bruch: muschelig
Kristalle: (rhombisch) sehr selten; faserige oder strahlige Aggregate
Chemie: Al$_7$[O$_3$|BO$_3$|(SiO$_4$)$_3$]
 Aluminium-Borat-Silicat

Transparenz: undurchsichtig
Lichtbrechung: 1,686–1,723
Doppelbrechung: – 0,037
Dispersion: keine
Pleochroismus: stark: schwarz, rotbraun, braun
Absorption: nicht auswertbar
Fluoreszenz: schwach und variabel

Name nach franz. Paläontologen. – Vorkommen: Brasilien, Ceylon, Kanada, Madagaskar, Namibia, USA, Frankreich (bei Lyon), Polen. – Verwechslungsmöglichkeit mit Azurith (S.174), Lapislazuli (S.172), Sodalith (S.174). – Dumortieritquarz: ein von Dumortierit durchsetzter derber Quarz [1].

Danburit [3, 4]

Farbe: farblos, weingelb, rosa
Strichfarbe: weiß
Mohshärte: 7–7$^1/_2$
Spez. Gewicht: 3,0
Spaltbarkeit: unvollkommen
Bruch: uneben, muschelig
Kristalle: (rhombisch) prismatisch, aufgewachsen
Chemie: Ca [B$_2$Si$_2$O$_8$]
 Calcium-Bor-Silicat

Transparenz: durchsichtig
Lichtbrechung: 1,630–1,636
Doppelbrechung: – 0,006
Dispersion: 0,017
Pleochroismus: schwach: hellgelb, hellgelb
Absorption: 5900, 5860, <u>5845</u>, 5840, 5830, 5820, 5805, 5780, 5760, <u>5730</u>, 5710, 5680, 5665, 5645
Fluoreszenz: himmelblau

Name nach erstem Fundort; fettartiger Glasglanz. – Vorkommen in Oberbirma, Japan, Madagaskar, Mexiko, USA (Connecticut). – Verwechslungsmöglichkeit besonders mit Citrin (S. 120) und Topas (S. 102).

Axinit [5, 6]

Farbe: braun, violett, blau
Strichfarbe: weiß
Mohshärte: 6$^1/_2$–7
Spez. Gewicht: 3,27–3,29
Spaltbarkeit: vollkommen
Bruch: muschelig, spröde
Kristalle: (triklin) taflig
Chemie: Ca$_2$(Fe,Mg,Mn)Al$_2$[BO$_3$|OH| Si$_4$O$_{12}$] kompliziertes Bor-Silicat

Transparenz: durchscheinend, durchsichtig
Lichtbrechung: 1,675–1,685
Doppelbrechung: – 0,010
Dispersion: keine
Pleochroismus: stark: olivgrün, rotbraun, gelbbraun
Absorption: 5320, <u>5120</u>, <u>4920</u>, <u>4660</u>, 4400, <u>4150</u>
Fluoreszenz: meist keine

Name (gr. »Beil«) wegen scharfkantiger Kristalle. Starker Glasglanz, piezoelektrisch. – Vorkommen: Frankreich (Dep. Isére), Mexiko (Baja California), USA (Kalifornien). – Verwechslungsmöglichkeit mit Rauchquarz (S. 116).

---

1 Dumortieritquarz, Kalifornien
2 Dumortierit, zweimal mugelig
3 Danburit, neun diverse Schliffe
4 Danburit, drei Kristallbruchstücke
5 Axinit, fünf diverse Schliffe
6 Axinit, Rohstück

Benitoit [1, 2]

Farbe: hellblau, dunkelblau
Strichfarbe: weiß
Mohshärte: 6–6 1/2
Spez. Gewicht: 3,65–3,68
Spaltbarkeit: keine
Bruch: muschelig, spröde
Kristalle: (hexagonal) dipyramidal
Chemie: BaTi[Si$_3$O$_9$]
  Barium-Titan-Silicat

Transparenz: durchsichtig, durchscheinend
Lichtbrechung: 1,757–1,804
Doppelbrechung: + 0,047
Dispersion: 0,039 und 0,046
Pleochroismus: sehr stark: farblos, grünlich bis blau
Absorption: nicht auswertbar
Fluoreszenz: stark: blau

Name nach einzigem Fundort in San Benito County/Kalifornien (USA). Nur kleine Kristalle. – Verwechslungsmöglichkeit mit Saphir (S. 86).

Cassiterit (Kassiterit) [3–5] Synonym: Zinnstein, Zinnerz

Farbe: verschieden braun, farblos
Strichfarbe: weiß bis hellgelb
Mohshärte: 6–7
Spez. Gewicht: 6,8–7,1
Spaltbarkeit: unvollkommen
Bruch: muschelig, spröde
Kristalle: (tetragonal) kurzsäulig
Chemie: SnO$_2$ Zinn(IV)-Oxid

Transparenz: durchsichtig, durchscheinend
Lichtbrechung: 1,997–2,093
Doppelbrechung: + 0,096
Dispersion: 0,071
Pleochroismus: unterschiedlich
Absorption: nicht auswertbar
Fluoreszenz: keine

Cassiterit (gr. »Zinn«) hat Diamantglanz. – Viele Lagerstätten, schleifwürdige Qualitäten jedoch selten: Australien, Bolivien, Malaysia, Mexiko, Namibia, England (Cornwall). – Verwechslungsmöglichkeit mit farblosem oder gelblichem Diamant (S. 70), Hämatit (S. 162), Titanit (S. 194), Zirkon (S. 108).

Epidot [6–8] Synonym: Pistazit

Farbe: grün, schwarzbraun
Strichfarbe: grau
Mohshärte: 6–7
Spez. Gewicht: 3,4
Spaltbarkeit: vollkommen
Bruch: muschelig, splittrig
Kristalle: (monoklin) Prismen
Chemie: Ca$_2$(Al,Fe)$_3$[Si$_2$O$_7$] [SiO$_4$]O (OH)
  Calcium-Aluminium-Eisen-Silicat

Transparenz: durchsichtig, durchscheinend
Lichtbrechung: 1,733–1,768
Doppelbrechung: + 0,035
Dispersion: 0,030
Pleochroismus: stark: grün, braun, gelb
Absorption: 4750, 4550, 4350
Fluoreszenz: keine

Namen wegen zahlreicher Kristallflächen bzw. grüner Farbe. Lebhafter Glasglanz. Schleifwürdige Qualitäten in Mexiko, Mozambique, Norwegen, USA (Kalifornien), Österreich (Hohe Tauern). – Verwechslungsmöglichkeit mit Vesuvian (S. 186). – Klinozoisit: hellgrüne bis grünbraune, eisenarme Varietät. – Piemontit: undurchsichtige, kirschrote, manganhaltige Varietät von Piemont/Italien.

---

1 Benitoit, zwei Kristallstufen
2 Benitoit, achtmal facettiert
3 Cassiterit, Kristallstufe, Cornwall
4 Cassiterit, dreimal h´braun, Malaysia
5 Cassiterit, Kristall, Cornwall
6 Epidot, dreimal facettiert
7 Epidot, zwei Kristallbruchstücke
8 Epidot, gebündeltes Aggregat

Die Abbildungen sind gegenüber den Originalen um 30% vergrößert.

Vesuvian (Vesuvianit) [1–4] Synonym: Idokras, Wiluit

Farbe: olivgrün, gelbbraun
Strichfarbe: weiß
Mohshärte: 6½
Spez. Gewicht: 3,32–3,42
Spaltbarkeit: unvollkommen
Bruch: uneben, splittrig
Kristalle: (tetragonal) dicksäulig
Chemie: $Ca_{10}(Mg,Fe)_2 Al_4[(OH)_4|(SiO_4)_5|(Si_2O_7)_2]$ kompliziertes Calcium-Aluminium-Silicat

Transparenz: durchsichtig, durchschein.
Lichtbrechung: 1,700–1,721
Doppelbrechung: ± 0,005
Dispersion: 0,019
Pleochroismus: schwach: jeweilige Steinfarbe heller und dunkler
Absorption: grün: 5300, 4870, 4610;
braun: 5910, 5880, 5845, 5820, 5775, 5745
Fluoreszenz: keine

Vorkommen: Kanada, Rußland, USA. – Verwechslungsmöglichkeit mit Demantoid (S. 106), Diopsid (S. 190), Epidot (S. 184), Peridot (S. 158), Rauchquarz (S. 116), Turmalin (S. 110), Zirkon (S. 108). – Californit: grüne Varietät aus Kalifornien und Pakistan. – Cyprin: blaue Varietät aus Norwegen.

Sinhalit [5, 6]

Farbe: gelbbraun, grünlichbraun
Strichfarbe: weiß
Mohshärte: 6½
Spez. Gewicht: 3,47–3,49
Spaltbarkeit: keine
Bruch: muschelig
Kristalle: (rhombisch) sehr selten
Chemie: $Mg (Al,Fe) BO_4$
Magnesium-Aluminium-Eisen-Borat

Transparenz: durchsichtig
Lichtbrechung: 1,669–1,707
Doppelbrechung: – 0,038
Dispersion: 0,018
Pleochroismus: deutlich: grün, hellbraun, dunkelbraun
Absorption: 5260, 4925, 4760, 4630, 4520, 4355
Fluoreszenz: keine

Erst 1952 als eigenständiges Mineral erkannt. Glasglänzend. – Vorkommen in Ceylon, Oberbirma, Sibirien (Rußland), New York (USA). – Verwechslungsmöglichkeit mit Chrysoberyll (S. 98), Peridot (S. 158), Zirkon (S. 108).

Kornerupin [7, 8] Synonym: Prismatin

Farbe: grün, grünbraun
Strichfarbe: weiß
Mohshärte: 6½–7
Spez. Gewicht: 3,28–3,35
Spaltbarkeit: unvollkommen
Bruch: muschelig
Kristalle: (rhombisch) langprismatisch
Chemie: $Mg_4Al_6 [(O,OH)_2|BO_4|(SiO_4)_4]$
Magnesium-Aluminium-Borat-Silicat

Transparenz: durchsichtig, durchschein.
Lichtbrechung: 1,665–1,682
Doppelbrechung: – 0,013
Dispersion: 0,018
Pleochroismus: stark: grün, gelb, braun
Absorption: 5400, 5030, 4630, 4460, 4300
Fluoreszenz: keine

Namen nach Grönlandforscher bzw. Kristallform. Glasglanz. – Vorkommen: Birma (u. a. K.-Katzenaugen), Ceylon, Grönland, Kanada, Madagaskar, Südafrika. – Verwechslungsmöglichkeit mit Enstatit (S. 192), Turmalin (S. 110).

---

1 Vesuvian, Kristallstufe
2 Vesuvian, dreimal facettiert, 6,25 ct
3 Vesuvian, Cabochon, 4,19 ct
4 Vesuvian, viermal facettiert
5 Sinhalit, Rohstein
6 Sinhalit, zweimal facettiert
7 Kornerupin, dreimal facettiert
8 Kornerupin, Aggregat, Ceylon

Die Abbildungen sind gegenüber den Originalen um 20% vergrößert

Prehnit [1-3]

Farbe: gelblichgrün, bräunlichgelb
Strichfarbe: weiß
Mohshärte: 6-6½
Spez. Gewicht: 2,87-2,93
Spaltbarkeit: vollkommen
Bruch: uneben
Kristalle: (rhombisch) säulig, taflig
Chemie: $Ca_2Al_2[(OH)_2|Si_3O_{10}]$
   basisches Calcium-Aluminium-Silicat

Transparenz: durchscheinend
Lichtbrechung: 1,61-1,64
Doppelbrechung: + 0,030
Dispersion: keine
Pleochroismus: fehlt
Absorption: nicht auswertbar
Fluoreszenz: keine

Kristalle sehr selten; Glasglanz; hitzeempfindlich (Vorsicht beim Löten!). Prehnit-Katzenauge bekannt. – Vorkommen in Australien (Neusüdwales), China, Schottland, Südafrika, USA (New Jersey). – Verwechslungsmöglichkeit mit Chrysopras (S. 128), Jade (S. 154), Peridot (S. 158).

Petalit [4, 5]

Farbe: farblos, rosa
Strichfarbe: weiß
Mohshärte: 6-6½
Spez. Gewicht: 2,40
Spaltbarkeit: vollkommen
Bruch: muschelig, spröde
Kristalle: (monoklin) dicktaflig, säulig
Chemie: $(Li,Na)[AlSi_4O_{10}]$
   Lithium-Natrium-Aluminium-Silicat

Transparenz: durchsichtig, durchscheinend
Lichtbrechung: 1,502-1,518
Doppelbrechung: + 0,016
Dispersion: keine
Pleochroismus: fehlt
Absorption: (4540)
Fluoreszenz: schwach: orange

Glasglanz, auf Spaltflächen Perlmuttglanz. Petalit-Katzenauge bekannt. – Vorkommen: Westaustralien, Brasilien (Minas Gerais), Italien (Elba), Schweden, Namibia. – Verwechslungsmöglichkeit mit farblosen Steinen und Glas.

Skapolith [6-8] Synonym: Wernerit

Farbe: gelb, rosa, violett, farblos
Strichfarbe: weiß
Mohshärte: 5-6½
Spez. Gewicht: 2,57-2,74
Spaltbarkeit: vollkommen
Bruch: muschelig, spröde
Kristalle: (tetragonal) säulig
Chemie: $Na_4[AlSi_3O_8]_3Cl \cdot nCa_4$
$[Al_2Si_2O_8]_3[SO_4, CO_3]$ kompliziertes Natrium-Calcium-Aluminium-Silicat

Transparenz: durchsichtig, durchschein.
Lichtbrechung: 1,540-1,560
Doppelbrechung: - 0,009 bis - 0,020
Dispersion: 0,017
Pleochroismus: deutlich: gelber S.: farblos, gelb;
rosa S.: farblos, rosa
Absorption: rosa S.: 6630, 6520
Fluoreszenz: rosa S.: orange, rosa;
gelber S.: lila, blaurot

Glasglanz, häufig rosa bis violette Katzenaugen [7]. 1975 violette Varietät (Petschit genannt) in Ostafrika entdeckt. – Vorkommen in Oberbirma, Brasilien (Espirito Santo), Madagaskar, Tansania. – Verwechslungsmöglichkeit mit Amblygonit (S. 192), Chrysoberyll (S. 98) und Goldberyll (S. 96).

---

1 Prehnit, zwei Cabochons, 31,91 ct
2 Prehnit, zweimal facettiert, Australien
3 Prehnit mit Apophyllit-Kristallen
4 Petalit, Rohstein
5 Petalit, dreimal facettiert
6 Skapolith, fünfmal facettiert
7 Skapolith-Katzenauge, fünfmal
8 Skapolith, vier Kristallbruchstücke

Diopsid [1–3] Pyroxen-Gruppe

Farbe: hell-bis dunkelgrün, flaschen-
 grün, selten gelb oder farblos
Strichfarbe: weiß
Mohshärte: 5–6
Spez. Gewicht: 3,27–3,31
Spaltbarkeit: unvollkommen
Bruch: rauh
Kristalle: (monoklin) säulenförmig
Chemie: $CaMg[Si_2O_6]$
 Calcium-Magnesium-Silicat

Transparenz: durchsichtig, durchschein.
Lichtbrechung: 1,671–1,726
Doppelbrechung: +0,028
Dispersion: keine
Pleochroismus: schwach: gelbgrün,
 grasgrün, olivgrün
Absorption: 5470, 5080, 5050, 4930, 4560;
 Chromdiopsid: (6700), (6550), (6350),
 5080, 5050, 4900
Fluoreszenz: stark: dunkelviolett

Bekannte Vorkommen in Birma, Indien, Madagaskar, Südafrika, Finnland (Outokumpu), Italien (Piemont), Österreich (Zillertal). – Sterndiopsid [3], Diopsid-Katzenauge, smaragdgrüner Chromdiopsid sehr begehrt. Derbe violettblaue Varietät aus Piemont/Italien heißt Violan. – Verwechslungsmöglichkeit mit Hiddenit (S. 114), Peridot (S. 158), Smaragd (S. 90), Vesuvian (S. 186).

Beryllonit [4]

Farbe: farblos, weiß, schwach gelblich
Stichfarbe: weiß
Mohshärte: 5½–6
Spez. Gewicht: 2,80–2,85
Spaltbarkeit: vollkommen
Bruch: muschelig, spröde
Kristalle: (monoklin) kurzprismatisch
Chemie: $NaBe[PO_4]$
 Natrium-Beryllium-Phosphat

Transparenz: durchsichtig
Lichtbrechung: 1,553–1,562
Doppelbrechung: −0,009
Dispersion: 0,010
Pleochroismus: fehlt
Absorption: nicht auswertbar
Fluoreszenz: keine

Name wegen des Berylliumgehalts. Glasglanz, spröde (Vorsicht beim Schleifen!) – Vorkommen: Maine (USA), außerdem Simbabwe, Finnland. – Verwechslungsmöglichkeit mit allen farblosen Schmucksteinen und Glas.

Brasilianit [5, 6]

Farbe: gelb, grünlichgelb
Strichfarbe: weiß
Mohshärte: 5½
Spez. Gewicht: 2,98–2,99
Spaltbarkeit: vollkommen
Bruch: kleinmuschelig, spröde
Kristalle: (monoklin) kurzprismatisch
Chemie: $NaAl_3[PO_4]_2(OH)_4$ basisches
 Natrium-Aluminium-Phosphat

Transparenz: durchsichtig, durchscheinend
Lichtbrechung: 1,603–1,623
Doppelbrechung: +0,020
Dispersion: 0,014
Pleochroismus: sehr schwach
Absorption: nicht auswertbar
Fluoreszenz: keine

Glasglanz. – Einzig bedeutende Lagerstätten in Minas Gerais und Espirito Santo/ Brasilien, auch in New Hampshire/USA. – Verwechslungsmöglichkeit mit Amblygonit (S. 192), Beryll (S. 96), Chrysoberyll (S. 98), Topas (S. 102).

---

1 Diopsid, zehn diverse Schliffe
2 Diopsid, zwei Kristallbruchstücke
3 Diopsid, vierstrahliger Stern
4 Beryllonit, dreimal facettiert
5 Brasilianit, Rohstein
6 Brasilianit, fünfmal facettiert
Die Abbildungen sind gegenüber den Originalen um 15% vergrößert.

Amblygonit [1, 2]

Farbe: goldgelb bis farblos
Strichfarbe: weiß
Mohshärte: 6
Spez. Gewicht: 3,01–3,03
Spaltbarkeit: vollkommen
Bruch: uneben, spröde
Kristalle: (triklin) selten ausgebildet
Chemie: LiAl[PO$_4$](F|OH) basisches Lithium-Aluminium-Phosphat

Transparenz: durchsichtig
Lichtbrechung: 1,611–1,637
Doppelbrechung: +0,026
Pleochroismus: schwach
Absorption: nicht auswertbar
Fluoreszenz: sehr schwach: grün

Glasglanz, auf Spaltflächen Perlglanz; gut polierfähig: säure- und hitzeempfindlich. Vorkommen schleifwürdiger Qualitäten in Brasilien (Minas Gerais, São Paulo) und USA (Kalifornien). Helle lila Varietät aus Namibia bekannt. – Verwechslungsmöglichkeit mit Brasilianit (S. 190), Skapolith (S. 188).

Enstatit [3, 4] Pyroxen-Gruppe

Farbe: bräunlichgrün, grün, grau, gelblich
Strichfarbe: weiß
Mohshärte: 5^1/$_2$
Spez. Gewicht: 3,26–3,28
Spaltbarkeit: unvollkommen
Bruch: schalig
Kristalle: (rhombisch) prismatisch
Chemie: Mg$_2$[Si$_2$O$_6$] Magnesium-Silicat

Transparenz: durchsichtig – undurchs.
Lichtbrechung: 1,663–1,673
Doppelbrechung: +0,010
Dispersion: keine
Pleochroismus: deutlich: grün, gelbgrün
Absorption: <u>5475</u>, 5090, <u>5058</u>, 5025, 4830, 4720, 4590, 4490, 4250;
Chrom-E.: 6880, 6690, 5060
Fluoreszenz: keine

Name wegen schwerer Schmelzbarkeit (gr. »Widersacher«). Glasglanz. Grünlichgraues Enstatit-Katzenauge aus Ceylon, Sternenstatit aus Indien. Weitere Fundorte in Südafrika und Oberbirma. – Verwechslungsmöglichkeit mit Kornerupin (S. 186). – Bronzit: eisenreiche, metallisch-grünbraune Varietät.

Lazulith [5, 6] Synonym: Blauspat

Farbe: tiefblau bis bläulichweiß
Strichfarbe: weiß
Mohshärte: 5–6
Spez. Gewicht: 3,1–3,2
Spaltbarkeit: unvollkommen
Bruch: uneben, splittrig, spröde
Kristalle: (monoklin) spitzpyramidal
Chemie: (Mg,Fe)Al$_2$[PO$_4$]$_2$(OH)$_2$ bas. Magnesium-Eisen-Alu-Phosphat

Transparenz: undurchsichtig, durchsichtig
Lichtbrechung: 1,615–1,645
Doppelbrechung: −0,030
Dispersion: keine
Pleochroismus: stark: farblos, tiefblau
Absorption: nicht auswertbar
Fluoreszenz: keine

Kristalle sehr selten, Glasglanz. – Vorkommen in Brasilien (Minas Gerais), Indien, Madagaskar, USA (Nord-Carolina, Maine, Kalifornien), Österreich (Salzburg, Steiermark), Schweden (Wermland). – Verwechslungsmöglichkeit mit Azurit (S. 174), Lapislazuli (S. 172), Sodalith (S. 174), Türkis (S. 170).

---

1 Amblygonit, zwei Rohsteine
2 Amblygonit, sechs diverse Schliffe
3 Enstatit, zweimal facettiert u. Stern-E.
4 Enstatit, drei Rohsteine
5 Lazulith, neun diverse Schliffe
6 Lazulith, Rohstein

Die Abbildungen sind gegenüber den Originalen um 20% vergrößert.

Dioptas [1, 2] Synonym: Kupfersmaragd, Kieselkupfersmaragd

Farbe: smaragdgrün
Strichfarbe: grün
Mohshärte: 5
Spez. Gewicht: 3,28–3,35
Spaltbarkeit: vollkommen
Bruch: muschelig, spröde
Kristalle: (trigonal) kurzsäulig
Chemie: $Cu_6[Si_6O_{18}] \cdot 6H_2O$
wasserhaltiges Kupfer-Silicat

Transparenz: durchsichtig
Lichtbrechung: 1,644–1,709
Doppelbrechung: +0,053
Dispersion: 0,022
Pleochroismus: schwach: dunkelsmaragdgrün, hellsmaragdgrün
Absorption: 5700, 5600, 4650–4000
Fluoreszenz: keine

Kristalle klein, Glasglanz. – Vorkommen: Chile, Namibia, Kirgisistan, USA (Arizona), Zaire. – Verwechslungsmöglichkeit mit Smaragd (S. 90).

Apatit [3–6]

Farbe: farblos, rosa, gelb, grün, blau, violett
Strichfarbe: weiß bis gelblichgrau
Mohshärte: 5
Spez. Gewicht: 3,17–3,23
Spaltbarkeit: unvollkommen – vollkommen
Bruch: muschelig, spröde
Kristalle: (hexagonal) kurz- und langsäulig, dicktaflig und flächenreich
Chemie: $Ca_5 (F, Cl, OH) [PO_4]_3$
basisches fluor- und chlorhaltiges Calcium-Phosphat

Transparenz: durchsichtig
Lichtbrechung: 1,632–1,646
Doppelbrechung: –0,002 bis –0,004
Dispersion: 0,016
Pleochroismus: grüner A. schwach: gelb, grün;
blauer A. sehr stark: blau, farblos
Absorption: gelb-grüner A.: 6053, 6025, 5975, <u>5855</u>, <u>5772</u>, <u>5742</u>, 5335, 5295, 5270, 5250, 5210, 5140, 4690, 4425;
blauer A.: 6310, 6220, 5250, <u>5120</u>, <u>5070</u>, <u>4910</u>, 4640
Fluoreszenz: sehr unterschiedlich

Glasglanz, säureempfindlich. Vorkommen: Oberbirma, Brasilien, Ceylon, CSFR, Indien, Madagaskar, Mexiko, USA (Maine). – Grüne Varietät Spargelstein genannt. Apatit-Katzenauge von Birma und Brasilien. – Verwechslungsmöglichkeit insbesondere mit Beryll (S. 96), Topas (S. 102), Turmalin (S. 110).

Titanit [7, 8] Synonym: Sphen

Farbe: gelb, braun, grün
Strichfarbe: weiß
Mohshärte: 5–5$^{1}/_{2}$
Spez. Gewicht: 3,52–3,54
Spaltbarkeit: vollkommen
Bruch: muschelig, spröde
Kristalle: (monoklin) Briefkuvertform
Chemie: $CaTi[O|SiO_4]$
Calcium-Titan-Silicat

Transparenz: durchsichtig
Lichtbrechung: 1,885–2,050
Doppelbrechung: +0,105 bis +0,135
Dispersion: 0,051
Pleochroismus: grün. T.: farblos, grün;
gelber T. stark: farblos, gelb, rötlich
Absorption: 5900, <u>5860</u>, <u>5820</u>, 5800, 5750, 5340, 5300, 5280
Fluoreszenz: keine

Sehr intensives Feuer, Diamantglanz. Vorkommen besonders in Mexiko, Brasilien. – Verwechslungsmöglichkeit mit vielen Edelsteinen.

---

1 Dioptas, zwei Kristall-Stufen
2 Dioptas, zwölfmal facettiert
3 Apatit, Kristall-Stufe
4 Apatit-Katzenauge, Brasilien
5 Apatit, acht diverse Schliffe
6 Apatit, drei Kristalle
7 Titanit, acht diverse Schliffe
8 Titanit, Rohstein

Kyanit (Cyanit) [1–3] Synonym: Disthen

Farbe: blau bis farblos, blaugrün
Strichfarbe: weiß
Mohshärte: längs 4½, quer 6 und 7
Spez. Gewicht: 3,65–3,69
Spaltbarkeit: vollkommen
Bruch: faserig, spröde
Kristalle: (triklin) lange flache Prismen
Chemie: Al$_2$O[SiO$_4$]
 Aluminium-Silicat

Transparenz: durchsichtig, durchschein.
Lichtbrechung: 1,715–1,732
Doppelbrechung: − 0,017
Dispersion: 0,020
Pleochroismus: stark: hellblau bis farblos, hellblau, dunkelblau
Absorption: (7060), (6890), (6710), (6520), 4460, 4330
Fluoreszenz: blaugrüner K. stark: rot

Farbe häufig schichtartig, Glasglanz. Wegen unterschiedlicher Härte und Spaltbarkeit im Kristall schwierig zu schleifen. – Vorkommen in Birma, Brasilien, Kenia, USA (Nord-Karolina), Österreich (Tirol), Schweiz (St. Gotthard). – Verwechslungsmöglichkeit mit Aquamarin (S. 94), Saphir (S. 86).

Scheelit [4, 5]

Farbe: gelb, braun, orange, farblos
Strichfarbe: weiß
Mohshärte: 4½–5
Spez. Gewicht: 5,1–6,1
Spaltbarkeit: vollkommen
Bruch: muschelig, splittrig, spröde
Kristalle: (tetragonal) dipyramidal
Chemie: CaWO$_4$ Calcium-Wolframat

Transparenz: durchsichtig, durchscheinend
Lichtbrechung: 1,918–1,934
Doppelbrechung: + 0,016
Dispersion: 0,026
Pleochroismus: unterschiedlich
Absorption: 5840
Fluoreszenz: blau, weißlich oder gelb

Vorkommen schleifwürdiger Qualitäten in Mexiko und USA (Arizona, Kalifornien). – 1963 in USA synthetische Scheelite gezüchtet. Gefärbt können diese mit vielen Schmucksteinen verwechselt werden.

Variscit [6–8] Synonym: Utahlith

Farbe: gelbgrün, bläulich
Strichfarbe: weiß
Mohshärte: 4–5
Spez. Gewicht: 2,4–2,6
Spaltbarkeit: unvollkommen
Bruch: muschelig, spröde
Kristalle: (rhombisch) kurznadlig
Chemie: AlPO$_4$ · 2H$_2$O
 wasserhaltiges Aluminium-Phosphat

Transparenz: durchscheinend bis undurchsichtig
Lichtbrechung: 1,55–1,59
Doppelbrechung: − 0,010
Dispersion: keine
Pleochroismus: fehlt
Absorption: 6880, (6500)
Fluoreszenz: keine

Verschiedentlich wird Utahlith als eigenständiges Mineral betrachtet und nicht als Synonym für Variscit. – Vorkommen in Utah und Nevada/USA, in Queensland/Australien. – Verwechslungsmöglichkeit mit Chrysokoll (S. 200), Chrysopras (S. 128), Türkis (S. 170). – Amatrix (»American matrix«): Verwachsung von Variscit mit Quarz oder Chalcedon aus Utah/USA, auch Variscitquarz genannt.

---

1 Kyanit, drei Kristallbruchstücke
2 Kyanit, fünf diverse Schliffe
3 Kyanit, Kristallstufe
4 Scheelit, Kristallbruchstück
5 Scheelit, dreimal facettiert
6 Variscit, dreimal mugelig
7 Variscit, zweimal in Muttergestein
8 Variscit-Cabochon mit Muttergestein

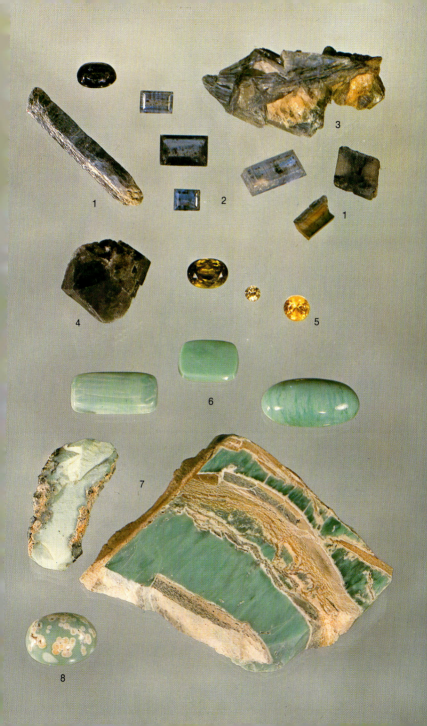

Fluorit [1–3] Synonym: Flußspat

Farbe: farblos, rot, orange, gelb, grün, blau, violett, fast schwarz
Strichfarbe: weiß
Mohshärte: 4
Spez. Gewicht: 3,18
Spaltbarkeit: vollkommen
Bruch: glatt bis muschelig, spröde
Kristalle: (kubisch) Würfel, Oktaeder
Chemie: CaF_2 Calcium-Fluorid

Transparenz: durchsichtig, durchschein.
Lichtbrechung: 1,434
Doppelbrechung: keine
Dispersion: 0,007
Pleochroismus: fehlt
Absorption: grüner F.: 6400, 6006, <u>5850</u>, 5700, 5530, 5500, 4520, 4350; gelber F.: 5450, 5150, 4900, 4700, 4520
Fluoreszenz: meist stark: blau-violett

Farbverteilung auch zonar oder fleckig, Farbänderung durch Röntgenstrahlung möglich; Glasglanz. – Bedeutende europäische Lagerstätten: BRD (Wölsendorf/Oberpfalz), England (Cumberland, Derbyshire, hier blau gebänderter »Blue John«). Synthetisch herstellbar. – Verwechslungsmöglichkeit mit vielen Edelsteinen.

Hemimorphit [4–6] Synonym: Kieselzinkerz

Farbe: blau, grün, farblos
Strichfarbe: weiß
Mohshärte: 5
Spez. Gewicht: 3,4–3,5
Spaltbarkeit: vollkommen
Bruch: muschelig, uneben, spröde
Kristalle: (rhombisch) taflig
Chemie: $Zn_4[(OH)_2|Si_2O_7] \cdot H_2O$ wasserhaltiges basisches Zink-Silicat

Transparenz: durchsichtig – undurchsichtig
Lichtbrechung: 1,614–1,636
Doppelbrechung: +0,022
Dispersion: keine
Pleochroismus: fehlt
Absorption: nicht auswertbar
Fluoreszenz: schwach, nicht charakteristisch

Oft blau-weiß gebändert, auch mit dunkler Matrix vermengt [5]. – Lagerstätten in Algerien, Italien, Griechenland, Mexiko, Namibia. – Verwechslungsmöglichkeit mit Smithsonit (s. unten), Türkis (S. 170).

Smithsonit [7, 8] Synonym: Zinkspat, Bonamit

Farbe: hellgrün, hellblau, rosa
Strichfarbe: weiß
Mohshärte: 5
Spez. Gewicht: 4,3–4,5
Spaltbarkeit: vollkommen
Bruch: uneben, spröde
Kristalle: (trigonal) rhomboedrisch; meist derb in traubigen Massen
Chemie: $ZnCO_3$ Zink-Carbonat.

Transparenz: durchscheinend, undurchsichtig
Lichtbrechung: 1,621–1,849
Doppelbrechung: –0,228
Dispersion: 0,014 und 0,031
Pleochroismus: fehlt
Absorption: nicht auswertbar
Fluoreszenz: keine

Oft zart weiß gebändert, Perlmutterglanz. – Lagerstätten in Griechenland (Attika), Italien (Sardinien), Mexiko (Cananea), Spanien, Namibia (Tsumeb), USA (Arkansas, Colorado, Neu-Mexiko, Utah). – Verwechslungsmöglichkeit mit Chrysopras (S. 128), Hemimorphit (s. oben), Jade (S. 156), Türkis (S. 170).

---

1 Fluorit, zwei Spaltoktaeder
2 Fluorit, zwei Rohstücke
3 Fluorit, neun diverse Schliffe
4 Hemimorphit, Stufe und zwei Schliffe
5 Hemimorphit, drei Cabochons
6 Hemimorphit, radialstrahlig. Aggregat
7 Smithsonit, zwei Aggregate
8 Smithsonit, dreimal mugelig

Sphalerit [1–3] Synonym: Zinkblende, Blende

Farbe: gelb, rot, grünlich, farblos
Strichfarbe: gelblich bis hellbraun
Mohshärte: 3½–4
Spez. Gewicht: 4,08–4,10
Spaltbarkeit: vollkommen
Bruch: uneben, spröde
Kristalle: (kubisch) tetraedrisch
Chemie: ZnS   Zink-Sulfid

Transparenz: durchsichtig, durchschein.
Lichtbrechung: 2,368–2,371
Doppelbrechung: keine
Dispersion: 0,156
Pleochroismus: fehlt
Absorption: 6900, 6650, 6510
Fluoreszenz: meist gelb-orange, auch rot, teilweise keine

Glasglanz. Bernsteinfarbige Varietät heißt Honigblende, rote Rubinblende. Wegen hoher Spaltbarkeit schwierig zu schleifen. – Schleifwürdige Qualitäten in Spanien (bei Santander), Mexiko (bei Chivera). – Verwechslungsmöglichkeit mit vielen gelblichen Schmucksteinen und mit farblosem Diamant.

Cerussit (Zerussit) [4, 5] Synonym: Weißbleierz

Farbe: farblos, grau, bräunlich
Strichfarbe: weiß bis grau
Mohshärte: 3½
Spez. Gewicht: 6,46–6,57
Spaltbarkeit: vollkommen
Bruch: muschelig, uneben, sehr spröde
Kristalle: (rhombisch) taflig, säulig
Chemie: PbCO$_3$ Blei-Carbonat

Transparenz: durchsichtig
Lichtbrechung: 1,804–2,078
Doppelbrechung: – 0,274
Dispersion: 0,051
Pleochroismus: fehlt
Absorption: nicht auswertbar
Fluoreszenz: meist gelb; selten rosa, weißlich, grün oder keine

Häufig Zwillingsbildung, Diamantglanz. - Schleifwürdige Kristalle in CSFR, Italien (Sardinien), Österreich (Bleiberg), Schottland, Namibia (Tsumeb), USA (südl. Felsengebirge und Pennsylvania). – Verwechslungsmöglichkeit mit Diamant (S. 70) und anderen farblosen oder bräunlichen Edelsteinen.

Chrysokoll (Chrysokolla) [6–8] Synonym: Kieselkupfer, Kieselmalachit

Farbe: grün, blau
Strichfarbe: grünlichweiß
Mohshärte: 2–4
Spez. Gewicht: 2,00–2,40
Spaltbarkeit: keine
Bruch: muschelig
Kristalle: (System unbekannt) mikrokristallin; amorphe Aggregate traubig
Chemie: CuSiO$_3$ · 2H$_2$O wasserhaltiges Kupfer-Silicat

Transparenz: undurchsichtig, gelegentlich schwach durchscheinend
Lichtbrechung: 1,460–1,570
Doppelbrechung: 0,010
Dispersion: keine
Pleochroismus: schwach
Absorption: nicht auswertbar
Fluoreszenz: keine

Fettiger Glasglanz. - Lagerstätten in Chile, Rußland (Ural), USA (Arizona, Nevada), Zaire (Katanga). – Verwechslungsmöglichkeit mit blaugefärbtem Chalcedon (S. 126), Türkis (S. 170), Variscit (S. 196). – Chrysokollquarz: Verwachsung von Chrysokoll mit Quarz. - Eilatstein [8]: Verwachsung von Chrysokoll mit Türkis und Malachit; Fundort nördlich von Eilat/Israel.

---

1 Sphalerit, drei Rohsteine
2 Sphalerit, facettiert, 47,97 ct
3 Spahlerit, dreimal facettiert
4 Cerussit, verzwillingte Kristalle

5 Cerussit, fünfmal facettiert
6 Chrysokoll, vier Cabochons
7 Chrysokoll, zwei Rohsteine
8 Eilatstein, zwei Cabochons

Serpentin [1-3]

Farbe: grün in allen Abstufungen
Strichfarbe: weiß
Mohshärte: 2–5½
Spez. Gewicht: 2,4–2,8
Spaltbarkeit: keine
Bruch: muschelig, splittrig, zäh
Kristalle: (meist monoklin) nur mikrokristalline Aggregate
Chemie: $Mg_6[(OH)_8|Si_4O_{10}]$
 basisches Magnesium-Silicat

Transparenz: meist undurchsichtig, selten durchscheinend oder durchsichtig
Lichtbrechung: 1,560–1,571
Doppelbrechung: keine
Dispersion: keine
Pleochroismus: fehlt
Absorption: 4970, 4640
Fluoreszenz: teilweise gelb

Mineral mit unterschiedlichem Aussehen und verschiedenen chemophysikalischen Eigenschaften. Viele Varietätennamen. Die Wissenschaft unterscheidet Antigorit (Blätterserpentin) und Chrysotil (Faserserpentin). Feinfaserige Varietäten heißen Asbest. – Bekannteste Serpentin-Schmucksteine sind der apfelgrüne Bowenit und der oft von schwarzen Einschlüssen durchsetzte Williamsit [3]. Auch grün marmorierte Gesteine, Verwachsungen von Serpentin mit Marmor (wie Connemara, Verd-antique), werden im Handel als Serpentin bezeichnet. Verwendung als Ornamentstein. – Vorkommen in vielen Ländern. – Verwechslungsmöglichkeit mit Jade (S. 154), Onyx-Marmor (S. 210), Türkis (S. 170).
Stichtit [4] Rosenrot bis purpurfarben; Umwandlungsprodukt von chromhaltigem Serpentin. – Vorkommen in Algerien, Südafrika, Tasmanien.
Bastit Seidenglänzende Pseudomorphose von Serpentin nach Bronzit (S. 192).
Verdit Grüne, fleckige Varietät von Serpentin-Gestein, Südafrika.

Ulexit [5, 6] Synonym: Boronatrocalcit, Fernsehstein, Televisionsstein

Farbe: weiß
Strichfarbe: weiß
Mohshärte: 2
Spez. Gewicht: 1,9–2,0
Spaltbarkeit: vollkommen
Bruch: faserig
Kristalle: (triklin) klein; faserige Aggreg.
Chemie: $NaCa[B_5O_6(OH)_6] \cdot 5H_2O$
 wasserhaltiges Natrium-Calcium-Borat

Transparenz: durchsichtig, durchscheinend
Lichtbrechung: 1,491–1,520
Doppelbrechung: + 0,029
Dispersion: keine
Pleochroismus: fehlt
Absorption: nicht auswertbar
Fluoreszenz: grün-gelb, blau

Wegen faseriger Struktur Katzenaugeneffekt [5]; seidiger Glanz. Unterlegte Schrift erscheint an Oberfläche (daher Televisions- oder TV-Stein). – Vorkommen in Argentinien, Chile, Kanada, USA (Kalifornien, Nevada).

Tigereisen [7, 8]

Handelsbezeichnung für ein Quarz-Brauneisen-Aggregat mit goldgelben Lichtern und gelegentlich auch landschaftsähnlichen Zeichnungen. Bei gut ausgebildeter Parallelstruktur Tigerauge genannt (S. 124).

---

1 Serpentin, Rohstück
2 Serpentin-Asbest, zwei Cabochons
3 Williamsit, zweimal facettiert
4 Stichtit, Rohstein und mugelig

5 Ulexit, drei Cabochons
6 Ulexit, drei Rohsteine
7 Tigereisen, zweimal angeschliffen
8 Tigereisen, Rohstein

Sammler-Edelstein-Raritäten

1 **Gahnit** Synonym: Zinkspinell, Gahnospinell; durchsichtig, verschieden intensiv blau, rotviolett; Mohshärte $7^{1}/_{2}-8$; Spez. Gewicht 3,58–3,98; kubisch, $ZnAl_2O_4$. Seit 1937 in Edelsteinqualität bekannt. – Übrige Spinelle S. 100.

2 **Binghamit** Quarz (S. 116) mit Goethit-Einschlüssen. Als Cabochon geschliffen, schillert er. Minnesota/USA

3 **Sanidin** (dreimal facettiert) Durchsichtige, lichtgraue bis hellbräunliche Orthoklas-Varietät (S. 164); Mohshärte 6; starker Glasglanz.

4 **Tantalit** (zweimal facettiert) Durchsichtig, rotbraun; Mohshärte 5–6; Spez. Gew. 5,18–8,20; rhombisch, $(Fe, Mn)[Ta_2O_6]$. Mit Niobit Mischungsreihe.

5 **Rutil** (dreimal facettiert) Durchsichtig, rötlichbraun; Mohshärte $6-6^{1}/_{2}$; Spez. Gewicht 4,20–4,30; tetragonal, TiO_2. Starker, fast metallischer Glanz.

6 **Peristerit** (vier Cabochons) Undurchsichtige Albit-Varietät (S. 164) mit bläulichem Schiller auf weißer oder brauner Grundfarbe. Mohshärte $6^{1}/_{2}$.

7 **Hauyn**, Hauynit (dreimal facettiert) Durchsichtig, lasurblau; Mohshärte $5^{1}/_{2}-6$; Spez. Gewicht 2,4; kubisch, $(Na, Ca)_{8-4}[(SO_4)_{2-1}|(AlSiO_4)_6]$. Bestandteil des Lapislazuli (S. 172).

8 **Tugtupit** (drei Cabochons) Synonym: Rentierstein; meist undurchsichtig, dunkelrot mit Stich ins Violette, durch Fremdmineralien oft fleckiges Aussehen; Mohshärte 6; Spez. Gewicht 2,36–2,57; tetragonal, $Na_8[Cl_2|(BeAlSi_4O_{12})_2]$. 1960 in Südgrönland und auf der Halbinsel Kola entdeckt.

9 **Willemit** (dreimal facettiert) Durchsichtig, gelb, grünlich, rotbraun; Mohshärte $5^{1}/_{2}$; Spez. Gewicht 3,89–4,18; trigonal, $Zn_2[SiO_4]$. Kristalle selten, harzartiger Glanz, kräftig grüne Fluoreszenz.

10 **Natrolith** (dreimal facettiert) Durchsichtig, farblos, weiß, gelblich; Mohshärte $5^{1}/_{2}$; Spez. Gewicht 2,20–2,25; rhombisch, $Na_2[Al_2Si O_3 O_{10}] \cdot 2H_2O$.

11 **Smaragdit** (zwei Cabochons) Durchscheinend, gras- bis smaragdgrün; Mohshärte $6^{1}/_{2}$; Spez. Gewicht 3,25; monoklin, $Ca_2(Mg, Fe)_5[Si_4O_{11}]_2[OH]_2$. Eine Aktinolith-Varietät, mit Smaragd mineralogisch nicht verwandt. – Auch Smaragd-Imitationen aus künstlichem Schmelzfluß als Smaragdit benannt.

12 **Leuzit**, Leucit (zweimal facettiert) Durchsichtig, farblos, weiß; Mohshärte $5^{1}/_{2}$; Spez. Gewicht 2,45–2,50; kubisch und tetragonal, $K[AlSi_2O_6]$.

13 **Aktinolith** Synonym: Strahlstein; durchsichtig, grün; Mohshärte $5^{1}/_{2}-6$; Spez. Gewicht 3,03–3,07; monoklin, $Ca_2(Mg, Fe)_5[Si_4O_{11}]_2[OH]_2$.

14 **Hypersthen** (dreimal facettiert) Durchsichtig, schwarzgrün, schwarzbraun; Mohshärte 5–6; Spez. Gewicht 3,4–3,5; rhombisch, $(Fe, Mg)_2[Si_2O_6]$.

15 **Datolith** (dreimal facettiert) Durchsichtig, farblos, grünlich; Mohshärte $5-5^{1}/_{2}$; Spez. Gewicht 2,90–3,00; monoklin, $CaB^{[4]}[OH|SiO_4]$.

Nicht abgebildete Raritäten mit ähnlichen Härtegraden: Anatas (bräunlich, $5^{1}/_{2}-6$), Bytownit (rötlich, blaßgelb, 6), Ekanit (grün, hellbraun, $6-6^{1}/_{2}$), Eläolith (blaugrün, braunrot, $5^{1}/_{2}-6$), Painit (rot, $7^{1}/_{2}-8$), Rhodizit (rosa, hellgelb, 8), Saussurit (weißlich, hellgrün, $6^{1}/_{2}$), Sillimanit (blau, $6-7^{1}/_{2}$), Sogdianit (violett, 7), Staurolith (rötlich-braun, $7-7^{1}/_{2}$), Taaffeit (rotblau, 8), Tremolit (grün, $5^{1}/_{2}-6^{1}/_{2}$).
Weitere Daten in den ganzseitigen Tabellen (siehe Sachwortverzeichnis).

1 **Periklas** (Cabochon und zweimal facettiert)   Durchsichtig, farblos, gelblich, graugrün; Mohshärte $5^{1}/_{2}-6$; Spez. Gewicht $3,7-3,9$; kubisch, MgO. Glasglanz; synthetisch als Spinell-Imitation verwendet.

2 **Purpurit**   Durchscheinend, purpurn, tief rosa, dunkelbraun; Mohshärte $4-4^{1}/_{2}$; Spez. Gewicht $3,2-3,4$; rhombisch (Mn, Fe) [PO$_4$]. Metallischer Glanz, spröde.

3 **Apophyllit**   Durchsichtig, farblos oder schwach rötlich, gelblich, grünlich, bläulich; Mohshärte $4^{1}/_{2}-5$; Spez. Gewicht $2,30-2,50$; tetragonal KCa$_4$ [Si$_8$O$_{20}$](OH,F) $\cdot$ 8H$_2$O. Perlmutterglanz und chrakteristischer Lichtschein, daher auch Fischaugenstein genannt. Siehe auch Abbildung S. 189, Nr. 3.

4 **Zinkit** (dreimal facettiert)   Synonym: Rotzinkerz; durchscheinend, rot bis orangerot; Mohshärte $4^{1}/_{2}-5$; Spez. Gewicht 5,66; hexagonal, ZnO. Diamantglanz; einziges Vorkommen schleifwürdigen Materials die inzwischen aufgelassene Mine von Franklin, New Jersey/USA.

5 **Kurnakovit** (zweimal facettiert)   Durchsichtig, farblos, rosa; Mohshärte 3; Spez. Gewicht 1,86; triklin, Mg[B$_3$O$_3$(OH)$_5$] $\cdot$ 5H$_2$O.

6 **Siderit** (zweimal facettiert)   Synonym: Eisenspat, Spateisenstein; durchsichtig, goldbraun, rotbraun; Mohshärte $3^{1}/_{2}-4^{1}/_{2}$; Spez. Gewicht 3,85; trigonal, FeCO$_3$. Sehr schwer zu schleifen. Auch Sphärosiderit (radialstrahliges, kugelförmiges Aggregat) von Sammlern geschliffen.

7 **Colemanit** (dreimal facettiert)   Durchsichtig, wasserhell; Mohshärte $4^{1}/_{2}$; Spez. Gewicht 2,42; monoklin, Ca$_2$[B$_6$O$_{11}$] $\cdot$ 5H$_2$O. Starker Glasglanz.

8 **Cuprit**   Synonym: Rotkupfererz; durchscheinend, karminrot; Mohshärte $3^{1}/_{2}-4$; Spez. Gewicht $5,85-6,15$; kubisch, Cu$_2$O. Metallischer Glanz, sehr hoher Brechungsindex. Im Handel auch verschiedene Steinarten als Cuprit angeboten, die lediglich von einem geringen Cupritgehalt rot gefärbt sind.

9 **Baryt** (fünfmal facettiert)   Synonym: Schwerspat; durchsichtig, farblos, braun, gelb, auch rot, grün, blau; Mohshärte 3; Spez. Gewicht 4,5; rhombisch, BaSO$_4$. Glasglanz, auf Spaltflächen Perlmutterglanz, spröde.

10 **Dolomit** (dreimal facettiert)   Synonym: Dolomitspat; durchsichtig, farblos, pastellfarben; Mohshärte $3^{1}/_{2}-4^{1}/_{2}$; Spez. Gewicht $2,85-2,95$; trigonal, CaMg[CO$_3$]$_2$. Glasglanz.

11 **Kupferkies**   Synonym: Chalcopyrit; undurchsichtig, messinggelb, goldgelb, mit Stich ins Grünliche; Mohshärte $3^{1}/_{2}-4$; Spez. Gewicht $4,1-4,3$; tetragonal, CuFeS$_2$. Metallischer Glanz.

12 **Witherit** (zweimal facettiert)   Durchsichtig, gelblichweiß bis farblos; Mohshärte $3^{1}/_{2}$; Spez. Gewicht $4,27-4,35$; rhombisch, BaCO$_3$. Wachsartiger Glasglanz, im Bruch Fettglanz. Witherit-Staub ist giftig!

13 **Anhydrit**   Durchsichtig, farblos, bläulich, auch rotlila; Mohshärte $3-3^{1}/_{2}$; Spez. Gewicht $2,90-2,99$; rhombisch, CaSO$_4$. Starker Glanz.

14 **Magnetit-Jade**   Undurchsichtiger schwarzer Jade mit galvanisch vergoldeten, ursprünglich ebenfalls schwarzen Magnetit-Einlagerungen. Mohshärte $5^{1}/_{2}-7$; Spez. Gewicht je nach Magnetitgehalt $3,4-4,4$. Rohsteine sehr selten, einziger Fundort Kalifornien/USA. Erste Verwendung durch Hobby-Schleifer in den USA, kommerzielle Nutzung seit etwa 1970 in der BRD.

Weitere Daten in den ganzseitigen Tabellen (siehe Sachwortverzeichnis).

1 **Calcit** (dreimal facettiert) Synonym: Kalkspat; durchsichtig, farblos und in verschiedenen Farben; Mohshärte 3; Spez. Gewicht 2,71; trigonal, $CaCO_3$. Weit verbreitet. Auch Rohkristalle für Schmuckzwecke gefaßt.

2 **Howlith** Undurchsichtig, auch durchsichtig, schneeweiß, gelegentlich von schwarzen oder braunen Adern durchzogen, selten farblos; Mohshärte $3^{1}/_2$; Spez. Gewicht 2,53–2,59; monoklin, $Ca_2[(BOOH)_5|SiO_4]$. Wegen großer Porosität gut zu färben; siehe Nr. 16.

3 **Kobaltcalcit** (Cabochon und facettiert) Durch Kobalt lilarot gefärbter Calcit (siehe 1). Schleifwürdiges Material aus Spanien.

4 **Barytocalcit** Durchsichtig, gelblichweiß; Mohshärte 4; Spez. Gewicht 3,66; monoklin, $BaCa[CO_3]_2$. Glasglanz, spröde.

5 **Coelestin** (dreimal facettiert) Durchsichtig, bläulichweiß, farblos; Mohshärte $3–3^{1}/_2$; Spez. Gewicht 3,97–4,00; rhombisch, $SrSO_4$. Glasglanz, auf Spaltflächen Perlmutterglanz, spröde.

6 **Wulfenit** Synonym: Gelbbleierz; durchsichtig bis durchscheinend, honiggelb, orange, rot; Mohshärte 3; Spez. Gewicht 6,7–7,0; tetragonal, $PbMoO_4$. Diamantglanz, im Bruch Fettglanz, spröde. Wegen eines sehr starken Schimmerns auch Rohkristalle für Schmuckzwecke gefaßt.

7 **Aragonit** (zweimal facettiert) Durchsichtig, farblos und verschiedenfarbig; Mohshärte $3^{1}/_2–4$; Spez. Gewicht 2,94; rhombisch, $CaCO_3$. Glasglanz.

8 **Krokoit** (dreimal facettiert) Synonym: Rotbleierz; durchsichtig, rotorange; Mohshärte $2^{1}/_2–3$; Spez. Gewicht 5,9–6,1; monoklin, $PbCrO_4$. Diamantglanz.

9 **Gaylussit** Durchsichtig, farblos, weiß; Mohshärte $2^{1}/_2$; Spez. Gewicht 1,99; monoklin, $Na_2Ca[CO_3]_2 \cdot 5H_2O$. Matter Glasglanz.

10 **Phosgenit** (viermal facettiert) Synonym: Bleihornerz; durchsichtig, farblos, weiß, gelblichweiß, grünlich; Mohshärte $2^{1}/_2–3$; Spez. Gewicht 6,13; tetragonal, $Pb_2[Cl_2|CO_3]$. Fettiger Diamantglanz.

11 **Silber** Dendriteneinlagerung in Quarz; undurchsichtig, schwarz angelaufen; Mohshärte $2^{1}/_2–3$; Spez. Gewicht 9,6–12,0; kubisch, Ag. Metallglanz.

12 **Gold** Eingesprengt in Quarz; undurchsichtig, goldgelb; Mohshärte $2^{1}/_2–3$; Spez. Gewicht 15,5–19,3; kubisch, Au. Metallglanz.

13 **Vivianit** Durchsichtig, farblos, blaugrün, tiefblau; Mohshärte $1^{1}/_2–2$; Spez. Gewicht 2,6–2,7; monoklin, $Fe_3[PO_4]_2 \cdot 8H_2O$. Glas- bis Perlmutterglanz.

14 **Schwefel** Durchscheinend, gelb; Mohshärte $1^{1}/_2–2$; Spez. Gewicht 2,05–2,08; rhombisch, S. Diamantglanz, im Bruch Fettglanz.

15 **Proustit** Synonym: Licht-Rotgültigerz; durchscheinend, rubinrot; Mohshärte $2^{1}/_2$; Spez. Gewicht 5,57–5,64; trigonal, Ag_3AsS_3. Läuft im Licht nach einigen Monaten an und wird dadurch dunkler.

16 **Howlith** Gefärbt, wird dem Türkis (S. 170) unterschoben, (siehe auch Nr. 2).

Nicht abgebildete Raritäten mit ähnlichen Härtegraden: Augelith (farblos, 5), Cancrinit (gelb, orangerot, 5–6), Chromit (eisenschwarz, $5^{1}/_2$), Garnierit (smaragdgrün, gelbgrün, $2^{1}/_2$), Ilmenit (schwarz, 5–6), Magnesit (farblos, 4), Pseudophit (grün, rosa, $2^{1}/_2$), Psilomelan (mattschwarz, $5^{1}/_2–6$), Thomsonit (rötlichweiß, grün, $5–5^{1}/_2$), Wardit (hellbläulichgrün, 5).
Weitere Daten in den ganzseitigen Tabellen (siehe Sachwortverzeichnis).

Gesteine als Schmuckmaterialien

Onyx-Marmor [1–4] Synonym: Marmor-Onyx, Onyx-Alabaster, Onyx

Farbe: gelbgrün, weiß, braun, gebändert
Strichfarbe: je nach Steinfarbe
Mohshärte: 3
Spez. Gewicht: 2,7
Zusammensetzung: Calcit oder Aragonit

Transparenz: durchscheinend bis undurchsichtig
Lichtbrechung: 1,486–1,658
Doppelbrechung: − 0,172

Der im Handel Onyx-Marmor (O. = gr. »Fingernagel«, wegen der durchscheinenden Beschaffenheit) genannte Stein ist ein Kalkstein aus den Mineralien Calcit oder Aragonit. Nicht verwechseln mit Chalcedon-Onyx (S. 142)! Die alleinige Bezeichnung Onyx ohne Zusatz für diesen Kalkstein ist irreführend. Entstehung des Onyx-Marmor aus kalkhaltigem Wasser durch schichtweise Ablagerung (daher stets gebändert) im Bereich warmer Quellen oder als Tropfsteinbildung in Höhlen. – Vorkommen in Nordafrika, in Argentinien, Mexiko, USA. – Verwendung für kunstgewerbliche Gegenstände, als Anhänger und Broschen. Verwechslungsmöglichkeit mit dem Mineral Serpentin (S. 202) wie auch mit verschiedenen Serpentingesteinen, besonders mit dem aus der Provinz Connaught/Irland stammenden, grünweiß gesprenkelten Connemara, dem in Neu-Mexiko/ USA gefundenen, grünlichen Ricolit und dem Verd-antique (Verde antico), einem grünfleckigen Gestein auf weißem Grund aus Italien und Griechenland.

Sprudelstein [5–7] Synonym: Aragonitsinter, Rindenstein

Farbe: weiß, gelb, braun, rötlich
Strichfarbe: je nach Steinfarbe
Mohshärte: $3^{1}/_{2}$–4
Spez. Gewicht: 2,95
Zusammensetzung: Aragonit

Transparenz: undurchsichtig
Lichtbrechung: Aragonit 1,530–1,685
Doppelbrechung: Aragonit –0,155

Sprudelstein ist kalkige Ausscheidung an warmen Quellen in Form von Krusten oder Stalaktiten. Schichtung oft in wellenförmigen Bändern. – Bekanntester Fundort in Europa ist Karlsbad (Karlovy Vary) in der CSFR. Schon von Goethe wird der Karlsbader Sprudelstein als »eine Art von Edelstein« angesprochen.

Landschaftsmarmor [8] Synonym: Ruinenmarmor

Feinkörniger Kalkstein, dessen Schichten zertrümmert, verrückt und neu verfestigt wurden. Auf Grund verschieden intensiver Färbung der einzelnen Lagen entstehen Bilder, die den Eindruck irgendwelcher Landschaftsformen im Profil vermitteln. – Beim nebenstehenden Landschaftsmarmor könnte man an eine von Hochhäusern gestaltete Großstadtsilhouette denken, über der tiefliegende, gewitterschwere Wolken hängen. – Fundort Toskana/Italien. – Dekorstein, mitunter auch als Brosche und Anhänger mugelig geschliffen.

---

1 Onyx-Marmor, Schale	5 Sprudelstein, zweimal, Karlsbad/CSFR
2 Onyx-Marmor, Bruchstück anpoliert	6 Sprudelstein, Brosche und Anhänger
3 Onyx-Marmor, zwei Anhänger	7 Sprudelstein, Neu-Mexiko/USA
4 Onyx-Marmor, Figur	8 Landschaftsmarmor, Toskana/Italien

Die Abbildungen sind gegenüber den Originalen um 50% verkleinert.

Augendiorit [1, 2] Synonym: Kugeldiorit

Tiefengestein mit Feldspat, Hornblende, Biotit und Quarz. Entsteht durch rhythmische Ausfällung, wobei es zu Sortierung von hellen und dunklen Gemengteilen in kuglig-schaligen Gebilden kommt. – Verwendung als Dekorstein, mit mugeligem Schliff für Anhänger und Broschen [2]. – Auch andere Gesteine (z. B. Granit, Syenit wie dessen Abart Kakortokit) werden wegen ihrer Struktur oder Farbe als Dekorstein und für kunstgewerbliche Gegenstände verwendet.

Nuumit   Glitzernd-schimmerndes, dunkles Silicatgestein aus Grönland.

Obsidian [3–7]

Farbe: schwarz, grau, braun, grün	Transparenz: undurchsichtig, durchscheinend
Strichfarbe: weiß	
Mohshärte: 5–5$^{1}/_{2}$	Lichtbrechung: 1,48–1,51
Spez. Gewicht: 2,3–2,6	Doppelbrechung: keine
Spaltbarkeit: keine	Dispersion: 0,010
Bruch: großmuschelig, scharfkantig	Pleochroismus: fehlt
Zusammensetzung: vulkanisches, amorphes, kieselsäurereiches Gesteinsglas	Absorption: grüner O.: 6800, 6700, 6600, 6500, 6350, 5950, 5550, 5000
	Fluoreszenz: keine

Name nach einem Römer (Obsius). Wurde schon in prähistorischer Zeit wegen der scharfen Bruchkanten und des hohen Glasglanzes verwendet. Varietäten zeigen durch glitzernde Kristalleinschlüsse goldfarbigen [4] oder silbernen [5] Schimmer. – Fundorte weltweit. – Aus den USA (Utah) stammt der Schneeflockenobsidian mit seinen grauweißen Einschlüssen von radialstrahliger (sphärolithischer) Struktur [6, 7]. – Verwechslungsmöglichkeit mit schwarzem Glas.

Moldavit [10–12] Synonym: Bouteillenstein, Wasserchrysolith

Farbe: flaschengrün bis braungrün	Transparenz: durchsichtig bis durchscheinend
Strichfarbe: weiß	
Mohshärte: 5$^{1}/_{2}$	Lichtbrechung: 1,48–1,50
Spez. Gewicht: 2,32–2,38	Doppelbrechung: keine
Spaltbarkeit: keine	Dispersion: keine
Bruch: muschelig	Pleochroismus: fehlt
Kristalle: amorph	Absorption: nicht auswertbar
Chemie: $SiO_2(+ Al_2O_3)$ Siliciumdioxid (+ Aluminiumoxid)	Fluoreszenz: keine

Moldavit gehört zur Gruppe der Tektite (früher auch Glasmeteorite genannt), das sind kondensierte Gesteinsdämpfe nach Meteoreinschlag. Narbige Oberflächen, Glasglanz, Größe selten über 3 cm. Andere Tektite dunkelbraun bis schwarz [8, 9]. – Nach Fundort verschiedene Namen der Tektite, z. B. Moldavit (Moldau, CSFR), Australit (Australien), Georgiait (Georgia, USA).

---

1 Augendiorit, angeschliffen, Korsika	7 Schneeflockenobsidian, angeschliffen
2 Augendiorit, Cabochon, Korsika	
3 Obsidian, Rohstück, Mexiko	8 Tektit, Rohstein, Thailand
4 Goldobsidian, Mexiko	9 Tektit, zweimal facettiert, Thailand
5 Silberobsidian, Mexiko	10 Moldavit, vier Rohsteine, CSFR
6 Schneeflockenobsidian, zwei Cabochons	11 Moldavit, sechsmal facettiert, CSFR
	12 Moldavit, Cabochon, CSFR

Die Abbildungen sind gegenüber den Originalen um 40% verkleinert.

Alabaster [1, 2]

Farbe: weiß, rosa, bräunlich	Transparenz: undurchsichtig, kanten-
Strichfarbe: weiß	durchscheinend
Mohshärte: 2	Lichtbrechung: 1,520–1,530
Spez. Gewicht: 2,30–2,33	Doppelbrechung: + 0,010
Zusammensetzung: Gipsspat	Dispersion: keine

Unter Alabaster versteht man heute die feinkörnige Varietät des Gipssteins, in der Antike auch mikrokristallinen Kalkstein. Name (gr.) wahrscheinlich von kleinen Salben-Töpfen, die aus Alabaster geschnitten wurden. Verwendung für kunstgewerbliche Gegenstände, selten als Schmuck. Wegen hoher Porosität gut färbbar. – Bekannte Lagerstätten bei Volterra in der Toskana/Italien.

Agalmatolith (Bildstein, Pagodenstein, Pagodit) Dichte Varietät des Minerals Pyrophyllit, im Aussehen dem Alabaster ähnlich, früher ebenso für Skulpturen verwendet. Grünliche Varietät als Jadeersatz (S. 154). Durch Brennen wird der sonst sehr weiche Stein (Mohshärte $1-1^1/_2$) äußerst hart.

Speckstein (Steatit, Topfstein, Seifenstein) Dichte, weiße oder grünliche Varietät des Talk. In Mittelmeerländern neuerdings zu Modeschmuck verarbeitet.

Meerschaum [3–5] Synonym: Sepiolith

Farbe: weiß, auch gelblich, grau, rötlich	Transparenz: undurchsichtig
Strichfarbe: weiß	Lichtbrechung: 1,53
Mohshärte: 2–2$^1/_2$	Doppelbrechung: keine
Spez. Gewicht: 2,0	Dispersion: keine
Spaltbarkeit: keine	Pleochroismus: fehlt
Bruch: flachmuschelig, erdig	Absorption: nicht auswertbar
Kristalle: (rhombisch) mikrokristallin	Fluoreszenz: keine
Chemie: $Mg_4[(H_2O)_3(OH)_2|Si_6O_{15}] \cdot 3H_2O$	
wasserhaltiges Magnesium-Silicat	

Wegen hoher Porosität ist Meerschaum schwimmfähig (daher Name); sehr porös, matter Fettglanz. Entstanden als Verwitterungsprodukt des Serpentin. Einzig bedeutende Lagerstätte ist Eskischehir in Anatolien/Türkei. – Verarbeitung zu Pfeifenköpfen und Zigarrenspitzen, die durch das Rauchen allmählich eine goldgelbe Farbe annehmen [5]. Neuerdings in der Türkei Herstellung von Modeschmuck. Durch Imprägnieren mit Fett entsteht starker Glanz.

Fossilien [6–9]

Verkieselte Hölzer (S. 148) und sonstige Fossilien (»versteinerte« Reste von Lebewesen) sind durch ihre Form, die Farbe oder das hohe Alter attraktiv.

Ammolith (Korit) Opalähnlich schillernder Teil eines Ammonits. Mohshärte 4; Spez. Gewicht 2,7. Lichtbrechung 1,52–1,68. Einziger Fundort Alberta/Kanada.

---

1 Alabaster, zweimal rot gefärbt	6 Ammonit, pyritisiert
2 Alabaster, Ascher, blau gefärbt	7 Ammonit, pyritisiert
3 Meerschaum, Rohstück	8 Trilobit, ein Urkrebs, in Tonschiefer
4 Meerschaum, Modeschmuck	9 Actaeonella, Meeresschnecke,
5 Meerschaum, Zigarrenspitze	Österreich

Die Abbildungen sind gegenüber den Originalen um 20% verkleinert.

Organische Edelsteine

Koralle

Farbe: rot, rosa, weiß (schwarz, blau)
Strichfarbe: weiß
Mohshärte: 3–4
Spez. Gewicht: 2,6–2,7
Spaltbarkeit: keine
Bruch: unregelmäßig, splittrig
Kristalle: (trigonal) mikrokristallin
Chemie: (Calcit) $CaCO_3$ Calcium-Carbonat (+ Magnesia + organ. Substanz)

Transparenz: undurchsichtig
Lichtbrechung: 1,486–1,658
Doppelbrechung: – 0,172
Dispersion: keine
Pleochroismus: fehlt
Absorption: nicht auswertbar
Fluoreszenz: schwach

Korallen (gr., Bedeutung unbekannt) bilden Riffe, Atolle und Korallenbänke mit vielfach verzweigten Stöcken. Nur diese letzteren Kalkgerüste werden für die Edelsteinherstellung genützt. Sie entstehen durch kleine Polypen, die in winzigen Vertiefungen der von fleischiger Haut umgebenen Gerüste sitzen und durch ihre Fußscheiben Kalksubstanz ausscheiden. Höhe der Stöcke 20–40 cm, Astdicke bis 6 cm.

Von den verschiedenen Korallenarten ist die rote Edelkoralle *(Corallicum rubrum)* am meisten begehrt. Farbe im ganzen Stock einheitlich, von zartem Rosa bis zu dunklem Ochsenblutrot, nur mitunter weiß und zartrosa gefleckt [11].

Daneben auch weiße, schwarze und blaue Korallen verarbeitet; weiße Korallen bestehen wie die roten aus kohlensaurem Kalk, schwarze und blaue dagegen aus organischer Hornsubstanz (spez. Gewicht 1,34–1,46). Schwarze Korallenstöcke werden bis 3 m hoch.

Unbearbeitet sind Korallenstücke matt, poliert glasglänzend. Empfindlich gegen Hitze, Säuren und heiße Bäder! Die Farbe kann durch Tragen verblassen.

Fundorte: Küsten der westlichen Mittelmeerländer, Golf von Biscaya, Kanarische Inseln, Malayischer Archipel, Midway-Inseln, Japan. Schwarze Korallen im Malayischen Archipel, nördlichen Australien, Roten Meer.

Gewinnung der in 3 bis 300 m Tiefe liegenden Korallenstöcke im allgemeinen mit beschwerten, weitmaschigen Netzen, die über den Meeresboden hinweggeschleppt werden. Durch dieses Abreißen der mit einem breiten Fuß am felsigen Untergrund festgewachsenen Korallen wird viel wertvolles Material zerstört.

Nach dem Fischen werden Weichteile abgerieben und die Materialien nach Qualität sortiert. Haupthandelsplatz ist Torre del Greco südlich von Neapel/Italien. Neuerdings werden Korallen aus Japan, Australien und Hawaii eingeführt.

Bearbeitung der Korallen mit Säge, Messer, Feile und Bohrer, kaum geschliffen. Verwendung zu Perlen für Halsketten und Armbänder. Stäbchenförmige Stücke werden längsgebohrt und zu Splittketten aufgezogen. Auch Cabochons, kunstgewerbliche Gegenstände und Skulpturen gefertigt.

Viele Nachahmungen aus Glas, Horn, Kautschuk, Knochen und Plastik.

1 Edelkoralle, drei Perlen, zus. 23,77 ct	8 Weiße Koralle, zweimal graviert
2 Edelkoralle, Stock, Sizilien	9 Edelkoralle, graviert, Italien
3 Edelkoralle, zwei Figuren, Japan	10 Edelkoralle, Stock, Japan
4 Edelkoralle, 5 Cabochons	11 Edelkoralle, drei Cabochons, 14,05 ct
5 Edelkoralle, zwei Halsketten	12 Edelkoralle, Figur, Italien
6 Edelkoralle, Figur, Japan	13 Weiße Koralle, Splittkette
7 Weiße Koralle, Stock, Japan	14 Schwarze Koralle, Stock, Australien

Die Abbildungen sind gegenüber den Originalen um 50% verkleinert.

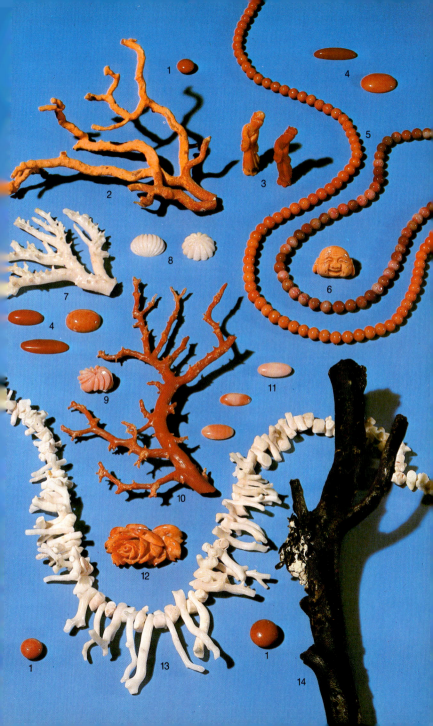

Gagat [7, 8] Synonym: Jet (Jett)

Farbe: tief schwarz, dunkelbraun	Transparenz: undurchsichtig
Strichfarbe: schwarzbraun	Lichtbrechung: 1,64–1,68
Mohshärte: $2^1/_2$–4	Doppelbrechung: keine
Spez. Gewicht: 1,30–1,35	Dispersion: keine
Spaltbarkeit: keine	Pleochroismus: fehlt
Bruch: muschelig	Absorption: nicht auswertbar
Zusammensetzung: Braunkohle	Fluoreszenz: keine

Gagat (Name nach einem Fluß im Südwesten der Türkei) ist organisches Produkt, eine bituminöse, polierfähige Kohle. Samtartiger Wachsglanz, gelegentlich Einschlüsse von Pyrit; wird durch Reiben elektrisch. – Vorkommen: früher England (Whitby/Yorkshire), heute Spanien (Asturien), Frankreich (Dep. Aude), USA (Utah, Colorado). – Bearbeitung auf der Drehbank. Verwendung als Trauerschmuck, für Rosenkränze, Ziergegenstände und Gemmen. – Nachahmung durch andere Kohlesorten (Anthrazit, Kännelkohle), Glas, Hartgummi, Onyx.

Kännelkohle (Cannelkohle) [6]   Dient als Ersatz für Gagat. Name (verschiedene Schreibweisen) bedeutet englisch »Kerze« (candle), weil aus dem extrahierten Wachs dieser Kohle früher Kerzen hergestellt wurden. – Kännelkohle kommt zusammen mit kokbaren Flözen vor; gut brennbar, reich an flüchtigen Bestandteilen (früher Leuchtgasbereitung); überwiegend aus pflanzlichen Sporen und Pollen entstanden. – Sie ist wegen der Homogenität und Festigkeit auf der Drehbank mit normalen Schreinerwerkzeugen gut zu bearbeiten; durch Politur hochglänzend.

Elfenbein [1–5,9]

Farbe: weiß, cremfarben	Transparenz: durchschein., undurchs.
Strichfarbe: weiß	Lichtbrechung: 1,54
Mohshärte: 2–3	Doppelbrechung: keine
Spez. Gewicht: 1,7–2,0	Dispersion: keine
Spaltbarkeit: keine	Pleochroismus: fehlt
Bruch: faserig	Absorption: nicht auswertbar
Chemie: Calcium-Phosphat	Fluoreszenz: verschieden blau

Elfenbein (Name: *Elefantenbein*) ursprünglich nur das Material der Elefantenstoßzähne, heute auch Zähne von Flußpferd, Nilpferd, Pottwal, Walroß, Wildschwein und fossilem Mammut. Größte Mengen kommen aus Afrika, daneben aus Birma, Hinterindien und Sumatra. – Bearbeitung mit Schneidwerkzeugen und Feile, färbbar. – Verwendung zu kunstgewerblichen Gegenständen, Anhängern und Modeschmuck. – Imitationen aus allen Beinarten (= Knochen) [10].

Odontolith (gr. »Zahnstein«)   Synonym: Zahntürkis. Fossile Zahn- oder Knochensubstanz von ausgestorbenen Großtieren der Vorzeit (Mammut, Mastodon, Dinotherium), durch Vivianit (S. 208) türkisblau gefärbt. – Imitation für Türkis (S. 170). Fundstätten Sibirien, Südfrankreich. Sehr selten geworden.

---

1 Elfenbein, Hohlkugel, China	6 Kännel, roh und angeschliffen
2 Elfenbein, Figur und Dose	7 Gagat, dreimal facettiert
3 Elfenbein, Rohstück, Kongo	8 Gagat, zweimal mugelig
4 Elfenbein, Halskette, China	9 Elfenbein, Brosche, China
5 Elfenbein, Armreif und Figur	10 Bein, gefärbt, Israel

Die Abbildungen sind gegenüber den Originalen um 50% verkleinert.

Bernstein   Synonym: Succinit

Farbe: hellgelb bis braun, rot, fast farblos, milchigweiß, blau, schwarz, grünlich
Strichfarbe: weiß
Mohshärte: 2–2^1/$_2$
Spez. Gewicht: meist 1,05–1,09, maximal 1,30
Spaltbarkeit: keine
Bruch: muschelig, spröde
Kristalle: amorph
Chemie: etwa $C_{10}H_{16}O$
 Gemisch verschiedener Harze

Transparenz: durchsichtig bis undurchsichtig
Lichtbrechung: 1,54
Doppelbrechung: keine
Dispersion: keine
Pleochroismus: fehlt
Absorption: nicht auswertbar
Fluoreszenz: bläulichweiß bis gelbgrün; Birmit: blau

Bernstein ist fossiles, erhärtetes Harz der Kiefer *Pinus succinifera*; entstanden im Alttertiär vor 50 Millionen Jahren. Vorwiegend tropfen- oder knollenförmige Stücke von homogener Struktur oder schaligem Bau, oft mit Verwitterungskruste. Kopfgroße Steine von über 10 kg gefunden. Einschlüsse (Inklusen) von Insekten (siehe auch S. 47) und Pflanzenteilen wie auch von Pyrit. – Wegen zahlloser Bläschen, Haarspalten oder Spannungsrissen häufig trüb. Möglichkeit durch Kochen (»Klarkochen«) in Rübsamenöl Luftblasen und eingeschlossene Flüssigkeiten auszutreiben und Qualität zu verbessern. – Verhalten gegenüber Chemikalien und heißen Bädern je nach Lagerstätte verschieden. Mit Streichholz entzündbar (daher Name: niederdeutsch »bernen« oder »börnen« = brennen). Beim Reiben mit einem Tuch lädt sich Bernstein elektrisch auf und zieht dann kleine Partikel an. Gut polierbar, Harzglanz.

Größte Lagerstätte der Welt im Samland bei Palmnicken, westlich von Königsberg im ehemaligen Ostpreußen. Unter 30 m sandiger Überdeckung 9 m mächtiger, bernsteinhaltiger Ton, die sogenannte blaue Erde. Ausbeute im Tagebau, Gewinnung der Bernsteine durch Auslesen und Auswaschen. Nur 15% für Schmuckzwecke unmittelbar geeignet. Rest zu Preßbernstein oder in Schmelzereien für technische Zwecke verarbeitet.

Große Vorräte auch am Boden der Ostsee; Bernsteinfunde am Strand und im Flachwasser aller Anrainerstaaten nach schweren Stürmen, wenn Brandungswellen den Grund tief aufgewühlt hatten. Dieser Seebernstein, von besonders fester Qualität, früher von Fischern regelrecht gefischt.

Weitere Fundorte von untergeordneter Bedeutung: Sizilien (hier Simetit genannt) Rumänien (Rumänit), Birma (Birmit), Kanada, einige atlantische Staaten der USA, Dominikanische Republik.

Verwendung seit prähistorischer Zeit für Schmuck- und Kultgegenstände, als Räucherwerk, früher auch als »Heilmittel« gegen verschiedenste Krankheiten. Bernstein, das »Gold des Nordens«, ist der erste Edelstein des Menschen überhaupt. Heute für Ziergegenstände, Ringsteine, Anhänger, Broschen und Halsketten.

Kleinere Stücke oder Abfallreste werden bei 140–250 °C und Drücken bis 3000 at zu natürlich aussehendem Preßbernstein (Ambroid) verarbeitet. – Als Imitationen dienen rezente Harze (Kopal genannt), Kunstharze und gelbes Glas.

1 Bernstein, Rohstück
2 Bernstein, angeschliffen
3 Bernstein, drei Cabochons
4 Bernstein, zwei Kugelketten
5 Bernstein, zwei Barockketten
6 Bernstein, verschiedenfarbig
7 Bernstein, mit Insekteinschluß
8 Bernstein, mit Blaseneinschluß

Perlen

Farbe: rosa, silber-, creme-, goldfarbig grün, blau, schwarz
Strichfarbe: weiß
Mohshärte: 3–4
Spez. Gewicht: 2,60–2,78
Spaltbarkeit: keine
Bruch: uneben
Kristalle: mikrokristallin
Chemie: 84–92% Calcium-Carbonat, 4–13% organ. Substanz, 3–4% Wasser

Transparenz: durchscheinend bis undurchsichtig
Lichtbrechung: 1,52–1,66; schwarz: 1,53–1,69
Doppelbrechung: 0,156
Dispersion: keine
Pleochroismus: fehlt
Absorption: nicht auswertbar
Fluoreszenz: schwach, nicht auswertbar, natürlich schwarze P.: rot–rötlich

Bedeutung des Namens Perle nicht gewiß, vielleicht von einer Muschelart (lat. »perna«) oder der kugligen Form (lat. »sphaerula«) abgeleitet. Perlen sind das Erzeugnis von Muscheln, seltener von Schnecken. Sie bestehen aus Perlmutter, das ist in der Hauptsache kohlensaurer Kalk (in der Form des Aragonits) und organische Hornsubstanz (Conchyn), die kittartig die um einen Mittelpunkt konzentrisch gelagerten Mikrokristalle verbindet. Obwohl nur Mohshärte 3 bis 4, sind Perlen außerordentlich fest. Es gelingt nur schwer, sie zu zertrümmern.

Die Größe der Perlen schwankt zwischen der eines Stecknadelkopfes und eines Taubeneis. Die größte bisher gefundene Perle wiegt 450 Karat (1800 Grain); sie wird im South Kensington Museum/London aufbewahrt.

Der typische Perlglanz, auch Schmelz, Lüster oder Orient genannt, rührt von einer schindelartigen Lagerung der Aragonitblättchen und von Conchynzwischenhäuten nahe der Perlenoberfläche her. Dieser Aufbau ist auch Ursache für Beugungserscheinungen des Lichts und die damit verbundenen und an Perlen zu beobachtenden Regenbogenfarben. Die Eigenfarben der Perlen sind je nach Muschelart und Gewässer verschieden und von der Färbung der obersten Conchynhäutchen abhängig. Bei kappenartiger Verteilung des Conchyns erhält die Perle ein fleckenartiges Aussehen.

Da Conchyn eine organische Substanz ist, unterliegt es der Veränderung, insbesondere einer Austrocknung. Das kann zu einem »Altern« der Perlen führen und die Lebensdauer begrenzen. Zunächst werden sie matt, dann stellen sich Risse ein, und schließlich blättern die Kugeln ab. Eine Garantie für bestimmte Lebensdauer einer Perle ist nicht möglich, Schätzungen sprechen von 100 bis 150 Jahren im Durchschnitt. Es gibt aber Perlen, die einige hundert Jahre alt und von bester Erscheinung sind. Sicherlich kann eine sorgfältige Pflege zum Erhalt der Perlen beitragen. Große Trockenheit und hohe Feuchtigkeit sind schädlich. Auch gegenüber Säuren, Hautschweiß, Kosmetika und Haarspray sehr empfindlich!
Weitere Ausführungen S. 224.

1 Perlmuschelschale mit Vollzuchtperlen
2 Perlkette, Biwacozucht, Barock
3 Perlketten, viermal Choker, silberweiß
4 Perlkette, Barock Verlauf
5 Perlkette, Biwacozucht, Verlauf
6 Perlen, viermal Barock
7 Perle, Mabezucht, silberweiß, 20 mm
8 Perle, Mabezucht, grau oval
9 Perlen, sechsmal Barock, 35,71 ct

10 Perlen, zehnmal Biwacozucht, Barock
11 Perlmutter, zweimal geschnitten
12 Perlkette, Choker, grau
13 Perlen, dreimal Biwacozucht, 29,67 ct
14 Perlen, viermal Vollzucht, 16,16 ct
15 Perlkette, Choker, grau
16 Perlen, sechsmal Barock, schwarz
17 Perlkette, Barock, schwarz
18 Perlen, sechsmal grau, 17,28 ct

Die Abbildungen sind gegenüber den Originalen um 60% verkleinert.

Perlen Fortsetzung von S. 222

Perlen bilden sich in austernartigen Meeresmuscheln, einigen Süßwassermuscheln, vereinzelt auch in Schnecken. Sie entstehen als Ergebnis einer Reaktion gegenüber Fremdkörpern, die zwischen Muschelschale und Mantel (s. Skizze) oder gar in das Innere des Mantels eingedrungen sind. Die äußere Haut dieses Mantels, das Epithel, baut normalerweise durch Perlmutterausscheidungen die Muschelschale auf, umschließt aber auch gegebenenfalls alle Fremdkörper in diesem Bereich. Und eine solche Abkapselung führt zu einer Perle.

Entsteht die Perle als warzenartiger Wuchs an der Innenseite der Muschelschale, muß sie bei der Gewinnung von der Schale abgetrennt werden. Ihre Form ist daher nur halbkuglig. Sie heißt Blister- (engl. »Hautblase«) oder Schalenperle. Im Handel werden sie teilweise durch entsprechend geformte Stücke Perlmutt zu vollständigen Kugeln ergänzt.

Gelangt ein Fremdkörper in das Innere des Mantels, in das Bindegewebe, so entsteht als eine Art Immunitätsabwehr der Muschel eine freie, d. h. allseits gerundete Perle. Den dabei sich abspielenden Vorgang zeigt die untere Skizze. Die durch das Eindringen des Fremdkörpers mit in das Bindegewebe hineingezogene Epithelhaut umgibt (als sogenannter Perlsack) infolge Zellteilung sehr bald den Eindringling und bewirkt durch Ausscheiden von Perlmutt eine Isolierung desselben in Form einer kugligen Perle. Das Epithel kann – wie wir neuerdings wissen – auch ohne jeden Fremdkörper eine Perle erzeugen. Es genügt, daß Teile von ihr selbst aus irgendeinem Grunde (z. B. durch Verletzung von außen her) in das Bindegewebe des Mantels verlagert werden.

Die perlerzeugenden Meeresmuscheln leben in langgestreckten Muschelbänken nahe der Küste in etwa 15 m Tiefe. Sie sind 8 cm im Durchmesser groß, ihre Lebensdauer beträgt 13 Jahre. – Wichtigste Vorkommen mit bester Qualität (rosé und cremeweiß) im Persischen Golf. Hier wurde schon im Altertum nach Perlen gefischt. Nach diesem Fundort werden alle natürlichen Meerwasserperlen ohne Rücksicht auf die Herkunft im Handel als Orientperlen bezeichnet. Auch im Golf von Mannar (zwischen Indien und Ceylon) alte Fischgründe (rosarot und zartgelb), allerdings meist kleine Perlen (sogenannte Saatperlen). Weitere wirtschaftlich bedeutende Fundstätten vor den Küsten Mittelamerikas und Nordaustraliens.

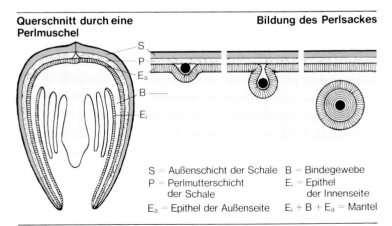

Querschnitt durch eine Perlmuschel — **Bildung des Perlsackes**

S = Außenschicht der Schale
P = Perlmutterschicht der Schale
E_a = Epithel der Außenseite
B = Bindegewebe
E_i = Epithel der Innenseite
$E_i + B + E_a$ = Mantel

Die Gewinnung der Perlmuscheln erfolgt durch Taucher, vornehmlich Frauen. Nur jede 30. bis 40. Muschel birgt eine Perle. 1958 wurden vor Ceylon versuchsweise Schleppnetze eingesetzt. Die Folgen waren verheerend, weil man damit den Nachwuchs fast völlig vernichtete.

Von Schnecken, die Perlen liefern, ist die Trompetenschnecke *(Strombus gigas)* am bekanntesten. Ihr Erzeugnis (Conch-, Pink- oder Rosa Perle genannt) ist seidig glänzend und porzellanartig. Im Handel ohne Bedeutung. Ebenso wirtschaftlich ohne Gewicht ist die Gewinnung von Perlen in Flüssen (Flußperlen). Sie sind selten von guter Qualität. Süßwasserperlmuscheln gibt es in den Breitenlagen des gemäßigten Klimas. In den skandinavischen Ländern und in Mitteleuropa stehen sie unter Naturschutz.

Im Mittelalter hatte die Perlgewinnung in den Flüssen des Erz- und Fichtelgebirges, der Pfalz, des Bayerischen und des Böhmerwaldes wie auch der Lüneburger Heide eine gewisse Bedeutung. Durch Verunreinigung der Gewässer sind die Perlmuscheln hier weitgehend ausgestorben.

Zuchtperlen

Eine steigende Nachfrage nach Perlen hat dazu geführt, diesen edlen Stein in großen Mengen zu züchten. Solche Zuchtperlen (Kulturperlen) sind keine Imitation, sondern ein Naturprodukt, unter Mitwirkung des Menschen entstanden. Heute machen Zuchtperlen 90% des gesamten Perlenhandels aus.

Das Prinzip des Züchtens ist einfach: Der Mensch veranlaßt Muscheln durch Einfügen von Fremdstoffen zur Perlenproduktion (vgl. Ausführungen über Entstehung der Perlen, S. 224). Schon im 13. Jahrhundert wurden in China kleine bleierne Buddhafiguren an die Innenwand von Muschelschalen geheftet, um sie von Perlsubstanz überziehen zu lassen. Runde Perlen hat erstmals der schwedische Naturforscher Carl v. Linné 1761 gezüchtet. 1893 gelang es dem Japaner K. Mikimoto halbkuglige Perlen zu gewinnen.

Die moderne Züchtung runder Perlen fußt auf den Forschungsarbeiten des Deutschen F. Alverdes sowie der Japaner T. Nishikawa, T. Mise und K. Mikimoto im 2. Jahrzehnt dieses Jahrhunderts. – Um die Austern zur Perlenproduktion anzuregen, werden gedrechselte Perlmutterkügelchen aus der Schale einer nordamerikanischen Süßwassermuschel zunächst mit einem Epithelstück aus dem Mantel einer Perlmuschel *(Pinetada martensi)* umwickelt und dann mit komplizierter Operation einer anderen Perlmuschel in das Bindegewebe des Mantels eingesetzt. Das eingeführte Epithel bleibt funktionstüchtig, wirkt als Perlsack, in den hinein fortan Perlensubstanz abgeschieden wird. Das wichtigste Element bei der Perlenentstehung ist das Epithel, nicht der Fremdkörper. Auf ihn könnte man theoretisch verzichten. Dann wäre das ganze Unternehmen allerdings nicht mehr wirtschaftlich, weil die Bildung einer größeren Perle viel zu lange dauerte. Durch Eingabe eines Kernes wird die »Arbeitszeit« der Auster verkürzt. Sie braucht nur eine Schale herumzulegen, damit die Perle den typischen Perlglanz erhält.

Das Einsetzen des Kerns in die Muschel erfordert geschickte Hände. Frauen sind dafür am besten geeignet. Sie operieren 300 bis 1000 Austern pro Tag. Bei der normalen Größe des Kerns von 6–7 mm sind dreijährige Muscheln erforderlich, bei kleineren Kernen können auch jüngere Tiere verwendet werden. Bei Kernen über 9 mm macht die Sterblichkeit unter den Muscheln 80% aus.

Weitere Ausführungen S. 227.

Perlenzuchtfarm in Japan. An großen Holz- oder Bambusflößen hängen Drahtkörbe oder Plastikkäfige mit den Zuchtmuscheln

Moderne Perlenzuchtfarm. Bojen halten Taue, an die Muschelkäfige gehängt werden

Die Muschelkäfige müssen laufend überwacht und mehrmals im Jahr von Tang und anderen Belägen gereinigt werden.

Die präparierten Tiere werden in Meeresbuchten gehalten und in Drahtkörben oder neuerdings bevorzugt in Plastikkäfigen 2 bis 6 m tief an Bambusflöße oder an Taue, die zwischen Bojen im Wasser schwimmen, gehängt. Mehrmals im Jahr müssen Austern und Käfige von Tang und anderen Belägen gereinigt werden. Natürliche Feinde sind neben Fischen, Krebsen, Polypen und verschiedenen Schmarotzern vor allem ein Zooplankton, das in großen Mengen wie eine »rote Flut« erscheint und infolge des starken Sauerstoffverbrauchs ganze Zuchtfarmen gefährdet. Großen Einfluß auf das Gedeihen der Tiere hat die Wassertemperatur. Bei 11° C stirbt die japanische Zuchtmuschel ab. So müssen bei plötzlichen Kälteeinbrüchen und vor dem Winter die Flöße nördlich gelegener Farmen mit ihrer unterseeischen Last in wärmere Gewässer geschleppt werden.

In Japan betrug die Wachstumsgeschwindigkeit der den Kern umschließenden Perlenschicht anfangs 0,09 mm im Jahr, heute ist sie auf 0,3 mm gestiegen; in der Südsee soll sie 1,5 mm jährlich ausmachen. Neuerdings werden Versuche durchgeführt, Zuchtfarmen von den Buchten auf das offene Meer zu verlegen, weil die Muscheln durch die Wasserströmungen angeblich aktiviert werden, schneller produzieren und bessere Formen liefern. Gleichzeitig könnten dadurch auch die von zahllosen Flößen übersäten Meeresbuchten entlastet und die Lebensbedingungen für die übrigen Perlaustern verbessert werden.

Die Muscheln bleiben 3 bis 4 Jahre im Wasser. Dann haben sie eine Schale von etwa 0,8–1,2 mm um den Kern gelegt. Bei längerem Verweilen besteht die Gefahr, daß die Tiere krank werden, absterben oder die Perlenform verunstalten. Nach dem 7. Lebensjahr hört die Perlmutterausscheidung auf. Zuchtperlen mit sehr dünner Schale gelten als minderwertig.

Einsetzen eines Kerns in die Perlmuschel

Günstigste Erntezeiten sind in Japan die trockenen Wintermonate, weil dann die Absonderung des Perlmutters ruht und sich ein besonders guter Lüster einstellt. Die Perlen werden den Muscheln entnommen, gewaschen, getrocknet und nach Farbe, Größe und Qualität sortiert. Von der Gesamtproduktion sind nur etwa 10% für guten Schmuck geeignet, 15 bis 20% sind Ausschuß.
Die ersten Zuchtfarmen Japans entstanden im südlichen Honshu, heute gibt es Betriebe ebenso auf Shikoku und Kyushu. Seit 1956 werden Perlen in den Küstengewässern Nord- und West-Australiens mit guten Qualitäten gezüchtet, daneben auch Zuchtblisterperlen (sogenannte Mabe-Zuchtperlen) von 15 bis 25 mm Durchmesser aus der schwarzflügeligen Perlauster (Mabe) gewonnen. In letzter Zeit zahlreiche Versuchsfarmen in mehreren Staaten Südostasiens gegründet.
Seit den fünfziger Jahren gibt es im Biwa-See (japan. »Biwa co«), nördlich von Kyoto auf Honshu/Japan eine Süßwasserperlenzucht. In die Süßwassermuscheln *(Hyriopsis schlegeli)* werden 4×4 mm große Epithelstücke, meist ohne festen Kern, einoperiert. Da die Muscheln besonders groß sind (20×11 cm), können bis zu 10 Einpflanzungen in jede Muschelhälfte, manchmal zusätzlich noch eine mit einem Perlmuttkern, vorgenommen werden. In jedem Operationsschnitt bildet sich ein Perlsack mit einer Perle. Nach ein bis zwei Jahren sind die Perlen zwar 6–8 mm groß, aber selten rund. Sie werden den Muscheln entnommen, mit neuem Epithel umwickelt und der gleichen (ggf. einer anderen) Muschel zur Formverschönerung wieder eingefügt. Das Lebensalter der Süßwassermuschel beträgt 13 Jahre, allerdings produziert sie nach dem operativen Eingriff ununterbrochen Perlmutter nur 3 Jahre lang. Viele Muscheln sind für eine dritte Ernte geeignet.
Biwacozuchtperlen erreichen 12 mm Durchmesser, selten aber eine vollkommen runde Form. Die natürlichen Farben weißrosa, orange, goldgelb, braun und blau werden oft gebleicht. Die Zucht erfolgt wie bei Meeresmuscheln in Käfigen, die 1

bis 2 Meter tief im Wasser an Bambusgerüsten hängen. Die Erfolgsquote liegt bei 60%. Sie ist deutlich höher als im Salzwasser, sicherlich auch deshalb, weil im Biwa-See weniger Gefahren drohen.

Neuerdings werden auch in China große Mengen Süßwasserperlen kultiviert.

Verwendung und Bewertung der Perlen

Perlen zählen zu den wertvollsten Edelsteinen. Sie dienen dem Menschen seit 6000 Jahren als Schmuck. Schon 2500 v. Chr. gab es in China einen regelrechten Perlenhandel. Sie sind auch deshalb so beliebt, weil sie keine Bearbeitung benötigen. Im Naturzustand zeigen sie den vollen Glanz, den begehrten Lüster.

70% der Perlen werden auf Schnüre aufgezogen und als Halsketten getragen. Die übliche Länge ist ca. 40 cm, doppelt lange Ketten heißen Sautoirs. Bei Verwendung gleich großer Kugeln spricht man von Choker, wenn die Perlen von einer größten in der Mitte zu den Enden kleiner werden, von einem Verlauf der Kette oder von Chute. Die Zusammenstellung, d. h. die Auswahl der Perlen für Ketten oder Colliers, erfolgt nur mit dem Auge.

Gebohrt wird an der Stelle, die fehlerhaft oder weniger schön ist, wodurch der vorhandene Makel gleichzeitig verschwindet. Die Weite der Bohrung soll nach internationaler Vereinbarung 0,3 mm betragen. Zum Aufstiften von Ohrgehängen, Nadeln und Ringen genügt eine Bohrung von $^2/_3$ bis $^3/_4$ des Perlendurchmessers. Blaue Perlen sollten auf keinen Fall gebohrt werden, weil sie infolge des Luftzutritts an der Bohrstelle zu Farbveränderungen neigen.

Fleckige oder beschädigte Perlen können geschält, d. h. ihrer obersten Schale entledigt werden. Sehr fehlerhafte Stellen werden weggeschnitten; die Restkugel geht als Halb- oder Dreiviertelperle in den Handel (nicht zu verwechseln mit Blisterperlen!). Für Ohrgehänge und Broschen viel verwendet. Durch Tragen oder falsche Aufbewahrung unansehnlich gewordene Perlen kann der Fachmann meist wieder zu neuem Leben erwecken.

Die Bewertung der Perlen ist von Form und Farbe, Größe und Glanz abhängig. Kugelform wird am meisten geschätzt. Einseitig flache, halbrunde Perlen heißen Bouton- (frz. Knopf) oder Knopfperlen, unregelmäßige Stücke Barockperlen. Wenn durch das Tragen die Perlen abgewetzt werden und die Form einer kleinen Tonne annehmen, spricht man von Faßperlen.

Rosé in Europa und den USA von weißhäutigen Damen mit hellem Teint besonders begehrt. Brünette und schwarzhaarige Südländerinnen bevorzugen cremefarbene Perlen-Töne. Unansehnliche Farben werden häufig gebleicht oder gefärbt.

Das Perlengewicht wird in Grain ($= 0,05$ g $= 0,25$ oder $^1/_4$ Karat), neuerdings zunehmend in Karat angegeben; das japanische Maß »Momme« ($= 3,75$ g $= 18,75$ Karat) im europäischen Handel kaum noch verwendet.

Die Wertermittlung von Perlen erfolgt nach folgendem Schema: Das Gewicht wird mit sich selbst multipliziert und ergibt dann das »Malgewicht«, das mit einer »Malzahl« wiederum multipliziert wird. Diese Malzahl, nur vom Fachmann zu ermitteln, berücksichtigt Qualität und alle anderen Faktoren, die preisgestaltend wirken. Sie kann 1 sein, aber auch 40. Bei Ketten und Colliers, wo man eine größere Anzahl gleichwertiger Perlen benötigt, wird diese Malzahl sehr hoch liegen.

Das Wort Perle ohne jeden Zusatz darf nur für Naturperlen verwendet werden, Zuchtperlen müssen stets als solche gekennzeichnet sein.

Verwechslungsmöglichkeit von Perlen

Das Aussehen natürlicher und gezüchteter Perlen ist gleich, ihre Unterscheidung daher schwierig. Das spezifische Gewicht kann als Unterscheidungshilfe dienen, denn bei den meisten (nicht bei allen!) Zuchtperlen ist es größer als 2,73, bei Naturperlen häufig (nicht immer!) kleiner als dieser Wert. Unter ultraviolettem Licht zeigen Zuchtperlen gelbliche, unter Röntgenstrahlen grünliche Lumineszenz.

Eine zuverlässige Unterscheidung zwischen Zucht- und Naturperlen ist durch Kontrolle der inneren Struktur möglich. Echte Perlen haben einen konzentrisch schaligen Bau, Zuchtperlen ein anders strukturiertes Inneres, je nach Art des Kernes. Der Fachmann verwendet spezielle Geräte, mit deren Hilfe er entlang des Bohrloches den Aufbau der Perlen kontrolliert. Vorteilhaft sind Durchleuchtungsmethoden mit Röntgenstrahlen (Röntgenschattenbildverfahren). Sie lassen sich für gebohrte wie ungebohrte Perlen anwenden und zeigen bei Zuchtperlen gleichzeitig die Stärke der natürlichen Perlschale.

Wie bei allen wertvollen Edelsteinen gibt es auch bei Perlen zahlreiche Nachahmungen. Dazu gehört strenggenommen auch die Zuchtblisterperle (Japan-Perle) von Australien; sie ist keine Zuchtperle im handelsüblichen Sinn. Sie besteht nur aus einer dünnen Perlmutterschale und sonst technisch gefertigten Teilen. Sie entsteht dadurch, daß man zunächst einen Ton- oder Kunstharzkern an die Innenwand einer Muschelschale heftet und von der Muschel mit einer dünnen Perlschale überziehen läßt. Nach der Ernte wird der Kern wieder herausgeschnitten und durch eine Perlmutterhalbkugel ersetzt. Die Gewinnung der Perlschale erfolgt in Australien, die Verarbeitung in Japan.

Eine weitere Imitation ist die Fischsilberperle. Sie besteht aus Glas oder Email und einem Überzug, der aus Schuppen gewisser Fischarten hergestellt wird. Bei anderen Nachahmungen werden Gehäuseteile von Schnecken (Antillenperle), Muscheln (Takaraperle aus Japan) oder Zähne (von der Seekuh = Dugongperle) verwendet. Auch reine Kunststoffprodukte sind auf dem Markt.

Ein den Halbperlen ähnliches Gebilde von porzellanartiger Farbe ist das Operculum (chinesisches Katzenauge), ein flach gewölbter Verschlußdeckel von Seeschnecken im australasiatischen Inselbereich. Dort für Schmuckzwecke verwendet, in Europa weniger bekannt.

Perlmutter (Perlmutt) [S. 223, Nr. 1, 11]

Die mit einem schillernden Farbspiel ausgestattete Innenschicht der Perlmuschelschalen wird als Perlmutter (»Mutter der Perle«) bezeichnet. In der Schmucksteinindustrie wird es für kunstgewerbliche Gegenstände, Modeschmuck und für Einlegearbeiten (z. B. bei Messer- und Pistolengriffen) verwendet. – Über Zusammensetzung und Entstehung siehe Ausführungen bei Perlen, S. 222 und 224.

Bau einer echten Perle   Bau einer Zuchtperle

Diamantenproduktion

Weltproduktion von natürlichen Rohdiamanten (in tausend Karat)

Produktionsangaben nicht immer zuverlässig, da teilweise Schätzwerte.

1913	6 580	1957	26 045	1973	49 800
1920	3 580	1958	28 041	1974	50 140
1930	7 457	1959	26 655	1975	49 380
1940	14 300	1960	27 300	1976	47 160
1945	14 384	1961	33 213	1977	47 850
1946	10 127	1962	34 006	1978	47 300
1947	9 754	1963	36 661	1979	47 980
1948	10 335	1964	37 815	1980	47 210
1949	14 264	1965	37 030	1981	45 430
1950	15 517	1966	39 955	1982	47 100
1951	16 947	1967	42 685	1983	57 200
1952	18 741	1968	46 362	1984	63 900
1953	20 163	1969	48 883	1985	69 500
1954	20 521	1970	50 056	1986	88 700
1955	21 377	1971	49 559	1987	90 000
1956	23 718	1972	49 700	1988	100 000

Produktion natürlicher Diamanten 1985 (in tausend Karat)

Land	Schmuck-diamanten	Industrie-diamanten	Total
Botswana	5 800	7 100	12 900
Südafrika	4 534	5 660	10 194
Rußland	4 400	6 400	10 800
Zaire	4 032	14 124	18 156
Namibia	865	45	910
Australien	800	9 200	10 000
Angola	375	250	625
Brasilien	250	350	600
Zentralafrik. Rep.	247	106	353
Sierra Leone	240	105	345
Liberia	66	138	204
Ghana	65	585	650
Venezuela	41	174	215
China	40	900	940

Symbolsteine (Text hierzu S. 8)

Die Planetensteine

Lichter
Sonne   Chrysoberyll, Diamant
Mond   Mondstein, Perle, Smaragd

Planeten
Mars   roter Granat, Rubin
Merkur   gelber Saphir, Topas
Jupiter   Amethyst, Lapislazuli, blauer Saphir
Saturn   Aquamarin, blauer Spinell
Venus   orangegelber Saphir (Padparadscha),
            gelbroter Zirkon (Hyazinth)

Die Tierkreissteine

Wassermann	21.1. bis 18.2.	Falkenauge, Türkis
Fische	19.2. bis 20.3.	Amethyst, Amethystquarz
Widder	21.3. bis 20.4.	roter Jaspis, roter Karneol
Stier	21.4. bis 20.5.	orangefarbener Karneol, Rosenquarz
Zwillinge	21.5. bis 20.6.	Citrin, Tigerauge
Krebs	21.6. bis 20.7.	grüner Aventurin, Chrysopras
Löwe	21.7. bis 22.8.	Bergkristall, goldfarbener Quarz
Jungfrau	23.8. bis 22.9.	gelber Achat, gelber Citrin
Waage	23.9. bis 22.10.	orangefarbener Citrin, Rauchquarz
Skorpion	23.10.bis 22.11.	blutroter Karneol, Sarder
Schütze	22.11.bis 21.12.	Blauquarz, Chalcedon
Steinbock	22.12.bis 20.1.	Onyx, Quarz-Katzenauge

Die Monatssteine

Monat	im deutschen Sprachbereich	im englischen Sprachbereich
Januar	Granat, Rosenquarz	Granat
Februar	Amethyst, Onyx	Amethyst
März	Aquamarin, Blutjaspis	Aquamarin
April	Bergkristall, Diamant	Diamant
Mai	Chrysopras, Smaragd	Smaragd
Juni	Mondstein, Perle	Perle
Juli	Karneol, Rubin	Rubin
August	Aventurin, Peridot	Peridot
September	Lapislazuli, Saphir	Saphir
Oktober	Opal, Turmalin	Opal
November	Tigerauge, Topas	Topas
Dezember	Türkis, Zirkon	Türkis

Literatur

Anderson, B. W., 1971: Gem Testing. London
Bauer, J. und V. Bouska, 1982: Der Kosmos-Edelsteinführer. Stuttgart
Baumgärtel, R., Quellmalz, W. und H. Schneider, 1988: Schmuck- und Edelsteine. Leipzig
Binnewies, B., 1979: Steinschleifen. Stuttgart
Brocardo, G., 1982: Minerals and Gemstones, an identification guide. New York
Chudoba, K. F. und E. J. Gübelin, 1974: Edelsteinkundliches Handbuch. Bonn
CIBJO, 1982: Bestimmungen zur Benennung und Beschreibung von Edelsteinen und Perlen. London
Eppler, W. F., 1989: Praktische Gemmologie. Stuttgart
Fischer, K., 1989: Edelsteinbearbeitung. 2 Bde. Stuttgart
Gübelin, E., 1974: Innenwelt der Edelsteine. Düsseldorf
Günther, B., 1988: Bestimmungstabellen für Edelsteine, synthetische Steine, Imitationen. Kirschweiler. Ergänzungsband 1988
Hartig, H., 1989: Edle Steine schleifen. Stuttgart-Botnang
Hochleitner, R., 1986: Mineralien und Kristalle. München
Lenzen, G., 1984: Edelsteinbestimmung mit gemmolog. Geräten. Kirschweiler
Lüschen, H., 1979: Die Namen der Steine, Thun und München
Medenbach, O. und C. Sussieck-Fornefeld, 1982: Mineralien. Gütersloh
Mottana, Crespi und Liborio, 1982: Der große BLV Mineralienführer. München
O'Donoghue, M., 1977: Enzyklopädie der Minerale und Edelsteine. Freiburg
Pschichholz, D., 1976: Tabellen zur Edelstein-Bestimmung. Stuttgart
RAL 560 A 5, 1963: Begriffsbestimmungen und -vorschriften für Edelsteine, Schmucksteine, Perlen, Korallen. Frankfurt
Ramdohr und Strunz, 1978: Klockmanns Lehrbuch der Mineralogie. Stuttgart
Roberts, Campell und Rapp, 1990: Encyclopedia of Minerals. New York
Rösler, H. J., 1984: Lehrbuch der Mineralogie. Leipzig
Schloßmacher, K., 1969: Edelsteine und Perlen. Stuttgart
Schröcke, H. und K.-L. Weiner, 1981: Mineralogie, Berlin
Schütt, E., 1980: Umgang mit edlen Steinen. Stuttgart
Schumann, W., 1982: Steine sammeln. München, Wien, Zürich
Schumann, W., 1991: Der neue BLV Steine- und Mineralienführer. München
Schumann, W., 1989: Knaurs Buch der Erde. 2 Bde. München
Schumann, W., 1991: Mineralien aus aller Welt. München
Strübel, G. und S. H. Zimmer, 1982: Lexikon der Mineralogie. Stuttgart
Strunz, H., 1982: Mineralogische Tabellen. Leipzig
Zeitschrift der Deutschen Gemmologischen Gesellschaft. Idar-Oberstein
Zeitschrift »Der Aufschluß«, hgg. Vereinigung der Freunde der Mineralogie und Geologie e. V., Heidelberg
Zeitschrift »Lapis«, Christian Weise Verlag, München. Aktuelle Monatsschrift für Liebhaber und Sammler von Mineralien und Edelsteinen
Zeitschrift »Mineralien-Welt«, Bode Verlag GmbH, Haltern. Magazin für das Sammeln schöner Steine
Zeitschrift »Schweizer Strahler«, Organ der Schweizerischen Vereinigung der Strahler und Mineraliensammler, Bern

Edelsteinfarbe weiß + farblos + grau   Die Ziffern hinter den Edelsteinname

Lichtbrech.→1,400–1,499 ↓ Spez. Gew.	1,500–1,599	1,600–1,699
1,00–1,99 Ulexit (2) 0,029 Kurnakovit (3) 0,027 Opal (5^1/$_2$–6^1/$_2$) –	Ulexit (2) 0,029 Bernstein (2–2^1/$_2$) – Elfenbein (2–3) – Gaylussit (2^1/$_2$) –	
2,00–2,49 Ulexit (2) 0,029 Natrolith (5^1/$_2$) 0,013 Sodalith (5^1/$_2$–6) – Opal (5^1/$_2$–6^1/$_2$) –	Ulexit (2) 0,029 Meerschaum (2–2^1/$_2$) – Elfenbein (2–3) – Colemanit (4^1/$_2$) 0,028 Thomsonit (5–5^1/$_2$) 0,028 Leuzit (5^1/$_2$) 0,001 Petalit (6–6^1/$_2$) 0,016 Hambergit (7^1/$_2$) 0,072	Colemanit (4^1/$_2$) 0,028 Hambergit (7^1/$_2$) 0,072
2,50–2,99 Calcit (3) 0,172 Koralle (3–4) 0,172	Vivianit (1^1/$_2$–2) 0,047 Calcit (3) 0,172 Anhydrit (3–3^1/$_2$) 0,043 Koralle (3–4) 0,172 Perle (3–4) 0,156 Howlith (3^1/$_2$) 0,019 Aragonit (3^1/$_2$–4) 0,155 Dolomit (3^1/$_2$–4^1/$_2$) 0,179 Augelith (5) 0,014 Skapolith (5–6^1/$_2$) 0,009 Leuzit (5^1/$_2$) 0,001 Beryllonit (5^1/$_2$–6) 0,009 Sanidin (6) 0,006 Labradorit (6–6^1/$_2$) 0,008 Mondstein (6–6^1/$_2$) 0,005 Chalcedon (6^1/$_2$–7) 0,006 Jaspis (6 ^{1}/$_2$–7) – Bergkristall (7) 0,009 Rauchquarz (7) 0,009 Beryll (7^1/$_2$–8) 0,006	Vivianit (1^1/$_2$–2) 0,047 Calcit (3) 0,172 Anhydrit (3–3^1/$_2$) 0,043 Koralle (3–4) 0,172 Perle (3–4) 0,156 Howlith (3^1/$_2$) 0,019 Aragonit (3^1/$_2$–4) 0,155 Dolomit (3^1/$_2$–4^1/$_2$) 0,179 Datolith (5–5^1/$_2$) 0,044 Nephrit (6–6^1/$_2$) 0,027 Beryll (7^1/$_2$–8) 0,006 Phenakit (7 ^{1}/$_2$–8) 0,016
3,00–3,49 Fluorit (4) –	Magnesit (4) 0,202 Saussurit (6^1/$_2$) –	Magnesit (4) 0,202 Apatit (5) 0,002 Hemimorphit (5) 0,022 Datolith (5–5^1/$_2$) 0,044 Enstatit (5^1/$_2$) 0,010 Amblygonit (6) 0,026 Nephrit (6–6^1/$_2$) 0,027 Jadeit (6^1/$_2$–7) 0,013 Danburit (7–7^1/$_2$) 0,006 Turmalin (7–7^1/$_2$) 0,014 Euklas (7^1/$_2$) 0,020
3,50–3,99		Coelestin (3–3^1/$_2$) 0,009 Barytocalcit (4) – Hemimorphit (5) 0,022 Topas (8) 0,008
4,00–4,99	Witherit (3^1/$_2$) 0,148	Baryt (3) 0,012 Coelestin (3–3 ^{1}/$_2$) 0,009 Witherit (3^1/$_2$) 0,148

deuten (Mohshärte) und Doppelbrechung   **Edelsteinfarbe weiß + farblos + grau**

chtbrech.→ Spez. Gew.	1,700–1,799	1,800–1,899	1,900 und höher
00–1,99			
‚00–2,49			
‚50–2,99			
‚00–3,49	Magnesit (4) 0,202 Saussurit (6 $^1/_2$) –		Diamant (10) –
‚50–3,99	Kyanit (4$^1/_2$–7) 0,017 Periklas (5$^1/_2$–6) – Zirkon (6$^1/_2$–7$^1/_2$) 0,059 Saphir (9) 0,008	Zirkon (6$^1/_2$–7 $^1/_2$) 0,059	Zirkon (6$^1/_2$–7$^1/_2$) 0,059 Diamant (10) –
‚00–4,99	Zirkon (6$^1/_2$–7$^1/_2$) 0,059 Saphir (9) 0,008	Zirkon (6$^1/_2$–7$^1/_2$) 0,059 YAG (8) –	Sphalerit (3$^1/_2$–4) – Hämatit (5$^1/_2$–6 $^1/_2$) 0,28 Zirkon (6$^1/_2$–7$^1/_2$) 0,059
‚00–5,99			Scheelit (4$^1/_2$–5) 0,016 Hämatit (5$^1/_2$–6$^1/_2$) 0,28 Fabulit (6–6$^1/_2$) – Djevalith (8–8 $^1/_2$) – Zirkonia (8$^1/_2$) –
‚00–6,99		Cerussit (3$^1/_2$) 0,274	Phosgenit (2$^1/_2$–3) 0,026 Cerussit (3$^1/_2$) 0,274 Scheelit (4$^1/_2$–5) 0,016 Cassiterit (6–7) 0,096
7,00 und höher			Cassiterit (6–7) 0,096 Galliant (6$^1/_2$) –

Edelsteinfarbe rot + rosa + orange

Die Ziffern hinter den Edelsteinname

Lichtbrech.→ 1,400–1,499 ↓ Spez. Gew.		1,500–1,599	1,600–1,699
1,00–1,99	Kurnakovit (3) 0,027 Opal (5½–6½) –	Bernstein (2–2½) – Kurnakovit (3) 0,027	
2,00–2,49	Cancrinit (5–6) 0,023 Opal (5½–6½) – Tugtupit (6) 0,006	Stichtit (1½–2½) 0,027 Alabaster (2) 0,010 Meerschaum (2–2½) – Apophyllit (4½–5) 0,002 Thomsonit (5–5½) 0,028 Cancrinit (5–6) 0,023 Tugtupit (6) 0,006 Petalit (6–6½) 0,016	
2,50–2,99	Calcit (3) 0,172 Koralle (3–4) 0,172 Cancrinit (5–6) 0,023 Tugtupit (6) 0,006	Calcit (3) 0,172 Anhydrit (3–3½) 0,043 Koralle (3–4) 0,172 Perle (3–4) 0,156 Aragonit (3½–4) 0,155 Sprudelstein (3½–4) 0,155 Dolomit (3½–4 ½) 0,179 Apophyllit (4½–5) 0,002 Cancrinit (5–6) 0,023 Skapolith (5–6½) 0,009 Eläolith (5½–6) 0,004 Bytownit (6) 0,009 Tugtupit (6) 0,006 Aventurin-F. (6–6½) 0,010 Holzstein (6½–7) – Jaspis (6½–7) – Rosenquarz (7) 0,009 Beryll (7½–8) 0,006	Calcit (3) 0,172 Anhydrit (3–3½) 0,043 Koralle (3–4) 0,172 Perle (3–4) 0,156 Aragonit (3½–4) 0,155 Sprudelstein (3½–4) 0,155 Dolomit (3½–4½) 0,179 Nephrit (6–6½) 0,027 Beryll (7½–8) 0,006 Phenakit (7½–8) 0,016
3,00–3,49	Fluorit (4) keine		Rhodochrosit (4) 0,22 Apatit (5) 0,002 Nephrit (6–6½) 0,027 Kunzit (6½–7) 0,015 Jadeit (6½–7) 0,013 Danburit (7–7½) 0,006 Turmalin (7–7 ½) 0,014 Andalusit (7½) 0,007 Rhodizit (8) –
3,50–3,99			Siderit (3½–4½) 0,24 Rhodochrosit (4) 0,22 Willemit (5½) 0,028 Topas (8) 0,008
4,00–4,99			Baryt (3) 0,012 Smithsonit (5) 0,228 Willemit (5 ½) 0,028
5,00–5,99			
6,00–6,99			
7,00 und höher			

bedeuten (Mohshärte) und Doppelbrechung   **Edelsteinfarbe rot + rosa + orange**

Lichtbrech.→ Spez. Gew.	1,700–1,799	1,800–1,899	1,900 und höher
,00–1,99			
,00–2,49			
2,50–2,99			
3,00–3,49	Rhodochrosit (4) 0,22 Rhodonit (5¹/₂–6¹/₂) 0,011	Rhodochrosit (4) 0,22 Purpurit (4–4¹/₂) 0,08	Purpurit (4–4 ¹/₂) 0,08
3,50–3,99	Siderit (3¹/₂–4¹/₂) 0,24 Rhodochrosit (4) 0,22 Willemit (5¹/₂) 0,028 Rhodonit (5¹/₂–6¹/₂) 0,011 Zirkon (6¹/₂–7¹/₂) 0,059 Pyrop (7–7¹/₂) – Rhodolith (7–7¹/₂) – Almandin (7¹/₂) – Hessonit (7¹/₂) – Gahnit (7 ¹/₂–8) – Spinell (8) – Taaffeit (8) 0,004 Alexandrit (8 ¹/₂) 0,010 Rubin (9) 0,008 Saphir (9) 0,008	Siderit (3¹/₂–4¹/₂) 0,24 Rhodochrosit (4) 0,22 Zirkon (6¹/₂–7¹/₂) 0,059 Almandin (7¹/₂) –	Zirkon (6¹/₂–7¹/₂) 0,059
4,00–4,99	Smithsonit (5) 0,228 Willemit (5¹/₂) 0,028 Zirkon (6¹/₂–7¹/₂) 0,059 Spessartin (7–7¹/₂) – Almandin (7¹/₂) – Painit (7¹/₂–8) 0,029 Rubin (9) 0,008 Saphir (9) 0,008	Smithsonit (5) 0,228 Zirkon (6¹/₂–7¹/₂) 0,059 Spessartin (7–7¹/₂) – Almandin (7¹/₂) – Painit (7¹/₂–8) 0,029	Sphalerit (3¹/₂–4) – Hämatit (5¹/₂–6¹/₂) 0,28 Rutil (6–6¹/₂) 0,28 Zirkon (6¹/₂–7¹/₂) 0,059
5,00–5,99			Krokoit (2¹/₂) 0,35 Proustit (2¹/₂) 0,296 Cuprit (3 ¹/₂–4) – Scheelit (4¹/₂–5) 0,016 Zinkit (4 ¹/₂–5) 0,016 Tantalit (5–6) 0,17 Hämatit (5¹/₂–6¹/₂) 0,28
6,00–6,99			Krokoit (2¹/₂) 0,35 Wulfenit (3) 0,10 Cuprit (3¹/₂–4) – Scheelit (4 ¹/₂–5) 0,016 Tantalit (5–6) 0,17
7,00 und höher			Wulfenit (3) 0,10 Tantalit (5–6) 0,17

Edelsteinfarbe gelb + orange + braun

Die Ziffern hinter den Edelsteinname...

Lichtbrech.→ 1,400–1,499 ↓ Spez. Gew.		1,500–1,599	1,600–1,699
1,00–1,99	Opal (5$\frac{1}{2}$–6$\frac{1}{2}$) –	Bernstein (2–2$\frac{1}{2}$) – Elfenbein (2–3) –	Gagat (2$\frac{1}{2}$–4) –
2,00–2,49	Cancrinit (5–6) 0,023 Natrolith (5$\frac{1}{2}$) 0,013 Opal (5$\frac{1}{2}$–6$\frac{1}{2}$) –	Elfenbein (2–3) – Apophyllit (4$\frac{1}{2}$–5) 0,002 Cancrinit (5–6) 0,023	
2,50–2,99	Calcit (3) 0,172 Onyx-Marmor (3) 0,172 Cancrinit (5–6) 0,023	Calcit (3) 0,172 Onyx-Marmor (3) 0,172 Perle (3–4) 0,156 Aragonit (3$\frac{1}{2}$–4) 0,155 Dolomit (3$\frac{1}{2}$–4$\frac{1}{2}$) 0,179 Apophyllit (4$\frac{1}{2}$–5) 0,002 Cancrinit (5–6) 0,023 Skapolith (5–6$\frac{1}{2}$) 0,009 Beryllonit (5$\frac{1}{2}$–6) 0,009 Eläolith (5$\frac{1}{2}$–6) 0,004 Bytownit (6) 0,009 Sanidin (6) 0,006 Aventurin-F. (6–6$\frac{1}{2}$) 0,01 Mondstein (6–6$\frac{1}{2}$) 0,005 Orthoklas (6–6$\frac{1}{2}$) 0,006 Jaspis (6$\frac{1}{2}$–7) – Aventurin (7) 0,009 Citrin (7) 0,009 Rauchquarz (7) 0,009 Tigerauge (7) 0,009 Beryll (7$\frac{1}{2}$–8) 0,006	Calcit (3) 0,172 Onyx-Marmor (3) 0,172 Perle (3–4) 0,156 Aragonit (3$\frac{1}{2}$–4) 0,155 Dolomit (3$\frac{1}{2}$–4$\frac{1}{2}$) 0,179 Brasilianit (5 $\frac{1}{2}$) 0,020 Nephrit (6–6$\frac{1}{2}$) 0,027 Prehnit (6–6 $\frac{1}{2}$) 0,030 Beryll (7$\frac{1}{2}$–8) 0,006 Phenakit (7$\frac{1}{2}$–8) 0,016
3,00–3,49	Fluorit (4) –		Apatit (5) 0,002 Hypersthen (5–6) 0,014 Amblygonit (6) 0,026 Ekanit (6–6$\frac{1}{2}$) – Nephrit (6–6$\frac{1}{2}$) 0,027 Hiddenit (6$\frac{1}{2}$–7) 0,015 Sinhalit (6$\frac{1}{2}$) 0,038 Axinit (6$\frac{1}{2}$–7) 0,010 Jadeit (6$\frac{1}{2}$–7) 0,013 Kornerupin (6$\frac{1}{2}$–7) 0,013 Peridot (6$\frac{1}{2}$–7) 0,036 Dumortierit (7) 0,037 Danburit (7–7$\frac{1}{2}$) 0,006 Turmalin (7–7$\frac{1}{2}$) 0,014 Andalusit (7$\frac{1}{2}$) 0,007 Rhodizit (8) –
3,50–3,99			Siderit (3$\frac{1}{2}$–4$\frac{1}{2}$) 0,24 Barytocalcit (4) – Hypersthen (5–6) 0,014 Willemit (5$\frac{1}{2}$) 0,028 Topas (8) 0,008
4,00–4,99		Witherit (3$\frac{1}{2}$) 0,148	Baryt (3) 0,012 Witherit (3$\frac{1}{2}$) 0,148 Willemit (5$\frac{1}{2}$) 0,028

...edeuten (Mohshärte) und Doppelbrechung   **Edelsteinfarbe gelb + orange + braun**

Lichtbrech.→ Spez. Gew.	1,700–1,799	1,800–1,899	1,900 und höher
1,00–1,99			
2,00–2,49			Schwefel ($1^{1}/_{2}$–2) 0,288
2,50–2,99			
3,00–3,49	Hypersthen (5–6) 0,014 Epidot (6–7) 0,035 Klinozoisit (6–7) 0,010 Sinhalit ($6^{1}/_{2}$) 0,038 Vesuvian ($6^{1}/_{2}$) 0,005 Dumortierit (7) 0,037	Purpurit (4–$4^{1}/_{2}$) 0,08	Purpurit (4–$4^{1}/_{2}$) 0,08 Diamant (10) –
3,50–3,99	Siderit ($3^{1}/_{2}$–$4^{1}/_{2}$) 0,24 Hypersthen (5–6) 0,014 Willemit ($5^{1}/_{2}$) 0,028 Periklas ($5^{1}/_{2}$–6) – Zirkon ($6^{1}/_{2}$–$7^{1}/_{2}$) 0,059 Grossular (7–$7^{1}/_{2}$) – Pyrop (7–$7^{1}/_{2}$) – Staurolith (7–$7^{1}/_{2}$) 0,015 Hessonit ($7^{1}/_{2}$) – Chrysoberyll ($8^{1}/_{2}$) 0,011 Saphir (9) 0,008	Siderit ($3^{1}/_{2}$–$4^{1}/_{2}$) 0,24 Titanit (5–$5^{1}/_{2}$) 0,105 Zirkon ($6^{1}/_{2}$–$7^{1}/_{2}$) 0,059	Titanit (5–$5^{1}/_{2}$) 0,105 Anatas ($5^{1}/_{2}$–6) 0,06 Zirkon ($6^{1}/_{2}$–$7^{1}/_{2}$) 0,059 Diamant (10) –
4,00–4,99	Willemit ($5^{1}/_{2}$) 0,028 Zirkon ($6^{1}/_{2}$–$7^{1}/_{2}$) 0,059 Spessartin (7–$7^{1}/_{2}$) – Saphir (9) 0,008	Zirkon ($6^{1}/_{2}$–$7^{1}/_{2}$) 0,059 Spessartin (7–$7^{1}/_{2}$) –	Sphalerit ($3^{1}/_{2}$–4) – Hämatit ($5^{1}/_{2}$–$6^{1}/_{2}$) 0,28 Rutil (6–$6^{1}/_{2}$) 0,28 Zirkon ($6^{1}/_{2}$–$7^{1}/_{2}$) 0,059
5,00–5,599		Pyrit (6–$6^{1}/_{2}$) –	Krokoit ($2^{1}/_{2}$) 0,35 Scheelit ($4^{1}/_{2}$–5) 0,016 Zinkit ($4^{1}/_{2}$–5) 0,016 Tantalit (5–6) 0,17 Hämatit ($5^{1}/_{2}$–$6^{1}/_{2}$) 0,28 Zirkonia ($8^{1}/_{2}$) –
6,00–6,99		Cerussit ($3^{1}/_{2}$) 0,274	Krokoit ($2^{1}/_{2}$) 0,35 Phosgenit ($2^{1}/_{2}$–3) 0,026 Wulfenit (3) 0,10 Cerussit ($3^{1}/_{2}$) 0,274 Scheelit ($4^{1}/_{2}$–5) 0,016 Tantalit (5–6) 0,17 Cassiterit (6–7) 0,096
7,00 und höher			Wulfenit (3) 0,10 Tantalit (5–6) 0,17 Cassiterit (6–7) 0,096

Edelsteinfarbe grün + gelbgrün + blaugrün   Die Ziffern hinter den Edelsteinname

Lichtbrech.→ ↓ Spez. Gew.	1,400–1,499	1,500–1,599	1,600–1,699
1,00–1,99	Opal (5½–6½) –	Bernstein (2–2½) –	
2,00–2,49	Chrysokoll (2–4) 0,010 Moldavit (5½) – Sodalith (5½–6) – Opal (5½–6½) –	Chrysokoll (2–4) 0,010 Serpentin (2–5½) – Variscit (4–5) 0,010 Apophyllit (4½–5) 0,002 Thomsonit (5–5½) 0,028 Moldavit (5½) –	
2,50–2,99	Onyx-Marmor (3) 0,172	Vivianit (1½–2) 0,047 Serpentin (2–5½) – Onyx-Marmor (3) 0,172 Variscit (4–5) 0,010 Apophyllit (4½–5) 0,002 Wardit (5) 0,009 Eläolith (5½–6) 0,004 Amazonit (6–6½) 0,008 Chrysopras (6½–7) 0,004 Aventurin (7) 0,009 Prasiolith (7) 0,009 Cordierit (7–7½) 0,008 Aquamarin (7½–8) 0,006 Beryll (7½–8) 0,006 Smaragd (7½–8) 0,006	Vivianit (1½–2) 0,047 Onyx-Marmor (3) 0,172 Datolith (5–5 ½) 0,044 Türkis (5–6) 0,04 Brasilianit (5½) 0,020 Tremolit (5½–6½) 0,02 Nephrit (6–6½) 0,027 Prehnit (6–6½) 0,030 Beryll (7½–8) 0,006
3,00–3,49	Fluorit (4) –	Saussurit (6½) –	Apatit (5) 0,002 Dioptas (5) 0,053 Hemimorphit (5) 0,022 Datolith (5–5½) 0,044 Diopsid (5–6) 0,028 Hypersthen (5–6) 0,014 Enstatit (5½) 0,010 Aktinolith (5½–6) 0,023 Tremolit (5½–6½) 0,02 Amblygonit (6) 0,026 Ekanit (6–6½) – Nephrit (6–6½) 0,027 Hiddenit (6½–7) 0,015 Smaragdit (6½) 0,022 Jadeit (6 ½–7) 0,013 Kornerupin (6½–7) 0,013 Peridot (6½–7) 0,036 Turmalin (7–7½) 0,014 Andalusit (7½) 0,007 Euklas (7½) 0,020
3,50–3,99			Malachit (3½–4) 0,254 Hemimorphit (5) 0,022 Hypersthen (5–6) 0,014 Willemit (5½) 0,028 Topas (8) 0,008
4,00–4,99			Baryt (3) 0,012 Smithsonit (5) 0,228 Willemit (5½) 0,028

edeuten (Mohshärte) und Doppelbrechung **Edelsteinfarbe grün + gelbgrün + blaugrün**

chtbrech.→1,700–1,799 Spez. Gew.	1,800–1,899	1,900 und höher
00–1,99		
00–2,49		Schwefel (1½–2) 0,288
50–2,99		
00–3,49	Dioptas (5) 0,053 Diopsid (5–6) 0,028 Epidot (6–7) 0,035 Klinozoisit (6–7) 0,010 Sinhalit (6½) 0,038 Vesuvian (6½) 0,005	Uwarowit (7½) –	Diamant (10) –
50–3,99	Malachit (3½–4) 0,254 Kyanit (4½–7) 0,017 Hypersthen (5–6) 0,014 Willemit (5½) 0,028 Periklas (5½–6) – Zirkon (6½–7½) 0,059 Grossular (7–7½) – Ceylanit (8) – Spinell (8) – Alexandrit (8½) 0,010 Chrysoberyll (8½) 0,011 Saphir (9) 0,008	Malachit (3½–4) 0,254 Titanit (5–5½) 0,105 Demantoid (6½–7) – Zirkon (6½–7½) 0,059 Uwarowit (7½) – Ceylanit (8) –	Malachit (3½–4) 0,254 Titanit (5–5½) 0,105 Zirkon (6½–7½) 0,059 Diamant (10) –
00–4,99	Smithsonit (5) 0,228 Willemit (5½) 0,028 Zirkon (6½–7½) 0,059 Saphir (9) 0,008	Smithsonit (5) 0,228 Zirkon (6½–7½) 0,059	Sphalerit (3½–4) – Zirkon (6½–7½) 0,059
00–5,99		Pyrit (6–6½) –	Scheelit (4½–5) 0,016 Zirkonia (8½) –
00–6,99			Phosgenit (2½–3) 0,026 Scheelit (4½–5) 0,016
7,00 und öher			

Edelsteinfarbe blau + blaugrün + blaurot

Die Ziffern hinter den Edelsteinnamer

Lichtbrech.→ 1,400–1,499	1,500–1,599	1,600–1,699
↓ Spez. Gew.		
1,00–1,99 Opal ($5^{1}/_{2}$–$6^{1}/_{2}$) –	Bernstein (2–$2^{1}/_{2}$) –	
2,00–2,49 Chrysokoll (2–4) 0,010	Chrysokoll (2–4) 0,010	
Lapislazuli (5–6) –	Variscit (4–5) 0,010	
Sodalith ($5^{1}/_{2}$–6) –	Apophyllit ($4^{1}/_{2}$–5) 0,002	
Opal ($5^{1}/_{2}$–$6^{1}/_{2}$) –	Lapislazuli (5–6) –	
	Hauyn ($5^{1}/_{2}$–6) –	
2,50–2,99 Koralle (3–4) 0,172	Vivianit ($1^{1}/_{2}$–2) 0,047	Vivianit ($1^{1}/_{2}$–2) 0,047
Lapislazuli (5–6) –	Anhydrit (3–$3^{1}/_{2}$) 0,043	Anhydrit (3–$3^{1}/_{2}$) 0,043
	Koralle (3–4) 0,172	Koralle (3–4) 0,172
	Perle (3–4) 0,156	Perle (3–4) 0,156
	Variscit (4–5) 0,010	Türkis (5–6) 0,04
	Apophyllit ($4^{1}/_{2}$–5) 0,002	Brasilianit ($5^{1}/_{2}$) 0,020
	Wardit (5) 0,009	Nephrit (6–$6^{1}/_{2}$) 0,027
	Lapislazuli (5–6) –	
	Eläolith ($5^{1}/_{2}$–6) 0,004	
	Amazonit (6–$6^{1}/_{2}$) 0,008	
	Chalcedon ($6^{1}/_{2}$–7) 0,006	
	Chrysopras ($6^{1}/_{2}$–7) 0,004	
	Jaspis ($6^{1}/_{2}$–7) –	
	Aventurin (7) 0,009	
	Prasiolith (7) 0,009	
	Cordierit (7–$7^{1}/_{2}$) 0,008	
	Aquamarin ($7^{1}/_{2}$–8) 0,006	
	Smaragd ($7^{1}/_{2}$–8) 0,006	
3,00–3,49 Fluorit (4) –	Saussurit ($6^{1}/_{2}$) –	Apatit (5) 0,002
		Dioptas (5) 0,053
		Hemimorphit (5) 0,022
		Diopsid (5–6) 0,028
		Lazulith (5–6) 0,030
		Nephrit (6–$6^{1}/_{2}$) 0,027
		Hiddenit ($6^{1}/_{2}$–7) 0,015
		Sillimanit (6–$7^{1}/_{2}$) 0,02
		Sinhalit ($6^{1}/_{2}$) 0,038
		Smaragdit ($6^{1}/_{2}$) 0,022
		Axinit ($6^{1}/_{2}$–7) 0,010
		Jadeit ($6^{1}/_{2}$–7) 0,013
		Kornerupin ($6^{1}/_{2}$–7) 0,013
		Tansanit ($6^{1}/_{2}$–7) 0,009
		Dumortierit (7) 0,037
		Turmalin (7–$7^{1}/_{2}$) 0,014
		Euklas ($7^{1}/_{2}$) 0,020
3,50–3,99		Coelestin (3–$3^{1}/_{2}$) 0,009
		Malachit ($3^{1}/_{2}$–4) 0,254
		Hemimorphit (5) 0,022
		Willemit ($5^{1}/_{2}$) 0,028
		Topas (8) 0,008
4,00–4,99		Baryt (3) 0,012
		Coelestin (3–$3^{1}/_{2}$) 0,009
		Smithsonit (5) 0,228
		Willemit ($5^{1}/_{2}$) 0,028

...edeuten (Mohshärte) und Doppelbrechung	**Edelsteinfarbe blau + blaugrün + blaurot**	
Lichtbrech.→ 1,700–1,799 Spez. Gew	1,800–1,899	1,900 und höher
...00–1,99		
...00–2,49		
...50–2,99		
3,00–3,49	Dioptas (5) 0,053 Diopsid (5–6) 0,028 Epidot (6–7) 0,035 Saussurit (6½) – Sinhalit (6½) 0,038 Tansanit (6½–7) 0,009 Dumortierit (7) 0,037	Purpurit (4–4½) 0,08	Purpurit (4–4½) 0,08 Diamant (10) –
3,50–3,99	Azurit (3½–4) 0,108 Malachit (3½–4) 0,254 Kyanit (4½–7) 0,017 Willemit (5½) 0,028 Benitoit (6–6½) 0,047 Zirkon (6 ½–7½) 0,059 Gahnit (7½–8) – Spinell (8) – Taaffeit (8) 0,004 Rubin (9) 0,008 Saphir (9) 0,008	Azurit (3½–4) 0,108 Malachit (3½–4) 0,254 Titanit (5–5½) 0,105 Benitoit (6–6½) 0,047 Demantoid (6½–7) – Zirkon (6½–7½) 0,059 Uwarowit (7½) –	Malachit (3½–4) 0,254 Titanit (5–5½) 0,105 Zirkon (6½–7½) 0,059 Diamant (10) –
4,00–4,99	Smithsonit (5) 0,228 Willemit (5½) 0,028 Zirkon (6½–7½) 0,059 Rubin (9) 0,008 Saphir (9) 0,008	Smithsonit (5) 0,228 Zirkon (6½–7½) 0,059	Sphalerit (3½–4) – Zirkon (6 ½–7½)
5,00–5,99		Zinkit (4½–5) 0,016

Edelsteinfarbe violett + blaurot

Die Ziffern hinter den Edelsteinnamen

Lichtbrech.→ 1,400–1,499 ↓ Spez. Gew.		1,500–1,599	1,600–1,699
1,00–1,99	Opal ($5^1/_2$–$6^1/_2$) –	Bernstein (2–$2^1/_2$) –	
2,00–2,49	Opal ($5^1/_2$–6 $^1/_2$) – Tugtupit (6) 0,006	Stichtit ($1^1/_2$–$2^1/_2$) 0,027 Tugtupit (6) 0,006	
2,50–2,99	Calcit (3) 0,172 Koralle (3–4) 0,172 Tugtupit (6) 0,006	Calcit (3) 0,172 Anhydrit (3–$3^1/_2$) 0,043 Koralle (3–4) 0,172 Skapolith (5–$6^1/_2$) 0,009 Charoit ($5^1/_2$ – 6) Tugtupit (6) 0,006 Chalcedon (6 $^1/_2$–7) 0,006 Holzstein ($6^1/_2$–7) – Jaspis (6 $^1/_2$–7) – Amethyst (7) 0,009 Rosenquarz (7) 0,009 Cordierit (7–$7^1/_2$) 0,008	Calcit (3) 0,172 Anhydrit (3–3 $^1/_2$) 0,043 Koralle (3–4) 0,172 Charoit ($5^1/_2$ – 6) Nephrit (6–$6^1/_2$) 0,027 Sogdianit (7) 0,002
3,00–3,49	Fluorit (4) –		Apatit (5) 0,002 Hemimorphit (5) 0,022 Nephrit (6–$6^1/_2$) 0,027 Kunzit ($6^1/_2$–7) 0,015 Axinit ($6^1/_2$–7) 0,010 Jadeit ($6^1/_2$–7) 0,013 Tansanit ($6^1/_2$–7) 0,009 Dumortierit (7) 0,037 Turmalin (7–$7^1/_2$) 0,014
3,50–3,99			Siderit ($3^1/_2$–$4^1/_2$) 0,24 Hemimorphit (5) 0,022
4,00–4,99			Baryt (3) 0,012 Smithsonit (5) 0,228
5,00–5,99			
6,00–6,99			
7,00 und höher			

bedeuten (Mohshärte) und Doppelbrechung · **Edelsteinfarbe violett + blaurot**

Lichtbrech.→ 1,700–1,799 ↓ Spez. Gew.	1,800–1,899	1,900 und höher
1,00–1,99		
2,00–2,49		
2,50–2,99		
3,00–3,49	Tansanit ($6^{1}/_{2}$–7) 0,009 Dumortierit (7) 0,037	Purpurit (4–$4^{1}/_{2}$) 0,08	Purpurit (4–$4^{1}/_{2}$) 0,08
3,50–3,99	Siderit ($3^{1}/_{2}$–4 $^{1}/_{2}$) 0,24 Zirkon ($6^{1}/_{2}$–$7^{1}/_{2}$) 0,059 Almandin (7 $^{1}/_{2}$) – Gahnit ($7^{1}/_{2}$–8) – Spinell (8) – Taaffeit (8) 0,004 Rubin (9) 0,008 Saphir (9) 0,008	Siderit ($3^{1}/_{2}$–$4^{1}/_{2}$) 0,24 Zirkon ($6^{1}/_{2}$–$7^{1}/_{2}$) 0,059 Almandin ($7^{1}/_{2}$) –	Zirkon ($6^{1}/_{2}$–$7^{1}/_{2}$) 0,059
4,00–4,99	Smithsonit (5) 0,228 Zirkon ($6^{1}/_{2}$–$7^{1}/_{2}$) 0,059 Almandin ($7^{1}/_{2}$) – Rubin (9) 0,008 Saphir (9) 0,008	Smithsonit (5) 0,228 Zirkon ($6^{1}/_{2}$–$7^{1}/_{2}$) 0,059 Almandin ($7^{1}/_{2}$) –	Zirkon ($6^{1}/_{2}$–$7^{1}/_{2}$) 0,059
5,00–5,99			Proustit ($2^{1}/_{2}$) 0,296 Cuprit ($3^{1}/_{2}$–4) – Zinkit ($4^{1}/_{2}$–5) 0,016 Tantalit (5–6) 0,17 Zirkonia ($8^{1}/_{2}$) –
6,00–6,99			Cuprit ($3^{1}/_{2}$–4) – Tantalit (5–6) 0,17
7,00 und höher			Tantalit (5–6) 0,17

Edelsteinfarbe schwarz + grau Die Ziffern hinter den Edelsteinnamen

Lichtbrech.→ 1,400–1,499 ↓ Spez. Gew.		1,500–1,599	1,600–1,699
1,00–1,99	Koralle (3–4) 0,172 Opal (5 ½–6½) –	Bernstein (2–2½) – Koralle (3–4) 0,172	Gagat (2½–4) – Koralle (3–4) 0,172
2,00–2,49	Obsidian (5–5½) – Sodalith (5½–6) – Opal (5½–6½) –	Meerschaum (2–2½) – Obsidian (5–5½) – Hambergit (7½) 0,072	Hambergit (7½) 0,072
2,50–2,99	Obsidian (5–5½) –	Perle (3–4) 0,156 Aragonit (3½–4) 0,155 Obsidian (5–5½) – Sanidin (6) 0,006 Labradorit (6–6½) 0,008 Chalcedon (6 ½–7) 0,006 Holzstein (6½–7) – Jaspis (6½–7) – Rauchquarz (7) 0,009	Perle (3–4) 0,156 Aragonit (3½–4) 0,155 Nephrit (6–6½) 0,027
3,00–3,49	Fluorit (4) –		Hypersthen (5–6) 0,014 Enstatit (5½) 0,010 Nephrit (6–6½) 0,027 Jadeit (6½–7) 0,013 Turmalin (7–7½) 0,014
3,50–3,99			Hypersthen (5–6) 0,014
4,00–4,99			
5,00–5,99			
6,00–6,99			
7,00 und höher			

bedeuten (Mohshärte) und Doppelbrechung **Edelsteinfarbe schwarz + grau**

Lichtbrech.→ Spez. Gew.	1,700–1,799	1,800–1,899	1,900 und höher
1,00–1,99			
2,00–2,49			
2,50–2,99			
3,00–3,49	Hypersthen (5–6) 0,014 Epidot (6–7) 0,035		Diamant (10) –
3,50–3,99	Hypersthen (5–6) 0,014 Ceylanit (8) – Spinell (8) – Saphir (9) 0,008		Diamant (10) –
4,00–4,99	Saphir (9) 0,008		Chromit ($5^1/_2$) – Hämatit ($5^1/_2$–$6^1/_2$) 0,28
5,00–5,99			Hämatit ($5^1/_2$–$6^1/_2$) 0,28
6,00–6,99		Cerussit ($3^1/_2$) 0,274	Cerussit ($3^1/_2$) 0,274
7,00 und höher			

Edelsteinfarbe mehrfarbig + schillernd

Die Ziffern hinter den Edelsteinnamen

Lichtbrech.→1,400–1,499 ↓ Spez. Gew.	1,500–1,599	1,600–1,699
1,00–1,99 Opal (5^1/$_2$–6 ^{1}/$_2$) –		
2,00–2,49 Lapislazuli (5–6) – Opal (5 ^{1}/$_2$–6^1/$_2$) – Tagtupit (6) 0,006	Lapislazuli (5–6) – Tagtupit (6) 0,006	
2,50–2,99 Onyx-Marmor (3) 0,172 Lapislazuli (5–6) – Tagtupit (6) 0,006	Onyx-Marmor (3) 0,172 Howlith (3^1/$_2$) 0,019 Sprudelstein (3^1/$_2$–4) 0,155 Ammolith (4) 0,155 Lapislazuli (5–6) – Jadealbit (6) 0,015 Tugtupit (6) 0,006 Aventurin-F. (6–6^1/$_2$) 0,01 Labradorit (6–6^1/$_2$) 0,008 Mondstein (6–6^1/$_2$) 0,005 Peristerit (6–6 ^{1}/$_2$) 0,011 Achat (6^1/$_2$–7) 0,009 Chalcedon (6^1/$_2$–7) 0,006 Holzstein (6^1/$_2$–7) – Jaspis (6^1/$_2$–7) – Moosachat (6^1/$_2$–7) 0,006 Amethystquarz (7) 0,009 Aventurin (7) 0,009 Tigerauge (7) 0,009	Onyx-Marmor (3) 0,172 Howlith (3^1/$_2$) 0,019 Sprudelstein (3 ^{1}/$_2$–4) 0,155 Ammolith (4) 0,155 Türkis (5–6) 0,04 Nephrit (6–6 ^{1}/$_2$) 0,027
3,00–3,49		Rhodochrosit (4) 0,22 Nephrit (6–6^1/$_2$) 0,027 Jadeit (6^1/$_2$–7) 0,013 Turmalin (7–7^1/$_2$) 0,014
3,50–3,99		Malachit (3^1/$_2$–4) 0,254 Rhodochrosit (4) 0,22
4,00–4,99		
5,00–5,99		
6,00–6,99		
7,00 und höher		

bedeuten (Mohshärte) und Doppelbrechung		**Edelsteinfarbe mehrfarbig + schillernd**	
Lichtbrech.→1,700−1,799 Spez. Gew.	1,800−1,899	1,900 und höher	
1,00−1,99			
2,00−2,49			
2,50−2,99			
3,00−3,49	Rhodochrosit (4) 0,22 Rhodonit ($5^1/_2$−$6^1/_2$) 0,011	Rhodochrosit (4) 0,22	
3,50−3,99	Malachit ($3^1/_2$−4) 0,254 Rhodochrosit (4) 0,22 Rhodonit ($5^1/_2$−6 $^1/_2$) 0,011 Alexandrit ($8^1/_2$) 0,010	Malachit ($3^1/_2$−4) 0,254 Rhodochrosit (4) 0,22	Malachit ($3^1/_2$−4) 0,254
4,00−4,99			
5,00−5,99			
6,00−6,99			
7,00 und höher			

Sachwortverzeichnis

Die mit einem * Sternchen versehenen Zahlen verweisen auf Seiten, die gegenüber von Farbtafeln stehen. Seiten mit den wichtigsten Hinweisen werden zuerst genannt.

Absonderung 21
Absorptionsspektrum 36
Absorptionsspektroskopie 36
Achat 132*, 55, 116, 126, 232
Achat-Jaspis 146
Achat-Opal 152
Achatschleife 140, 138
Achatschleiferei 138, 55
Achroit 110
Achtkant 64, 62
Actaeonella 214*
Adelaide-Rubin 12
Ader 51
Adular 164
Adularisieren 44
Afrika-Smaragd 12
Agalmatolith 214, 33
Aggregat 15
Ägyptischer Jaspis 146
Aktinolith 204*, 30, 32, 37, 41
Alabanda-Rubin 12
Alabaster 214*
Alaska-Diamant 12
Albit 164
Albitjadeit 156
Albit-Mondstein 164
Alexandrit 98*, 27, 25, 30, 37, 41
Almandin 104*, 27
Almandin-Rubin 12
Almandin-Spinell 12
Altschliff 81, 80
Amatrix 196
Amazonenstein 164*
Amazonit 164*
Amblygonit 192*
Ambroid 220*
Amerika-Jade 12
Amerikanischer Rubin 12
Amethyst 118*, 116, 232
Amethystquarz 118*, 232
Ammolith 214, 32, 46
Ammonit 214*
Anatas 204, 18, 25, 30, 32, 35, 41, 68
Andalusit 178*
Andesin 164
Andradit 104, 106
Ångström 36
Anhydrit 206*, 30, 33
Anorthit 164
Anthrazit 218
Antigorit 202
Antik 64, 62
Antillenperle 230

Anyolit 160*
Apatit 194*, 41
Apophyllit 206*, 30, 33
Aquamarin 94*, 41, 232
Aquamarin-Chrysolith 12
arabischer Onyx 142
Aragonit 208*, 30, 32, 222
Aragonitsinter 210*
Arizona-Rubin 12
Arizona-Spinell 12
Arkansas-Diamant 12
Asbest 202
Aschentrekker 112
Asterismus 44
Auftriebsmethode 23
Augelith 208, 18, 25, 30, 33, 68
Augenachat 134, 132*
Augendiorit 212*
Ausschlägeln 64
Australit 212
Avanturin 122*, 166*
Aventurin 122*, 116, 232, 166*
Aventurin-Feldspat 166*, 44, 164
Aventurin-Glas 44
Aventurin-Quarz 122*, 44
Aventurisieren 44
Axinit 182*
Azurit 174*, 28*

Baguette 64, 63
Bahia-Topas 120
Balas-Rubin 100, 12, 85
Bandachat 134, 132*
Bandjaspis 146*
Barock-Schliff 55, 222
Barockperle 229, 222*
Baryt 206*, 30, 32, 41
Barytocalcit 208*, 30, 32
Basanit 146
Bastit 202
Baumgold 78
Baumstein 130*, 116, 126
Bcilstein 154
Bein 218*
Benitoit 184*
Bergkristall 116*, 44, 232
Bernstein 220*, 47*, 48
Beryll 96*, 37, 41, 66, 90
Beryllonit 190*
Big Hole 73, 72
Bildstein 214
Binghamit 204*
Birmit 220
Birnkern 64

Biwacozucht 222
Biwacozuchtperle 228, 222*
Biwaco 228
Biwa-See 228
Bixbit 96
Black Prince's Ruby 100, 85
Blätterserpentin 202
Blauer Alexandrit 12
Blauer Mondstein 12
Blaugrund 72
Blauquarz 122*, 232
Blauspat 192*
Blauweiß 76
Bleihornerz 208*
Blende 200*
Blisterperle 224
bloodstone 128, 162
blue ground 72
Blue John 198
Blutjaspis 128*, 146, 232
Blutstein 162*
Böhmischer Chrysolith 12
Böhmischer Diamant 12
Böhmischer Granat 12
Böhmischer Rubin 12
Böhmischer Topas 12
Bohren 61
Bonamit 198*
Boronatrocalcit 202*
Bort 76
Bouteillenstein 212*
Boutonperle 229
Bowenit 202
Braganza 102
Brasil-Aquamarin 12
Brasil-Chrysolith 12
Brasilianit 190*
Brasil-Rubin 12
Brasil-Saphir 12
Brasil-Smaragd 12
Brechungsindex 31
Brennen 28
Brillant 64
Brillantschliff 81, 64
Brillant-Vollschliff 64, 62
Brillanz 40
Briolett 64, 63
Bronzit 192, 202
Bruch 21
Buergerit 112
Buntjaspis 146*
Burma-Rubin 82
Bytownit 204, 18, 25, 30, 33, 68, 164

Cabochon 64, 62
Cacholong 152

250

Cacoxenit 118
Calcit 208*, 30, 32, 35, 37, 46
Californit 186
Cancrinit 208, 18, 25, 30, 33, 35, 68
Cannelkohle 218*
Cape 76
Carat 26
Carbonado 72
Carborundum 55, 58, 140, 156
Cassiterit 184*
Cerussit 200*
Ceylanit 100, 18, 22, 25, 30, 32
Ceylon-Diamant 12
Ceylonit 100
Ceylon-Katzenauge 12
Ceylon-Opal 12
Ceylon-Rubin 12
Ceylon-Schliff 64, 62
Chalcedon 126*, 37, 116, 136, 232
Chalcopyrit 206*
Changieren 27
Charoit 156, 244
Chatoyieren 44
Chiastolith 178*
Chile-Lapis 172*
Chloromelanit 156*, 30, 154
Choker 229, 222
Chromdiopsid 190
Chromit 208, 18, 25, 30, 32, 68
Chrysoberyll 98*, 232
Chrysokoll 200*, 170
Chryokolla 200*
Chrysokollquarz 200
Chrysolith 158*
Chrysopal 152
Chrysopras 128*, 116, 126, 136, 232
Chrysoprasmatrix 128*
Chrysotil 202
Chute 229
Citrin 120*, 116, 232
Clericische Flüssigkeit 24
Coelestin 208*, 30, 33
Colemanit 206*, 30, 33, 46
Conch-Perle 225
Conchyn 222
Connemara 210, 202
Cordierit 180*
Crystal 76
ct 26
Cullinan 78, 21, 58
Cullinan I. 78*
Cullinan II. 78*
Cullinan IV. 78*
Cuprit 206*, 30, 32
Cyanit 196*
Cymophan 98*
Cyprin 186

Danburit 182*
Datolith 204*, 30, 32, 35
De Beers 78
De Beers Consolidated Mines Limited 74
De Long-Sternrubin 84
Demantoid 106*
Dendriten 130, 48
Dendritenachat 130*, 134
derb 15
Deutscher Diamant 12
Deutscher Lapis 146, 12, 172
Diagem 66
Diamant 70*, 37, 232
Diamantenbörse 74
Diamantenhandel 74
Diamantenklub 74
Diamantenproduktion 231
Diamantensyndikat 74
Diamantlagerstätte 72, 51
Diamantschleifen 58
Diamant-Schliff 64
Diamant-Synthese 66
Diamonair 66
Diamonit 66
Dichroismus 40
Dichroit 180*
Dichte 23
Dickstein 80
Diopsid 190*
Dioptas 194*
Dispersion 34
Disthen 196*
Djevalith 66, 18, 22, 25, 30
Dolomit 206*, 30, 32, 46
Dolomitspat 206*
Donnerei 134
Doppe 59
Doppelbrechung 34
Doppelspat 34
Dravit 110, 112*
Dreifaches Gut 81
Dreiviertelperle 229
Dresden 78
Drilling 15
Druse 15, 132
Dublette 65
Dünnstein 81
Dugongperle 230
Dumortierit 182*
Dumortieritquarz 182*
Durchsichtigkeit 40
Dutoitspan 78

Ebauchieren 55
Edelberyll 96*
Edelgrossular 106*
Edelkoralle 216*
Edelopal 150*, 116
Edelseife 50
Edelstein 10
Edelsteinhärte 20
Edelsteinkunde 10
Edelsteinseife 50
Edelsteinvarietät 10

Edeltopas 102*
Edward-Rubin 84
Eilatstein 200*, 176
Einfaches Gut 81
Einschluß 48, 77
Eisenglanz 162*
Eisenkies 162*
Eisenspat 206*
Eisen-Turmalin 112
Ekanit 204, 18, 25, 33, 37, 68
Eläolith 204, 18, 25, 30, 33, 68
Elbait 112
Elfenbein 218*
Enhydros 134
Enstatit 192*
Epidot 184*
Epithel 224
Euklas 178*
Excelsior 78

Fabulit 66, 18, 22, 25, 30, 32, 35
Facettenschleifen 55, 64
Färben 136
Fahne 48
Falkenauge 124*, 116, 232
Falscher Amethyst 12
Falscher Chrysolith 12
Falscher Rubin 12
Falscher Saphir 12
Falscher Smaragd 12
Farbe 27
Farbedelstein 10
Farbgraduierung 76
Farbstein 55
Farbsteinschleifen 58
Farbveränderung 28
Faserserpentin 202
Faßperle 229
Fehler 48, 77
Feinschliff-Brillant 81
Feinschliff der Praxis 81
Feldspat 164
Fernsehstein 202*
Festungsachat 134*
Feuer 34
Feueropal 152*, 116, 150
Fianit 66
Fischaugenstein 206*
Fischsilberperle 230
Flächenschiller 44
Florentiner 78*
Fluoreszenz 45
Fluorit 198*, 45
Flußperle 225
Flußspat 198*
Fossilien 214
Fowlerit 168
French-cut 64, 63
Friedens-Rubin 84
friederizianischer Schliff 128
Fundort 49

251

Fundpunkt 49

Gagat 218*
Gahnit 204*, 30, 32, 37, 100
Gahnospinell 204*
Galliant 66, 18, 22, 25, 30, 32
Garnierit 208, 18, 25, 30, 68
Gaylussit 208*, 30, 33
Geburtsstein 8
Gelbbleierz 208*
Gelbgrund 72
Gelb-Reihe 76
Gemeiner Opal 152*, 150
Gemischter Schliff 64, 62
Gemme 142
Gemmologie 10
Geode 15, 132
Georgiait 212
Gestein 10
Gewinnung 51, 49
Gipsstein 214*
Girasol 152
Glanz 40
Glas 65, 30
Glasmeteorit 212
Glas-Opal 152
Glattschliff 64
Glyptik 142, 54
Gold 208*, 30
Goldberyll 96*
Goldfluß 166
Goldobsidian 212*
Gold-Topas 102, 12, 120
Goshenit 96*
Grain 26, 229
Granat 104, 232
Granat-Jade 106, 12
Granit 212
Grauen 59
Gravur 142, 54, 144
Großmogul 78
Grossular 106*, 104

Habitus 15
Härte 20
Härteskala 21
Halbedelstein 10
Halbperle 229
Hämatit 162*, 128
Hambergit 180*
Hamburger Türkis 170
Hauyn 204*, 30, 33
Hauynit 204*
Heliodor 96*, 41
Heliotrop 128*, 116, 126,
146, 162
Hemimorphit 198*
Hessonit 106*, 30, 32, 37
Hexagonales System 14
Hiddenit 114*
Highlight-Schliff 81
Himbeerspat 168*
Hochzirkon 108
Hohlspat 178*
Holz-Opal 152

Holzstein 148*, 116, 126
Honigblende 200
Honigopal 152*
Hope 78*
Hope-Chrysoberyll 98
Hornstein 146*
Howlith 208*, 30, 32, 170
Hyalith 152
Hyazinth 108, 28, 232
Hydrogrossular 106
Hydrophan 152
hydrostatische Waage 23
Hypersthen 204*, 30, 32, 37,
41

Idar-Oberstein 138, 74
Ideal-Brillant 81
Idokras 186*
Illam 84, 88
Ilmenit 208, 18, 25, 30, 68
Imitation 65
Immersionsmethode 31
Imperial Jade 154, 156
Indien-Jade 12
Indigolith 110, 112*
Indischer Topas 12
Industriediamant 76
Inkarose 168*
Intaglio 142
Iolith 180*
Irisieren 44
Irisopal 152

Jade 154, 156*
Jadealbit 156, 30, 33
Jadeit 154*, 38
Jager 76
Japan-Perle 230
Jardin 90
Jargon 108
Jasp-Achat 146
Jaspis 146*, 116, 122, 126,
232
Jaspisbreccie 146*
Jet 218*
Jett 218*
Jonker 78
Jubilee 78
Juwel 10

Kännelkohle 218*
Kaiserjade 154
Kakortokit 212
Kakoxen 118
Kalette 81
Kalifeldspat 164
kalifornischer Rubin 12
Kalknatronfeldspat 164
Kalkspat 208*
Kalkstein 214
Kallait 170*
Kamee 142
Kandy-Spinell 12
Kaneelstein 106*
Kap-Chrysolith 12

Kap-Rubin 104, 85, 12
Kap-Smaragd 12
Karat 26
Karfunkelstein 82, 104
Karlsbader Sprudelstein 210*
Karneol 126*, 116, 136, 232
Karneol-Onyx 142
Kaschmir-Saphir 88
Kascholong 152
Kassiterit 184*
Katzenauge 44, 48, 98
Katzenaugen-Quarz 124*
Katzengold 162
Kieselkupfer 200*
Kieselkupfer-Smaragd 12, 194
Kieselmalachit 200*
Kieselzinkerz 198*
Kimberley-Mine 73
Kimberlit 72
King-Schliff 81
Kippstuhl 140
Kittstock 55
Klinozoisit 184, 18, 32, 68
Klopfen 58
Knopfperle 229
Kobaltcalcit 208*
Königstopas 13
Kohle 77
Kohinor 78*
Kombination 15
Kopal 220
Koralle 216*
Korea-Jade 13
Korit 214
Kornerupin 186*
Korund 82, 41
Kreisachat 134, 132*
Kreuzstein 178
Kristall 10
Kristallgitter 10
Kristallographie 10
Kristallsystem 14
Krokoit 208*, 30, 32
Krokydolith 124
Kubisches System 14
Kugeldiorit 212*
Kulturperle 225
Kunzit 114*
Kupferkies 206*, 30
Kupferlasur 174*
Kupfersmaragd 194*, 13
Kurnakovit 206*, 33
Kyanit 196*
Kymophan 98*

Labrador 166*, 44
Labradorisieren 44, 166
Labradorit 166*, 164
Labrador-Mondst. 166, 164
Labradorstein 166*
Lagenstein 142
Lagerstätte 49
Landschaftsachat 130*, 134
Landschafts-Jaspis 146
Landschaftsmarmor 210*

Lapidärie 55
Lapis 172*
Lapislazuli 172*, 146, 204, 232
Lasurit 172*
Lasurstein 172*
Lazulith 192*
Leberopal 152*
Leucit 204*
Leukogranat 106*
Leukosaphir 86
Leuzit 204*, 30, 33, 35
Lichtbrechung 31
Lichtfigur 44
Licht-Rotgültigerz 208*
Lichtstern 48
Light Yellow 76
Lithion-Amethyst 13
Lithion-Smaragd 13
Lithium-Turmalin 112
Lithotherapie 8
Lochbrett 55
Lüster 222
Lumineszenz 45
lupenrein 48, 77

Mabe 228, 222*
Madeira-Topas 102, 13, 120
Magna-Schliff 81
Magnesit 208, 18, 25, 30, 32, 68
Magnesium-Turmalin 112
Magnetit-Jade 206*, 156
Malachit 176*, 28*, 170
Mangan-Turmalin 112
Mangan-Kiesel 168*
Manganspat 168*
Markasit 162
Marmarosch-Diamant 13
Marmor-Onyx 210*
Marquise 64
Matara-Diamant 108
Matrix-Opal 152
Matura-Diamant 108, 13
Mazarin-Schliff 81
Meeresmuschel 224
Meerschaum 214*
Melanit 106*
metrisches Karat 26
Mexikanischer Diamant 13
Mexikanischer Jade 13
Mikroklin 164, 18
Mikroklin-Mondstein 164
Milch-Opal 152
Mine 51
Mineral 10
Mineralogie 10
Mineralvergesellschaftung 15
Mitternachts-Stern 89
Mochastein 130*
Moderner Brillantschliff 81
Mohrenkopf 110
Mohshärte 20
Mokkastein 130*
Moldavit 212*

Momme 26, 229
Monatssteine 232, 8
Mondstein 164*, 44, 232
Monoklines System 15
Montana-Rubin 13
Moosachat 130*, 116, 126, 134
Moosjaspis 130
Mookait 146
Moos-Opal 152*
Morganit 96*, 41
Morion 116
Mückenstein 130

Nachahmung 65
Nanometer 36
Nassak 78*
Natrolith 204*, 30, 33
Navette 64, 63
Neolith 170
Neotürkis 170
Nephrit 156*, 154
Niccolo 142
Nilkiesel 146
Niobit 204
Nizam 78
Normalzirkon 108
Nunkirchner Jaspis 146, 172
Nuumit 212

Obsidian 212*, 48
Odontolith 218
Old-Terms 76
Oligoklas 164
Olive 64
Olivin 158*
Onyx 142, 116, 126, 136, 210, 232
Onyx-Alabaster 210*
Onyx-Marmor 210*, 142
Opal 150*, 44, 45, 116, 232
Opalachat 152
Opaleszieren 44
Opalin 150
Opalisieren 45, 150
Opalmatrix 150*
Operculum 230
optischer Charakter 34
Orient 222
Orientalischer Amethyst 13
Orientalischer Aquamarin 13
Orientalischer Hyazinth 13
Orientalischer Peridot 86
Orientalischer Saphir 13
Orientalischer Smaragd 13
Orientalischer Topas 86, 13
Orientperle 224
Orlow 78
Orthoklas 164*, 18, 22, 25, 30, 33, 38, 41
Oval 64, 63

Padparadscha 86*, 232
Pagodenstein 214

Pagodit 214
Painit 204, 18, 25, 32, 41, 68
Pakistan-Jade 13
Palmeira-Topas 120
Palmira-Topas 13, 120
Palmyra-Topas 120
Pampel 64, 63
Parker-Brillant 81
Peace Ruby 84
Pendeloque 64, 63
Peridot 158*, 232
Periklas 206*, 30, 32
Peristerit 204*, 25, 30, 33, 164
Perlauster 228
Perle 222*, 45, 232
Perlmutt 230, 222*
Perlmutter 230, 45, 222*
Perlmutter-Opal 152
Perlsack 224
Peruzzi-Schliff 80
Petalit 188*
Petrographie 10
Petschit 188
Phantasiefarben 76
Phenakit 180*
Phianit 66
Phosgenit 208*, 30, 32, 46
Phosphoreszenz 45
Picotit 100
Piemontit 184
Pink-Perle 225
Pipe 72
Pistazit 184*
Plagioklas 164
Planetensteine 232, 8
Plasma 146
Pleochroismus 40
Pleonast 100*
Polieren 55, 58
Polyedr. Quarz 134, 136*
Popjaspis 146*
Porzellan-Opal 152
Präsident Vargas 78
Praktischer Feinschliff 81
Prasem 96*, 41, 116, 146
Prasiolith 120*, 28
Pras-Opal 152*
Prehnit 188*
Preise 26, 7
Preßbernstein 220
Princess-144-Schliff 81
Prismatin 186*
Prospektion 51
Proustit 208*, 30, 32
Pseudoachat 134
Pseudophit 208, 18, 25, 41, 68
Psilomelan 208, 18, 25, 30, 68
Punkt 26
Purpurit 206*, 32, 41
Pyralspit 104
Pyrit 162*
Pyrop 104*
Pyrophyllit 214

253

Quarz 116, 38, 232
Quarz-Katzenauge 124*
Quarz-Topas 13

Radiant 81
RAL 560 A 5 11, 76
Rauchquarz 116*, 47*, 232
Rauchtopas 116*, 13
Raumgitter 14
Reese-Türkis 170
Reeves' Sternrubin 84
Reflexion 40
Refraktometer 31
Regent 78
Reiben 58, 59
Reinheitsgraduierung 77
rekonstruierter Stein 66
Rentierstein 204*
Rheinkiesel 116
Rhodizit 204, 18, 25, 32, 68
Rhodochrosit 168*
Rhodolith 104*, 30, 32
Rhodonit 168*
Rhombisches System 15
Ricolit 210
Rindenstein 210*
Rio-Grande-Topas 13, 120
Ritzbesteck 21
Ritzhärte 20
River 76
Röhrenachat 134*
Röntgenschattenbildver-
    fahren 230
Röntgenstrahlen 45
Rohrbachsche Flüssigkeit 24
Rosaberyll 96*
Rosa Perle 225
Rosenquarz 122*, 44, 116,
    232
Rose 64
Rotbleierz 208*
Roteisenerz 162
Roteisenstein 162
Rotkupfererz 206*
Rotzinkerz 206*
Rubellit 110*
Rubicell 100
Rubin 82*, 27, 232
Rubinblende 200
Rubin-Spinell 13
Ruinenmarmor 210*
Rumänit 220
Rundiste 81
Russisch Jade 156
Rutil 204*, 30, 32, 35, 47*

Saatperle 224
Sächsischer Chrysolith 13
Sächsischer Diamant 13
Sägen 55, 58, 59
Salamanca-Topas 13
Sammler-Edelsteine 178
Sancy 78*
Sanidin 204*, 25, 30, 32, 42,
    164

Saphir 86*, 27, 42, 232
Saphirquarz 122*
Saphir-Spinell 13
Sarder 126*, 116, 136, 232
Sard-Onyx 142
Sardstein 134*
Saualpit 160
Saussurit 204, 25, 32
Sautoir 229
Schah 78*
Schalenperle 224
Scheelit 196*
Scheren-Schliff 64, 62
Schicht-Opal 152
Schiller 44
Schleifen 55, 58
Schleiftrommel 55
Schliffart 64, 62
Schliffgraduierung 77
Schliffform 64, 63
Schmelz 222
Schmelzbirne 66*
Schmirgel 82
Schmuckstein 10
Schneeflockenobsidian 212*
Schörl 110*, 112
Schorlit 110*
Schottischer Topas 13
Schwarzer Onyx 142
Schwarzer Opal 150*
Schwebemethode 23
Schwefel 208*, 30, 32
Schwefelkies 162*
Schwerspat 206*
Seebernstein 220
Seide 45, 48
Seife 50, 45
Seifenlagerstätte 23
Seifenstein 214
Sepiolith 214*
Serpentin 202*
Serra-Topas 13
Siam-Aquamarin 13
Siam-Rubin 82
Siberit 110
Sibirischer Chrysolith 13
Sibirischer Rubin 13, 85
Sibirischer Smaragd 13
Sibirischer Topas 13
Siderit 206*, 30, 32
Silber 208*, 30
Silberobsidian 212*
Silex 146*
Sillimanit 204, 18, 25, 30,
    32, 38, 42, 68
Silver Cape 76
Simavopal 152
Simetit 220
Simili-Diamant 13
Sinhalit 186*
Skandinavischer
    Standart-Brillant 81
Skapolith 188*
Sklaven-Diamant 13
Smaragd 90*, 27, 232

Smaragdit 204*, 33
Smaragdquarz 122*
Smaragd-Schliff 64, 62, 93
Smithsonit 198*
Sodalith 174*
Sogdianit 204, 18, 30, 33,
    68
Sonnenstein 152, 166*
Spaltbarkeit 21
Spalten 58
Spanischer Topas 13
Spargelstein 194
Spateisenstein 206*
Speckstein 214, 18, 25, 30,
    33
Specularit 162*
Spektrolith 166*, 44
Spektroskop 36
Spessartin 104*
Spezifisches Gewicht 23
Sphärosiderit 206
Sphalerit 200*
Sphen 194*
Spinell 100*, 38, 206, 232
Spitzstein 81
Spodumen 114
Sprudelstein 210*
Starlit 108
Star of Sierra Leone 78
Staurolith 204, 18, 25, 30,
    32, 35, 42, 68, 178
Steatit 214
St. Edward's-Saphir 89
Stein 10
Stern von Afrika 78
Stern von Indien 89
Stichtit 202*, 18, 22, 25, 33,
    68
Strahlstein 204*
Straß 65, 22, 25, 30, 32
Straß-Diamant 13
Streifenjaspis 146*
Strich 28
Strichfarbe 28
Strichplatte 28
Strontium-Titanit 66
Struktur 15
Stuart-Saphir 89
Stufe 15
Succinit 220*
Südpazifik-Jade 13
Südstern 78
Süßwassermuschel 228, 224
Süßwasserperlenzucht 228
Swiss Lapis 146, 13, 172
Syenit 232
Symbolsteine 232
Syndikat 74
Synthese 66, 65
synthetischer Aquamarin 13
synthetischer Edelstein 66
Syrischer Granat 13

Taaffeit 204, 18, 25, 32, 35,
    38, 68

254

Tafel-Schliff 64, 62
Tafelstein 81
Takaraperle 230
Talk 214
Tansanit 160*, 11
Tantalit 204*, 30, 32
Tektit 212*
Televisionsstein 202*
Tetragonales System 14
The Diamond
Corporation 74
Thomsonit 208, 18, 25, 30,
33, 68
Thouletsche Flüssigkeit 24
Thulit 160*, 42
Thunderegg 134
Tiefzirkon 108
Tierkreissteine 232
Tiffany 78*
Tigerauge 124*, 116, 202,
232
Tigereisen 202*
Timur Ruby 100, 84
Titania 66
Titanit 194*
Tolkowsky-Brillant 81
Topas 102*, 42, 120, 232
Topas-Quarz 13
Topas-Saphir 13
Topazolith 106*
Top Cape 76
Top Crystal 76
Topfstein 214
Top Wesselton 76
Totalreflexion 40
Tracht 15
Transparenz 40
Transvaal-Jade 106, 13
Tremolit 204, 18, 25, 30, 33,
38, 42, 68
Treppen-Schliff 64, 62
Trichroismus 40
Trigonales System 15
Triklines System 15
Trilobit 214*
Triplette 65
Trommel-Schliff 55

Trompetenschnecke 225
Trümmerachat 134, 136*
Tsavolith 106
Tsavorit 11, 106
Tscharoit 156
Tsilaisit 112
Türkenkopf 110
Türkis 170*, 208, 232
Türkismatrix 170*
Tugtupit 204*, 33
Turmalin 110*, 42, 232
TV-Stein 202*

Ulexit 202*
Ural-Smaragd 13
Utahlith 196*
Uvit 112
Uwarowit 106*, 104

Variscit 196*
Variscitquarz 196
Verd-antique 210, 202
Verde antico 210
Verdelith 110*, 112*
Verdit 202, 33, 38
Verkieseltes Holz 148*
Verlauf 229, 222
Versteinerter Wald 148
Vesuvian 186*, 38, 42
Victoria, I. 78
Vielling 15
Violan 190
Vivianit 208*, 30, 33, 218
Vollbrillant 81
Vollzucht 222
Vorkommen 49
Vorschleifen 55

Wachs-Opal 152*
Wardit 208, 18. 25, 33, 68
Wasserchrysolith 212*
Wassermelone 110*
Wasser-Opal 152
Wassersaphir 180*
Wasserstein 134
Weißbleierz 200*
Weiße Koralle 216*

Weißer Opal 150*
Wernerit 188*
Wesselton 76
Westphalsche Waage 24
Wiener Türkis 13
Willemit 204*, 30, 32, 35, 38,
42, 46
Williamsit 202
Wiluit 186*
Wirtkristall 48
Witherit 206*, 30, 32, 46
Woyie River 78
Wulfenit 208*, 30, 32

x-Strahlen 45

YAG 66, 18, 22, 25, 30,
32
Yellow 76
Yellow ground 72
Yttrium-Aluminat 66

Zahntürkis 218
Zebrajaspis 146*
Zeilanit 100
Zerussit 200*
Zimtstein 106*
Zinkblende 200*
Zinkit 206*, 30, 32
Zinkspat 198*
Zinkspinell 204*, 100
Zinnerz 184*
Zinnstein 184*
Zirkon 108*, 38, 42, 232
Zirkonia 66, 18, 30, 32, 38,
235
Zitrin 120*
Zoisit 160
Zoisit-Amphibolit 160*,
84
Zoisit-Fels 160*
Zuchtblisterperle 227, 228
Zuchtperle 225, 45
Zusammengesetzter Stein
65
Zweifaches Gut 81
Zwilling 15

Bildnachweis

Fotos: Dr. H. Bank, Idar-Oberstein: 56 oben rechts; G. Becker, Idar-Oberstein: 89; E. A.
Bunzel, Idar-Oberstein: 56 oben links und unten, 57 oben und unten links, 60 unten, 61 unten;
Chudoba-Gübelin, Edelsteinkundliches Handbuch, Wilhelm Stollfuß Verlag, Bonn: 39;
De Beers Consolidated Mines Ltd., Johannesburg, Südafrika: 49, 50, 53, 59, 60 oben, 72 links,
73, 75; H. Eisenbeiss, München: 34; Dr. E. Gübelin, Luzern: 52 unten, 57 unten rechts, 85, 93;
K. Hartmann, Sobernheim: alle Edelsteintableaus, außerdem 29, 43, 47, 67; Her Maje-
sty's Stationery Office, London: 9; Jain Zuchtperlen, Seeheim/Bergstraße: 61, 226, 227, 228;
E. Pauly, Veitsrodt: 144; J. Petsch jr., Idar-Oberstein: 52 oben; A. Ruppenthal KG, Idar-
Oberstein: 138, 140. – Zeichnungen: H. Hoffmann, München: alle Darstellungen außer S. 16
und 17; W. Schumann, Das Große Buch der Erde, Deutscher Bücherbund, Stuttgart: 16, 17.

Die faszinierende Welt der Steine und Mineralien

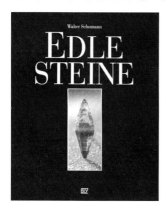

Walter Schumann
Edle Steine
Aufwendig gestalteter, kostbar ausgestatteter Band über die phantastische Welt der edlen Steine mit hervorragenden Farbfotos von Roh- und Schmucksteinen sowie Schmuckstücken und Kunstwerken aus den berühmtesten Museen der Welt.

BLV Bestimmungsbuch mit Schnellbestimm-System
Walter Schumann
Mineralien aus aller Welt
Neu entwickeltes, übersichtliches Schnellbestimm-System; ausführliche Beschreibung der Bestimmungsmerkmale, Vorkommen; Einführung in die Mineralienkunde; hochwertige Farbfotos.

Walter Schumann
Der neue BLV Steine- und Mineralienführer
Über 600 Einzelstücke in Farbe
Mineralien, Gesteine und Meteorite in Originalgröße auf brillanten Farbfotos; Aussehen, Eigenschaften, Zusammensetzung, Fundorte, Unterscheidungsmerkmale, Verwendung der Objekte; tabellarischer Bestimmungsschlüssel.

BLV Bestimmungsbuch
Helmut Mayr
Fossilien
Über 500 Versteinerungen in Farbe: Bestimmungsmerkmale, Verbreitung, Vorkommen, Entwicklungsgeschichte; Tips zum Sammeln, Bergen, Aufbewahren.

In unserem Verlagsprogramm finden Sie Bücher zu folgenden Sachgebieten:

Garten und Zimmerpflanzen • Natur • Heimtiere • Angeln • Jagd • Reise • Sport und Fitneß • Wandern, Bergsteigen, Alpinismus • Pferde und Reiten • Auto und Motorrad • Gesundheit, Wohlbefinden, Medizin • Essen und Trinken

Wünschen Sie Informationen, so schreiben Sie bitte an:

BLV Verlagsgesellschaft mbH • Postfach 40 03 20 • 80703 München
Telefon 089/127 05-0 • Telefax 089/127 05-547